U0448354

低学历的五大师

张建安 著

商务印书馆
The Commercial Press
2017年·北京

图书在版编目（CIP）数据

低学历的五大师 / 张建安著. —北京：商务印书馆，2012（2017.5 重印）
ISBN 978-7-100-08698-1

Ⅰ.①低… Ⅱ.①张… Ⅲ.①梁漱溟（1893～1988）－生平事迹②钱穆（1895～1990）－生平事迹③沈从文（1902～1988）－生平事迹④金克木（1912～2000）－生平事迹⑤华罗庚（1910～1985）－生平事迹 Ⅳ.① K820.7

中国版本图书馆 CIP 数据核字（2011）第 217789 号

权利保留，侵权必究。

低学历的五大师
张建安　著

商　务　印　书　馆　出　版
（北京王府井大街36号　邮政编码100710）
商　务　印　书　馆　发　行
三河市尚艺印装有限公司印刷
ISBN 978-7-100-08698-1

2012年2月第1版　　　开本 710×1000　1/16
2017年5月北京第2次印刷　印张 25 1/2

定价：49.00元

"唯学历"之风终究要被唾弃
（重印自序）

本书的第一版面世已有数年，感谢众多师友、读者朋友对此书的关注，无论是好评还是差评，都能促发我的一些思考，并在修订此书的过程中予以改进。

此次修订主要是增加了一些内容，尤其是五位学者所受的早期教育。

例如在介绍梁漱溟时，增加了他六岁读《三字经》、《地球韵言》，七岁既念古文也读英文，十岁入蒙养学堂等内容。在介绍梁漱溟父亲梁济"放任教子法"后，我写了自己新的感悟，认为梁济之所以教子成功，关键是在"身教"上。

在介绍钱穆时，我进一步强调了"诗书传家"的传统与重要性。

在介绍金克木兄长以最传统的观念教育弟弟后，增加了我的评论：

> 与现代教育所不同的是，它要使孩子很早就背完中国最经典的儒家经书，即便小时候不懂，它们也会滋养孩子的心灵。"这些书烂熟在肚里，一辈子都有用。"可谓至理名言。

金克木的大哥很注意保护孩子的眼睛，当时就不允许孩子看那些"小本、小字、石印、有光纸，看了，眼也坏了，心也坏了"。这些话让我想到互联网时代的各种游戏，它们的害处恐怕比"有光纸"要厉害百倍，它们对孩子们的诱惑力也强大无比，作为家长，又该如何保护自己的孩子呢？我们该怎样给孩子创造一个相对简单的环境？

这是我作为家长对当下教育和孩子们所处环境的深深的忧虑。

我们究竟应该教给孩子们什么呢？

我们的社会出现了那么多的"低头族"、"炫耀族"、"拼爹族"、"游戏族"、"补课族"……有时我在想，我们都希望自己的孩子将来能幸福，那么，在他们小的时候，我们家长、老师、社会应该做哪些更重要的事情？说实话，我希望自己的孩子能够在较为单纯的环境下成长。

由于看了俞敏洪所著的《在绝望中寻找希望》，发现他对"呆笨"与"聪明"、对学习之道都有很好的见解，所以也引用了他的一些文字。

在"文化界对五大师的评论"一章中，我增加了杜维明对梁漱溟的评价，增加了莫言对沈从文的评价，增加了刘苏里对金克木的评价；在"附录"一章中，我增加了星云法师对"学历与学力"的对比分析，增加了郑渊洁对"教育环境"与"私塾教育"的看法和态度，增加了俞敏洪对"硬资格"、"软资格"孰轻孰重的评论。这些内容，我感觉很重要，也很受教益，分享给大家，希望大家能从更广的视野重新审视我们的生活与教育。

此外也删改了一些内容。重新修订时发现有内容重复、字句不顺等问题。有些内容，如果分开发表文章，当然可以。例如关于自学的内容，既可以放在介绍他们自学之路的文章中，也可以放在阐述他们对学历和教育的态度的作品中，但在同一本书中，这样的内容还是应该尽量减少重复。不少字句也做了较为认真的调整，使其准确一些、通畅一些，增加点文采，但即便如此，肯定还有不少弊病，欢迎读者朋友指正。

最后，借此机会，感谢周有光、姚奠中、星云法师、蒋勋、蔡志忠、谢泳、智效民、徐贲、罗志田、赵汀阳、白岩松、张维迎、郑渊洁、俞敏洪等众多的学者专家，我引用了他们对学历看法的一些文字，也期待更多的读者能关注他们的观点和研究成果。

感谢出版家沈昌文先生对本书的欣赏和推荐，他说："我是'低学历'的人，所以这书名特别吸引我。读了以后，觉得自己的'低学历'不可怕，而愈懒才是大敌。"

感谢沈虎雏先生的鼓励,在时隔三年的两封回信中,他都认为本书"切中文凭至上时弊"。

感谢教育部基础教育课程教材发展中心、中国教师报、北京电视台、上海市工委、《出版商务周报》、《新京报》等机构和媒介的推荐。本书入选教育部组织评选的"2013年中小学图书馆(室)推荐书目",入选2013年全国教师暑期阅读书目,入选《出版商务周报》2012年评选的年度风云传记图书,入选上海市工委向上海市机关干部的首批推荐书目……这些都是我事先未曾想到的。

感谢我不认识的众多热心读者:他们有的在媒体和网上发表文章和短评;有的在不同的讲堂上分享此书的观点;有的在职业教育学院做演讲时推荐此书;有的在中考试题及高考模拟试题中采用了此书中的一些素材;有的还在网上拆解此书,拆解后非常生动有趣,比我写得更好……当我看到网上那么多的评论,认为此书对他们有帮助并对其人生给予很大的鼓励时,我感觉很幸福,如果一本书不能给读者带去益处,写它何用?当我看到网上也有很差的评论,认为看此书还不如去百度呢,或者认为这本书浅薄时,我也会反思书中出现的问题。我欢迎更多的评论!

从2015年起,我关注到国家领导人在重要文件中提倡"不唯学历凭能力",这从侧面看出"唯学历"之风在社会上何等泛滥,而在泛滥之后,国人终究要反省、要前进,从而抓住根本、解决问题。而"唯学历"之风终究要被唾弃。

张建安

2017年2月6日

自 序

几年前，就想写这本书了。但迟迟没有动笔。

对于定不定这样一个"低学历的五大师"的书名，也是犹豫再三。

而最终花一番心血，写出了这本书，乃是觉得此书也许会对许多人有益，会对不同层面的人有一些启发，尤其是对于当今时代。

在写作的过程中，这种意识变得越来越强烈。

不过，我还是首先要强调，这本书是要启发人，给人们提供参考的。

如果有学生看到这个书名，然后想当然地与自己的叛逆性格相应和，刻意想去做一个低学历的文化大师，那么，我劝你赶快打消这个念头！

低学历的文化大师固然有传奇色彩，但他们必须付出比常人多许多倍的艰苦和心血。即便如此，没有难得的机遇，没有伯乐，没有好的环境……这条路照样走不通！

我当然也并不刻意提倡什么"低学历"。至于历史上出现的"白卷状元"，我认为是荒唐的。而1977年高考制度的恢复，一定是历史的大进步。

那么，我为什么要取这么一个书名？难道"自学成才的五大师"不是更贴切更能减少争议吗？

我自然有我的用意。我希望以这种"低学历"和"文化大师"的巨大反差来吸引大家的注意力，从而悟出点什么道理。

同时，我要间接地提出自己的观点。

我所看重的是什么？

是真正的能力！

这种能力，从本质上来说，是与学历没有关系的。也就是说，这种能力，可以通过学校教育来获得；当然也可以通过自学等方式获得。

学历本来是一个外在的形式，它能部分地体现某个人的能力和素质，所以大家重视它本无可厚非。然而，学历却并不等同于能力，当整个社会把学历看得比能力还要重要的时候，那一定是喧宾夺主了，这个社会一定是出了什么问题。假学历、买学历、高分低能的事，现在还少吗？有些行业，动不动就必须是硕士、博士学位，其他有能力的人根本没有机会，这样的人才选拔合理吗？我从来不否认学历具有重要的参考价值，通过学历来选拔人才自然也比官僚们随便安插自己的亲戚不知要进步多少倍。但把它绝对化了，那一定是错误的。这难道不是一个很容易懂的常识吗？

因此，我希望这本书能对现在的教育制度、人才选拔制度有所启发甚至警示。现在这个社会是否对学历看得太重了？而应试教育的弊端是否又太沉重地压在了学生身上？多元化的社会是否需要多元化的管理？我们的国家究竟要培养和重用什么样的人才？……

我所看重的，还有获得能力所需要的毅力和途径。

我借着梁漱溟、钱穆、沈从文、华罗庚、金克木诸位前辈的经历，得出这样的结论：如果一个小学毕业生都能通过自己的努力，成为引领整个社会前进的文化大师，那么，还有什么人不可以通过努力实现自己的理想？所以，这本书应该能激励不少低起点的勇于奋斗的人吧？

同时，这五位文化大师，他们分别是思想家和社会实践家、国学大师和教育家、文学家和文物学家、科学家和社会实践家、语言学家和杂文家。他们靠着自己独立的思考与摸索，取得丰厚的成果，他们的人生道路、治学经验，当然能给许多人以启发和教益！

我相信：

他们如何学习哲学、如何学习外语、如何学习文史、如何学习文学、如何学习数学的态度、门径和方法，能给读者以益处。

他们所受到的家庭教育，会给现在的家长们很大的启发。他们接受的小学教育、中学教育，会给不同行业的教育者以启发。

他们的学习精神和学习经验，能给自学者提供丰富的营养。

他们的教育理念和教学方法，会给老师和学生们提供参考。

他们做出的学术成就，会受到学术界的重视和传承。

他们的独立思考能力、强大的创新能力更能促使我们反省自己！

……

我希望，这本书会给我的读者带去益处。

还是以前说的那句话，写作的过程，也是我学习的过程。写五位学界前辈的时候，我常常会想到自己。那么，当读者读他们的时候，是不是也该想想你们自己。他们所做到的，究竟能给你们提示什么？

2011 年 9 月 25 日于通州晴暖阁

目录 Contents

五位神奇老人 001

年老时

梁漱溟：最后的教诲与忠告 005

钱穆：双目近盲，撰写百万字的巨著 012

沈从文：从心底不愿自己出名 016

华罗庚：将生命之魂留在讲台上 020

天知道，金克木有多少学问 024

年少时

梁漱溟：小时候很呆笨 031

钱穆：虽为神童，未入歧途 034

沈从文为什么逃学？ 037

华罗庚：年少时并非天才 041

金克木的最初记忆：被压抑的好奇心 044

家庭影响

梁漱溟的父教 049

祖父、父母对钱穆的影响 056

父亲给沈从文的财富 059

金克木接受的学前教育 061

学校教育

梁漱溟受中学同学的影响 073

钱穆的小学与中学老师 076

华罗庚接受的初中教育 087

金克木的小学老师 093

自学之路

梁漱溟的自学之路 101

钱穆的自学苦读生涯 109

沈从文如何自学 114

华罗庚的自修经历与自修经验 131

金克木在图书馆上"别样的大学" 137

金克木学外语 147

他们是如何成为大学老师的

梁漱溟靠一篇文章成为北大讲席 163

梁漱溟的《究元决疑论》讲了些什么 165

钱穆如何成为大学老师的 172

沈从文:从"自由撰稿人"到"大学老师" 180

华罗庚成为清华教授的经过 184

金克木如何走上大学讲堂 189

教学与讲学

梁漱溟：在北大执教时的讲学与著述 195

钱穆：从小学讲台到大学讲堂 203

沈从文是不是合格的大学老师？ 255

华罗庚：促进数学教学与实践 262

金克木："不合规格"的教学 278

他们对学历和教育的态度

梁漱溟对学历和文凭的基本态度 287

钱穆对教育和文凭的看法 289

沈从文对大学教育的态度 294

华罗庚：文凭只能作参考 296

金克木对学历的态度 298

著述

梁漱溟的主要著作 301

钱穆的主要著作 305

沈从文的主要著作 314

华罗庚的主要著作 325

金克木的主要著作 328

文化界对五大师的评价

对梁漱溟的评价 …… 335

对钱穆的评价 …… 343

对沈从文的评价 …… 350

对华罗庚的评价 …… 356

对金克木的评价 …… 364

附录

周有光："我一生文凭没有用处" …… 371

蒋勋眼中的人文教育 …… 372

蔡志忠对学历和教育的看法 …… 374

谢泳：如何给"同等学力"的人留出空间 …… 375

智效民：傅斯年的一生，始终没有把学位太当回事 …… 377

徐贲：如果大学不发文凭 …… 379

罗志田：大学如何成为社会的文化中心？ …… 381

赵汀阳：所谓文凭一类的"证书"，不过是现代制度下量化的产物 …… 382

白岩松对高考的评论 …… 383

张维迎：我们过分地把教育理解为一个知识的传授 …… 384

网友热议美25%州议员"没文凭" …… 385

姚奠中：打破论资排辈 …… 386

星云法师：学历与学力 …… 388

郑渊洁：如果学校教育环境没变　仍对儿子私塾教育 …… 390

俞敏洪：硬资格和软资格，哪个更重要？ …… 391

五位神奇老人

我所敬佩的五位老先生——梁漱溟、钱穆、沈从文、金克木、华罗庚，现在都已经逝去了。

他们中学历最高的也仅仅是中学毕业而已——当然更谈不上有什么学位！

梁漱溟、华罗庚是中学毕业，钱穆未读完中学，沈从文、金克木只上过小学。

但他们取得了实实在在的成就，早成为举世公认的中国顶尖的思想家、史学家、文学家、语言学家和科学家。

他们还会因为"低学历"与"大成就"这种巨大的反差而更具传奇色彩，这种传奇色彩足以引起世人的好奇心。

尤其是，这种强烈的反差现象一旦被指出，相信会引起许多有识之士的认真思考。

为什么一个只受过中学甚至小学文化教育的人会取得如此巨大的成就？

他们为什么能够成功？

他们是靠什么成功的？

内因是什么？外因是什么？

我们可以借鉴什么？

我们应该反思什么？

我们这个时代还会出现这样的大师吗？

如果有，我们应该怎样对待他们？

如果没有，我们是否能够发现有这种潜质的人？

我们现在的教育体制能造就这样的人才吗？

为什么那么多受过多年高等教育的人根本无法跟他们相比？

那些受过正规高等教育的人是否可以超越他们？作出更大的贡献？

没有受过高等教育的人，如果想要实现自己的梦想，是否可以从他们的经历中得到启示？

他们所受的家庭影响，他们年少时所受的教育，他们的自学之路，他们的成功因素，他们独特的读书育人过程，乃至他们的人生态度、独特思维……是否都可以为我们提供丰富的养料？

年老时

梁漱溟：最后的教诲与忠告

梁漱溟，1893年生于北京，1911年毕业于顺天中学堂，此后再未上学。

美国芝加哥大学东亚语言文学系教授艾恺，是因为采访梁漱溟并著《最后的儒家：梁漱溟与中国现代化的两难》而成为著名的汉学家。有人追问艾恺为什么要研究梁漱溟时，艾恺表示，主要有两个原因："一是梁漱溟是中国20世纪独一无二的知识分子。他活了95岁，其历史就是中国20世纪的历史。他不仅敢于顶撞毛泽东，为中国农民说话，还曾发起乡村建设运动；二是在20世纪20年代，只有他为中国传统文化作了辩护。"（古川：《艾恺：因梁漱溟而成为汉学家》）

梁漱溟被称为"最后的大儒"，是从艾恺开始的，后来中国哲学界的领军人物汤一介等人也这么认为。其实，梁漱溟二十多岁时就已是知名学者了。只不过，越往后走，他就越是跨越了时空，成为蜚声中外的文化大师。

1987年10月31日，是梁漱溟95岁寿辰。中国文化书院发起并组织了"祝贺梁漱溟从事教学科研七十周年国际学术讨论会"。会议举办得非常隆重，既有众多的中国学者，也邀请了美国、加拿大、法国、日本、澳大利亚、新加坡等国的学者，引起学术界的广泛关注。中国文化书院主办的《学报》第七期头版头条新闻，选用红色醒目标题"敬贺梁漱溟先生九十五寿辰并从教七十周年"，刊出梁漱溟9月所写座右铭：

情贵淡，气贵和，唯淡唯和，乃得其养，苟得其养，无物不长。

李渊庭是跟随梁漱溟六十多年的老学生，二人既是师生，也是挚友。文化书院主办的学术讨论会自然也邀请李渊庭参加。李渊庭做了认真准备，在笔记本上写出大会发言提要，并请梁漱溟审阅。梁漱溟看后，表示满意。接着，他还很有深意地在李渊庭的笔记本上写了两段话：

儒家孔门之学，反躬修己之学也。孔子固尝自述云：吾十有五而志于学，三十而立，四十而不惑，五十而知天命，六十而耳顺，七十而从心所欲不逾矩，——吾人可以看出孔子只在自家生命生活上理会，而不在其外，却又须知自家生命和宇宙天地万物浑然一体而不可分的。是故孔子周游列国，便有"孔席不暇暖"的话。

修己亦云修身慎独，可取孟子、大学、中庸互参。

写完后，梁漱溟还郑重地盖了章。这是梁漱溟留给老学生最后的教诲。

1987年12月25日，梁漱溟在家人的陪同下，来到位于颐和园北面的中央党校，参加"中国现代哲学史首届全国学术讨论会暨中国现代哲学史研究会成立大会"开幕式，发表了一生中最后一次公开讲演。

这位德高望重的哲学家会说些什么呢？人们期待着。

几乎没有人能够想到，梁漱溟第一句话就出乎人们的意料，他说："我与哲学无缘。我不懂什么叫哲学。"

梁先生嗓音平正，不紧不慢地继续讲道："小时候读书，就喜欢思考些问题，想出家当和尚。当时，别人告诉我说，你所思所谈的是哲学，我说这就是哲学啊？你说是哲学，那么就算是哲学吧。我就是这样，误打误撞地进了哲学的门。"

说到这儿，梁先生发出会心一笑，会场气氛很是活跃。

这算是个开场白，梁漱溟其实要将主题引到他一生最关心的大事及自己的做人准则上。他说：

"长话短说。我不喜欢哲学，我喜欢从事的是救国运动。当时，中国被日本侵占，割地赔款，所以救国是第一大问题。我不注重一身一家的事情，注重的是救国。

"我一生的实践，都是搞事功，主要是乡村运动。我虽出身于官宦之家，生长在北京，可我投身于社会的底层——乡村。在广东，建议搞乡村建设讲习所；在河南，搞村治学院；在山东，搞乡村建设研究院。我自始至终投身于乡村，不尚空谈，注重实干。乡村建设运动的主旨是八个字：'团体组织，科学技术'，是要把散漫的、只顾自家自身的农民组织起来搞生产，在生产中学习和运用科学技术。这就是我当时所努力、所追求、所工作的目标。我未曾料到，像我这样搞事功的人，却被人家看成是什么学者，说我是个什么哲学家，我就是这样误打误撞地搞了一辈子哲学。

"我一生贯彻的是实事求是，不说空话的原则。乡村虽苦，我这个出生于官宦人家，生长在大城市的人，还是在乡下和农民一起吃苦。吃苦干什么？就是为了实现团体组织、科学技术这个目标，要农民不守旧，在生产生活上都走新的路子——科学技术的路子。一句话，我一生投身乡村，实事求是。"

梁漱溟的讲演并不是很长，所讲内容也没什么高深的哲理，但在平实质朴中蕴涵着真知灼见，表明他最基本的人生态度。

1988年，费孝通主办的《中国文化与现代化》研讨会在香港大学举行，研讨的题目是"中国宗教伦理与现代化"。费孝通很希望梁漱溟能够参加，因此托叶笃义与梁老商量，能否一起前往香港。对于这一盛情邀请，梁漱溟非常感兴趣。可是，他的健康状态已无法承受如此的长途跋涉了。于是，费孝通建议，由民盟中央机关派人到梁老家里，做了一个十几分钟的录像。这个录像带由费孝通带到香港，研讨会开幕后的第一个节目就是放映此录像，受到与会人士的高度重视。这是梁漱溟一生中最后一次学术讲演：

我从来说中国缺乏宗教，中国人淡于宗教。孔子说："未能事人，焉能事鬼。"又说："未知生，焉知死。"孔子就是注重现实人生。这是孔子的非宗教态度。

有人将儒家称为儒教，这不对。儒家不是宗教。"子不语怪力乱神。"宗教与此相反，它恰恰要议论"怪力乱神"。孔家的精神全部放在照顾现实生活上，如父慈子孝，如兄友弟恭，都是眼前生活。从前读书人供奉"天地君亲师"，五者并列，"天地"与"君"、"亲"、"师"同时供奉。宗教则不能如此。宗教中的"上帝"是"全知全能"，是高于一切，不能与人并列。中国传统文化的代表——儒家，总是在现实生活中必恭必敬于眼前。宗教则必恭必敬于"上帝"。故说中国人淡于宗教，中国人远于宗教。故说中国儒家不同于其它宗教。

在上述情况下，外来宗教乘虚而入。中国所有的伟大宗教均为外来的。天主教、基督教、回教、佛教，无不是外来的。中国也有些零零碎碎的迷信流行于社会，但够不上宗教。伟大的宗教中国没有产生过，有则均为外来。中国有的是伦理。

"上帝"一词，古书上有，但不重要，而伦理在中国特别重要。伦者偶也，伦理内容的根本精神是"互以对方为重"。这与西方的"个人本位"、"自我中心"不同。"互以对方为重"，是双方的，不是单方的。此种精神在任何地域，任何情况下均合乎人情，最行得通。

随着注重伦理而来的是讲"天下太平"。"天下"，无所不包，不分国内国外；讲"太平"，而不讲"富强"。讲"富强"，春秋战国有之，但此后均讲"天下太平"。"天下"无疆界可言。讲"天下太平"，最无毛病，最切实可行。这个精神最伟大，没有国家，这是人类的理想；人类前途不外乎此。

中国此种传统精神与现代化不相冲突，它在空间上不分地域，在时间上无论何时，均合情合理。

有人说，发展商品经济要讲"利"，而中国传统强调"义利之辩"，耻于言"利"，因此是彼此矛盾的。讲义与利，义不是空的；利在义中，义包含了"利"的问题。合乎情理的利叫做义，不是完全对立的。

不难看出，此时的梁漱溟仍然思维敏捷，能轻松地抓住根本问题，高度概括并进行深度分析中国传统精神的主要特点就是注重现实人生，注重伦理，讲究"互以对方为重"，追求"天下太平"，并指出传统的"义利之辩"与商品经济并没有矛盾，告诉世人该如何对待中国传统文化。

此录像带是2月份录的。4月13日，梁漱溟似预感到自己将不久于人世。他在长子、次子、长媳及三个孙儿的陪同下，前往北京西郊良乡祖茔为父母扫墓，以尽最后的孝道。这天天气有些反常，风大难行。梁漱溟回到寓所后便感觉身体不适，呼吸不畅，但他不愿意住医院。4月25日，病情加重，再也不能拖延了，两个儿子把他送到协和医院。初步检查后，大夫提出留院治疗，并进一步检查。采取一些治疗措施后，梁老病情有所缓解，但检查的结果不容乐观，是因肾动脉硬化导致的尿毒症。

这种情况下，虽然许多人想采访或拜访梁漱溟，但都被他的家人挡驾了。台湾《远见》月刊记者尹萍来京采访，再三请求探视梁先生。她对梁漱溟的长子梁培宽说："我在台湾上大学时就读过梁老的著作，一直非常敬重梁老的道德学问。现在，我只想见梁老一面，拍张照片，决不多打扰。"在恳切的言辞下，尹萍被同意进入病房。

尹萍在病房只待了一会儿，算是梁漱溟最后一次接受记者"采访"。尹萍后来在专文中写到当时的情景：

"5月17日，我在协和医院外宾病房三楼见到他。他躺在病床上，看来清瘦而疲乏，右眼紧闭，左眼微睁。他的儿子梁培宽在他耳边大声告诉他，我是从台湾来的，他的左眼一睁又闭，双手在被单覆盖下，有些颤抖。过了一会儿，他转过脸来，示意梁培宽附耳过去，继续说出：'台湾，郑彦棻与我相熟……还有张群，……李朴生……他在美国……胡秋原……'我告诉他，台湾有许多人读过他的书，问他愿不愿意对台湾青年说几句话。他迟疑片刻，困难地说："要注意中国传统文化，……要读我的《中国文化要义》。

"我再问他，他对中国的未来有甚么期望。这次他回答得比较快：'要顺应世界潮流。'

"其他的，他就闭目不语了。"

应该说，在这段时间，尹萍并不是唯一进入梁漱溟病房的台湾客人。叶笃义的文章中提到一个感人的场景：

> 他（指梁漱溟——编者按）住进医院时，已疲惫无力，躺在床上，神智虽然还清楚，但不能多讲话了。有一次我去看他，正好刚从台湾来的一个人，由一位中国文化书院的同志陪同一道去看梁先生。他看到梁先生的样子，知道无法进行对话了。于是他站在梁先生病榻前面，央求陪他一道去的人为他照了一张相。他又拿出本来预备同梁先生对话时所用的录音机来，一个人在机前喃喃自语讲了大致如下的一小段话："我是一个刚刚由台湾来的人。我在台湾时候就对梁先生的著作有所接触。来到北京，我首先提出来要求见见梁先生。我今天见到了梁先生是我莫大的荣幸。我要求见的是一位能坚持自己的立场，而不随风倒的如×××式的人物。……"讲完了上面一段话后，他就向梁先生鞠躬告退了。

据了解，此来访者为台湾著名学者韦政通。

梁漱溟的生命已进入弥留之际。有人问他："将来如有可能，是否以稿费设奖学金，用来培养青年一代。"梁漱溟有气无力地回答："小事。"早在《人心与人生》获准出版时，一位日本人便建议："我将把尊著译为日文，我愿把全部稿酬捐献，设梁氏基金会。"袁鸿寿问梁漱溟是否同意。梁漱溟回答："这是日本人的想法，中国人不以著作视为商品。"言外之意，不赞成，亦不反对，与"小事"的言外之意相同。

6月20日上午,协和医院的资深大夫毕大夫亲自为梁漱溟检查身体,认为梁漱溟的心和肺都好,可以做人工肾手术。这个消息使梁漱溟的家人异常振奋。手术时间定于6月24日。然而,就在医院为做手术进行准备的时候。6月23日早上,梁漱溟突然大口吐血,心律反常。医生赶紧采取急救措施,但已于事无补了。医生问:"梁老,您的感觉怎么样?"梁漱溟回答:"我太疲倦了,我要休息。"接着便溘然长逝了。

钱穆：双目近盲，撰写百万字的巨著

钱穆，1895年生于江苏无锡，1990年逝世于台湾台北。

1911年在南京钟英中学读五年级，时局动荡，学校关门，钱穆没有毕业就辍学归家，从此再没有进过学校读书。

钱穆是一位文雅学者，有人称他为最后的"士大夫"。

他早年其实很想读大学，但没有读上。他任小学教师时，心中常有未能进入大学读书之憾。见报载北京大学招生广告，投考者须先读章学诚《文史通义》，于是日夜苦读，甚至梦中都在学习。其勤学上进可见一斑。但钱穆终究没有成为大学生，却以自己的学术修养和教学水平，成为中国第一流的大学教授，先后在燕京、北大、清华、西南联大等中国最好的大学任教，同时著书立说，影响教育了无数的学子。

后来，他又在"手空空，无一物"的情况下，与唐君毅等先生在香港创办了中外闻名的新亚书院。晚年定居台湾后，仍持之以恒地做学问，直到生命的最后时刻。他是世所公认的卓有成就的史学家、国学家、教育家。

钱穆80岁时，撰《忆双亲》一文。83岁到84岁，撰《师友杂忆》。此二文合为一书，名叫《八十忆双亲 师友杂忆》。

钱穆撰写《师友杂忆》时，"双目已不能见字，信笔所至，写成一字即不自睹"。在这样艰苦的状况下，此书写了约有18万字，讲述的是钱穆自己以及亲友的往事，下笔简练，将数十年史事变迁一一道来，称得上一部将个人、家族以及国家历史紧密结合的史书；而文笔生动，识见高远，思想之活泼深刻，言谈之大家风范，尤其能启发世人上进。笔者前几年曾粗读此书，近日来虽处于极繁忙状态，但每日在乘地铁的途中阅读，边读边想，句句不肯轻易略过，那些前辈学者所具备的精神于无形中转化成一种营养，滋养着我这样的读者，于是觉得大有裨益，甚至于极疲劳的时候能得到一种力量，在极喧嚣的场所能得到一种清静。前辈学人风范，足令人称羡不已。

钱穆生命中的最后时光尤其值得称道。撰完《师友杂忆》后，他又在双目失明的状态下，用 84 岁到 92 岁的 8 年光阴，撰成《晚学盲言》70 万字的巨作，令人不胜景仰。先生在序言中这样介绍：

> 八十三四岁，双目忽病，不能见字，不能读书，不能阅报，唯赖早晚听电视新闻，略知世局。又以不能辨认人之面貌，畴人广座，酬应为难，遂谢绝人事，长日杜门。幸尚能握笔写字，偶有思索，随兴抒写。一则不能引据古典书文，二则写下一字即不识上一字，遇有误笔，不能改正。每撰一文，或嘱内人搜寻旧籍，引述成语。稿成，则由内人诵读，余从旁听，逐字逐句加以增修。如是乃获定稿。费日费时。大率初下笔，一小时得千字已甚多。及改定，一小时改千字亦不易。内人为此稿所费精力亦几相等。余九十一生辰屡犯病，大惧此稿不得终讫。内人告余，未读稿已无多，心乃大定。直迄于余九十二岁生辰后又百日，而全书稿乃定。

以上文字，足见钱穆将学问与人生紧密融合，视著作甚至比生命还要重要，岂是徒求功名者可比。

《晚学盲言》分三大部，一为"宇宙天地自然之部"，二为"政治社会人文之部"，三为"德性行为修养之部"，包罗万象，深入浅出，对世人有大益处！

钱穆一生中最后一篇文章《中国文化对人类未来可有的贡献》，深受季羡林、汤一介等名家推崇，笔者撰写《中国古代哲学》时，亦摘录了如下文字：

中国文化中,"天人合一"观,虽是我早年已屡次讲到,唯到最近始彻悟此一观念实是整个中国传统文化思想之归宿处。……

中国文化过去最伟大的贡献,在于对"天""人"关系的研究。中国人喜欢把"天"与"人"配合着讲。我曾说"天人合一"论,是中国文化对人类最大的贡献。

从来世界人类最初碰到的困难问题,便是有关天的问题。我曾读过几本西方欧洲古人所讲有关"天"的学术性的书,真不知从何讲起。西方人喜欢把"天"与"人"离开分别来讲。换句话说,他们是离开了人来讲天。这一观念的发展,在今天,科学愈发达,愈易现出它对人类生存的不良影响。

中国人是把"天"与"人"和合起来看。中国人认为"天命"就表露在"人生"上。离开"人生",也就无从来讲"天命"。离开"天命",也就无从来讲"人生"。所以中国古人认为"人生"与"天命"最高贵最伟大处,便在能把它们两者和合为一。离开了人,又何处来证明有天。所以中国古人,认为一切人文演进都顺从天道来。违背了天命,则无人文可言。"天命""人生"和合为一,这一观念,中国古人早有认识。我以为"天人合一"观,是中国古代文化最古老最有贡献的一种主张。

西方人常把"天命"与"人生"划分为二,他们认为人生之外别有天命,显然是把"天命"与"人生"分作两个层次、两个场面来讲。如此乃是天命,如此乃是人生。"天命"与"人生"分别各有所归。此一观念影响所及,则天命不知其所命,人生亦不知其所生,两截分开,便各失却其本义。决不如古代中国人之"天人合一"论,能得宇宙人生会通合一之真相。

所以西方文化显然需要另有天命的宗教信仰,来作他们讨论人生的前提。而中国文化,既认为"天命"与"人生"同归一贯,并不再有分别,所以中国古代文化起源,亦不再需有像西方古代人的宗教信仰。在中国思想中,"天""人"两者间,并无"隐""现"分别。除却"人生",你又何处来讲"天命"。这种观念,除中国古人外,亦为全世界其他人类所少有。

钱穆是立足于中国文化而对世界文化有杰出贡献的大学问家。科班出身的季羡林自然不会以钱穆只是"中学毕业"而不看重其学问,故而一再称扬钱穆:"对国学研究做出了极其重要的贡献","他涉猎方面极广,但以中国古代思想史为轴心,因此在他漫长的一生中,在他那些大大小小长长短短的著述中,很多地方都谈到了'天人合一'","一个像钱宾四(即钱穆)先生这样的国学大师,在漫长的生命中,对这个命题最后达到的认识,实在是值得我们非常重视的"。(季羡林:《"天人合一"新解》)

钱穆虽已逝世,其魂未逝,他的精神仍被颂扬,他的思想仍被传承,他的作品仍焕发着无限的魅力,他的传奇将继续延续!

沈从文：从心底不愿自己出名

沈从文，1902年生于湖南凤凰，1988年逝世于北京。

1918年6月，沈从文高小毕业，准备上初中，因为家境困难，加之母亲认为他不容易管教，让他辍学参加一支土著部队。这便是他正规学习的终结。

在许多人眼中，沈从文是以文学成就著称于世的。他从1924年首次发表文章，短短四五年时间即在报刊发表150多篇文章，文体涉及小说、散文、诗歌乃至独幕剧、短剧。20世纪30年代，沈从文先后创作《边城》、《湘行漫记》等经典名著，成为中国文坛最重要的作家之一。与此同时，他作为大学教师教书育人，硕果累累，受到广大学生的爱戴和推崇。然而在1949年北平和平解放前，沈从文受到错误的批判，他决定"什么都不写，一定活得合理得多"。从此，中国文坛失去一颗耀眼的明星。

沈从文转而从事文物研究，用不懈的追求、科学的方法，掌握了文物研究的新途径，编撰了《唐宋铜镜》、《中国丝绸图案》、《明锦》、《战国漆器》、《龙凤艺术》等著作，为中国文物研究作出了贡献。尤其是在周恩来总理的支持下，沈从文进行了中国古代服饰的研究，编写出《中国古代服饰研究》，填补了中国的一项空白。沈从文曾致信徐盈，称："新搞的一切，因为凡事从实物出发，从客观存在出发，再结合文献求证，方法较新，所得结论也新，主观还以为对于此后治文化史、艺术史、工艺史都必然有些新的启发。"（《沈从文年谱》）沈从文的文物研究不仅在国内受到关注，在国际上受到同行的广泛重视。他因此成功地实现了从文学家到文物学家的转变，成为名副其实的文化大师。

不过，沈从文对名利有极高的警惕。

20世纪80年代，沈从文已到晚年，他本来自50年代就开始沉寂，似乎被文学界完全遗忘了，然而没想到晚年再次热了起来。他早年所写的小说、散文再次受到世人的强烈关注，"沈从文热"不断掀起，先在国外热了起来，然后又转"内销"，热到了国内，而且越来越热，荣誉与花环不断加在沈从文身上。对此，沈从文本人十分冷静，极力采取冷处理的态度，避开谈自己。

1981年7月30日，沈从文在给常风的信中谈到："年来国外对我过去那份习作，似乎还感到兴趣，因此国内也开了点绿灯，容许有人开始'研究'我。……但是我却不抱任何不切现实的幻念空想，以为至多不过是起一些点缀作用，即点缀作用，时间也不会久，三几年后社会新的变化一来，一切就将成为'陈迹'的。"

同年10月5日，沈从文在回复龙海清的信中，希望龙海清等人不要再写文章赞美他，认为海外的沈从文热"与其说是对个人表示欢迎热情，其实不如说是对中国表示好感为合理，因为在任何情形下，我总还是个土生土长的中国人！"

他对名利看得很淡，而对不同意见乃至别人对他的批评表现出很大的宽容。1982年10月22日，他在写给刘一友的信中，针对那些批评"沈从文热"的人说："还是让他们骂，出出气好"，"世界极大，在他权力内可以'为所欲为'（即或如此也不经久！），在中国以外，他却无可奈何。何况别人也并不是瞎吹瞎捧而存在的"。

更进一步，沈从文其实对名利存在着极高的警惕，他不能不想到1949年时名利所带给他的灾难，所以他在1981年写给凌宇的信中称："过于誉美，易增物忌，虚名过实，必致灾星。"

1988年，凌宇撰写完《沈从文传》，这是国内作者写的第一部沈从文传记，所写的部分章节在《人民日报·海外版》连载。紧接着，凤凰县举办研究沈从文的学术讨论会，这本是好事，但病榻之上的沈从文表示："几十年不写了，心里不安得很……不要宣扬我。"他听说凌宇参加筹备扩大成国际性的沈从文研究学术讨论会，赶紧催促夫人张兆和写信劝阻。十几天后，沈从文克服病痛所带来的不便，自己口述，由次子沈虎雏代笔，写信劝阻凌宇，表示自己不喜欢"出名"，请凌宇放弃原先的打算，作自己的研究，不要因此糟蹋宝贵生命。隔四天，沈从文再次给凌宇写信，说："写几本书算什么了不起。"表达了不愿出名、最怕出名的心理，希望不要召开什么国际沈从文学术会议。

在信中，沈从文非常坦诚地告诉凌宇："你和我再熟悉一点，就明白我最不需要出名，也最怕出名……我目前已做到少为人知而达到忘我境界。以我的情形，所得已多，并不想和人争得失。能不至于出事故，就很不错了。你必须放下那些不切事实的打算，免增加我的担负，是所至嘱。"（凌宇：《沈从文传》）

1988 年 4 月 16 日，沈从文留给世界最后的文字是一封书信，在这封写给吉首大学中文系向成国的信中，沈从文再一次强调不愿出名的心愿：

成国先生：

　　赐信收到。谢谢。来信中所云"全国性活动"，弟以为值得考虑。弟搁笔业已经半世纪。其所以如此为人，实深知如此一来，即可免去无数麻烦，比较安全，不至于在不明不白为社会变动中，陷于困难，不知何以自保，亦免朋友为难。古人有云："大块载我以形，劳我以生，佚我以老，息我以死。"又孔子云："血气既衰，戒之在得。"弟今年已八十六，所得已多。宜秉古人见道之言，凡事以简单知足，免为他人笑料。不求有功，先求无过。过日子以简单为主，不希望非分所当，勉强他人为之代筹。举凡近于招摇之事，证"知足不辱"之戒，少参加或不参加为是。

　　先生所提之事，具见同乡好意，无如与弟平时旨趣甚远，心中多一负担。甚愿为弟设想，实增感谢。即此复颂安佳。

弟　沈从文

沈从文即将离开人世的三天前，也就是 1988 年 5 月 7 日，他又特地叮嘱来访的吉首大学教师刘一友："不要宣传我，要慎重，你看……现在我那一辈人只剩下我、俞平伯和冰心了，要提防有人枪打出头鸟。"

尽管沈从文从心底不愿自己出名，这一现象却是他无法阻挡的。

因为他的文学著作，因为他的文化研究，他留下了最为宝贵的文化遗产，他的名字将永远出现在文学史及文化史中。

但，当初，谁能料到，沈从文这样的文化大师竟然连初中都没有读过！

华罗庚：将生命之魂留在讲台上

华罗庚，1910年生于江苏金坛，1985年逝世于日本东京。

他的一生充满了传奇，直到生命的最后时刻。

例如，他是蜚声中外的数学家，他的研究成果《堆垒素数论》、《多复变函数论中的典型域的调和分析》等被翻译成多种文字而闻名于世，但他的学历竟然只是初中毕业，而且在初中一年级时数学成绩还是不及格的。

他本是一位研究纯理论的学者，但后来竟然将他的研究成果最大限度地运用到各行各业，甚至在关系国计民生的重大建设项目中，他的"统筹法"、"优选法"同样发挥着巨大的作用，受到了毛泽东、周恩来、胡耀邦等国家领导人的高度重视。

他是个残疾人，早年因伤寒而左腿残疾，并在特殊年代受过冲击，但他硬是靠坚强的意志，走遍了中国并走向世界，将他的应用科学搞得有声有色。

抗战时期，他在最艰苦的环境下，靠着小油灯微弱的光线，研究出世界上最优秀的数学成果；而在新中国成立初期，他又毅然放弃国外优厚的待遇，满腔热情地回国效力。

他不仅研究高端数学，而且写了许多科普著作；他不仅自己成果不断，而且发现和培养出中国最好的数学家，如陈景润、王元……

这些传奇组成了华罗庚的生命，而我首先要讲的是他最后的传奇。

最后的传奇发生在华罗庚人生的最后一天。

1985年6月12日下午4点15分，日本东京大学理学部5号馆103室，74岁的华罗庚正在作题为"理论、应用与普及"的演讲。听讲人是包括日本数学会理事长小松彦三郎在内的日本数学界的权威，他们很早就期待华罗庚这场高水平的演讲了。

因为腿脚不便，74岁的华罗庚是坐着轮椅进入会场的。而在小松彦三郎致辞并向大家介绍时，华罗庚从轮椅上站起来，用中文向大家致意。接着，他便用中文讲演起来。当他发现翻译无法充分地将他的原意译成日语时，他开始用英语讲。所讲内容涵盖了他于20世纪50年代到80年代在理论数学、应用数学和普及推广方面所做的工作，深入浅出，给听众留下了深刻的印象。尤其是华罗庚讲自己如何在中国普及优选法时，讲演变得更加形象生动，引人入胜。

当时陪同华罗庚赴日讲学的应用数学研究所副研究员陈德泉、计雷凭记忆整理了华罗庚的这次演讲内容，其中有这样的文字：

> 一般地讲，中国工人的文化水平不如日本的文化水平高，如果说我到车间去讲优选法，要求听讲的工人都要学过微积分，这是不可能的。那么我是怎么在中国普及优选法的呢？首先我让大家记住一个数——0.618。这张纸条和这支烟就是我的教具。假定纸条就代表某一因素的范围。第一个试验在什么地方做呢？在全长的0.618处做。（此时华老点燃了烟，用烟头在纸条的0.618处烧了一个洞）第二个试验点又在什么地点做呢？在纸上第一个试验点的对称点上做，在我这里就很简单地找到了。把纸对折起来，顺着第一个试验点所烧的洞烧过去，第二个试验点就得到了。这时，可将两个试验点所得到的结果对比一下，看哪个试验点所出的效果好？如果第一点比第二点好，那么就把第二点以下撕掉；如果第二点比第一点好，第一点以上已经被撕掉了。下一个试验在什么地点作呢？仍然是把剩余的纸条对折一下，顺着剩下的试验点所烧的洞烧过去，就得到了第三个试验点。然后再作比较，留下好的，撕去坏的。以后怎么做，不用我讲了

吧！（笑声）一直做到生产上所需要的精度为止。(《华罗庚诗文选》)

可以想象，这样的演讲是多么吸引人，怎样地在轻松的氛围中给听众以最大的享受与教益！而华罗庚本人却在这样美妙的演讲中承受着生命的危险！

当时听讲的森本光生回忆："华先生在美国和英国曾度过长期的研究生活，他的英语比我们一般的日本人流利得多。一开始声音稍小，有些难听清楚。渐渐地，随着来了劲，他的声音大了起来，拐杖也扔在了一边，一直站着讲，还时而为了说明上下讲坛。演讲自始至终因先生的幽默而洋溢着笑声，生气勃勃。演讲的内容展望先生一生，范围极广。我被先生的话语吸引，光顾着听，都忘了笔记。"（森本光生：《听华罗庚先生最后一课》）

白鸟富美子也有同样的感受，称："演讲渐入佳境，眼前先生愉快的身影，仿佛与他在中国各地的讲坛上面对老百姓，用简洁明了的语言解释复杂的数学方法时的身影重叠。"（白鸟富美子：《悲歌》）

但随后，森本光生看到："演讲中，不知是不是因为热，他停下投影仪，脱掉西装，解开了领带。也许从那时开始，他就已经不舒服了。香烟实验对他来说也许是个负担。但是，被他那令人愉快的雄辩所振奋，观众也对此如醉如痴。"白鸟富美子也注意到了："随着演讲的进行，他脱去外套，解开领带，又解开衬衫最上面的两颗扣子，时而用手捂着胸口。我感到了莫名的不安……"

华罗庚必定也意识到来自身体的危险信号。可是在这次国际交流活动中，他不愿意去想什么生命安危。

此前，华罗庚曾先后得过两次心肌梗塞。在一个多月前的 4 月 27 日，北京举办的记者招待会上，一位年轻的香港记者问华罗庚："你最大的希望是什么？"华罗庚思索片刻，回答："我最大的希望是工作到我生命的最后一天。"这是华罗庚的信念。但无论是别人，还是他自己，都不会想到，最后时刻竟然如此快地来临。

虽然身体不适，但华罗庚在酣畅淋漓的演讲中，感受到精神的巨大愉悦。

原定的演讲时间已到，华罗庚意犹未尽。于是，在华罗庚本人的要求下，演讲时间比原定的 1 小时延长了 10 分钟。

演讲完毕，华罗庚在热烈的掌声中迈向轮椅。然而，正当听众向华罗庚奉上鲜花的时候，突然，刚刚还那么充满活力的华罗庚倒在地上。他脸色惨白，一动不动。陪同的医生赶紧抢救，但华罗庚再未醒来。

就这样，华罗庚神奇地离开了人世，在国际学术演讲台上成就了最后的传奇，给人们留下了不尽的精神财富！

中国人民不胜哀悼！

世界数学界为之惋惜！

联邦德国马普数学研究所的通告牌上，挂上了华罗庚的照片，并把联邦德国一家重要报纸的报道剪贴在照片下面。报道的标题为：中国最伟大的数学家华罗庚去世。

天知道，金克木有多少学问

金克木，1912年生，2000年逝世。

他与沈从文一样，最高学历也是小学。

与前面四人相比，论志向高远、心怀天下，金克木不及梁漱溟；论儒学功底、雍容典雅，金克木不及钱穆；论文学成就、文物研究，金克木不及沈从文；论数学水平、数学普及，金克木更不能与华罗庚相比；然而，若比起知识渊博、思路活跃，金克木可执天下学界之牛耳。

在文化界，金克木绝对是一个天马行空式的人物。

金克木以"杂"家著称。他掌握了英语、法语、德语、世界语、印地语和梵语等不知道多少种语言；他对儒家、佛家、道家均有长期的研究，精通梵学，对西方学问也如数家珍，什么伦理学、心理学、逻辑学乃至数学、物理、天文学、人类学等都有独到的见解；更神的是，金克木最擅长将各种学问融通在一起，汪洋恣睢，蔚为大观。

先看看他写的文章标题，既有"读古诗"、"读《大学》"、"读《千字文》"、"怎样读汉译佛典"这样比较传统的标题，还有"倒读历史"、"文体四边形"、"奥卡姆剃刀"这样颇有创意的标题，更有《春秋》数学·线性思维"、"公孙龙·名家·立体思维"、"《存在与虚无》·《逻辑哲学论》·《心经》"这些让人一时摸不着头脑的标题，而"书读完了"这样的标题完全就是笑傲书坛的"武林至尊"语气，一见之下就令人怦然心动，想去细读里面的内容。

是的。细读金克木的文章,我们会见到更为广阔美妙的天地。试举《传统思想文献寻根》一文分析。文章一开始本是讲"中国的文化之统"的,讲的内容从甲骨文、《周易》、《尚书》,到现在的电灯、西服之类,意在说明"传统思想要古今互相印证",并说:"今人思想可以凭言语行为推断,古人思想只有凭文献和文物。可以由今溯古,也可以由古见今,将古籍排个图式以见现代思想传统之根。我来试一试。"这样读下来,你已经领略了金克木文章的信息量之大了,于是做好准备,要调动自己以往的文化底子,用心领会这篇关于中国文化的大文章。但不料,金克木在此极高明处仍要再拔一个尖,就像《老残游记》中描写王小玉唱书,"那知他于那极高的地方,尚能回环转折;几啭之后,又高一层,接连有三四叠,节节高起。恍如由傲来峰西面攀登泰山的景象:初看傲来峰峭壁千仞,以为上与天通;及至翻到傲来峰顶,才见扇子崖更在傲来峰上;及至翻到扇子崖,又见南天门更在扇子崖上:愈翻愈险,愈险愈奇"。金克木就有王小玉的本事。你看他这篇文章,他并不满足于只就中国文化谈中国文化,而是巧妙地一转,称:"想看清自己的可以先对照别人的。有个参照系可以比较。那就先从国外当代思潮谈起。"他虽然说的是谈国外当代思潮,但免不了又从当代转到古代,谈到了古希腊的苏格拉底、柏拉图,还谈到了毕达哥拉斯和勾股定理,谈到牛顿、达尔文、爱因斯坦,并谈到了基督教神学和印度佛经……短短的文字中,你不晓得,这里面究竟会有多大的信息量,对读者的文化积累究竟有多大考验?

一篇文章如此,许多文章都如此。读到尽兴处,你会不由自主地惊叹:天知道,这老先生究竟有多少学问?!

金克木是学术界有名的"老顽童",他喜欢用探秘的方式,用各种你所想不到的文体进行实验,解决世界上任何学问。按照他自己的表白,就是:"我有个毛病是好猜谜,好看侦探小说或推理小说。这都是不登大雅之堂的,我却并不讳言。宇宙、社会、人生都是些大谜语,其中有日出不穷的大小案件;如果没有猜谜和破案的兴趣,缺乏好奇心,那就一切索然无味了。"(《书读完了》)又说:"我幼年时到手的书都看,老来才明白这是对五花八门的世界发生好奇心。想通过书本进入一个又一个世界。几十年过去了,仍然觉得不得其门而入,却还是想由读书去读各种世界。"(《读书——读语言世界》)这种惊人而不竭的对知识与智慧的好奇心,使金克木直到老年仍思如泉涌,好文不断。

北京大学中文系教授陈平原这样评价金克木:"像金先生那样博学的长者,并非绝无仅有;但像他那样保持童心,无所顾忌,探索不已的,可就难以寻觅了。以'老顽童'的心态与姿态,挑战各种有形无形的权威——包括难以逾越的学科边界,实在是妙不可言。"

复旦大学哲学学院教授张汝伦主要研究对象是西方哲学,他称:"说金先生的学问是绝学,不是说他所研究过的学问和领域别人再也学不会,或不会有人再去研究。而是说像他那样能将古今中外各个学科、各种文化融会贯通的,近代以来也就他一人,今后也很难有人能做到了。金先生为学追求一个融通的境界,视野开阔,气魄宏大。"

关于金克木博学与老顽童兼备而引发的趣事,许多人的文章中都有记载,读时总是让人忍俊不禁。

你瞧陈平原写的这两段文字,我在深夜阅读后竟被刺激得久久无法入睡:

见识过金先生的,对其高超的聊天技艺,大都会有极深刻的印象。许多平日里伶牙俐齿的访客,开始还想应对或挑战,可三下两下就被制服了,只有乖乖当听众的份。先生学识渊博,且擅长变换话题,思维跳跃,不循常规,你好不容易调整好频道,他已经另起炉灶,并非故弄玄虚,而是平日里入定,精骛八极,神驰四海,来了稍微投缘的客人,恨不得把近日所思一股脑说给你听。除非你不断追踪他的近作,否则很难对得上话。谈话中,他会不时提起最近发表在某某报刊上的得意之作,问你有何看法。你要是回答"没看过",他准这么自嘲:你们是做大学问的,不必读我这些小文章。这倒有点冤枉,不少阅读兴趣广泛的朋友,也都感叹跟不上金先生思维以及写作的步伐。

  先生很懂"因材施教",从不跟我谈什么印度学、世界语或者围棋、天文学之类,平日聊天,仅限于文史之学。可即便这样,其知识面之广、论学兴致之高,以及脑筋转动之快,都让我目瞪口呆。开始还像是在对话,很快就变成独白了。每回见面,他都会提几个奇异的问题,说是想不通,想征求你的意见,可马上又大讲自己的推断。说到得意处,哈哈大笑,家里人催吃饭了,还不让客人离开。明明已经送到大门口,说了好几次再见,可还是没完。有经验的访客,都在预定离开前半小时起身,这样说说走走停停,时间刚好。(陈平原:《"读书时代"的精灵》)

再瞧钱文忠写的两段文字,我在地铁上阅读时竟被逗得旁若无人地笑出声来,并在旁边空白处写了四字"逗死人了"。文字是这样的:

  我第一次见金先生,是在大学一年级的第二学期,奉一位同学转达的金先生命我前去的口谕,到朗润湖畔的十三公寓晋谒的。当时,我不知天高地厚,居然在东语系的一个杂志上写了一篇洋洋洒洒近万言的论印度六派哲学的文章。不知怎么,金先生居然看到了。去了以后,在没有一本书的客厅应该也兼书房的房间里(这在北大是颇为奇怪的)甫一落座,还没容我以后辈学生之礼请安问好,金先生就对着我这个初次见面还不到二十岁的学生,就我的烂文章,滔滔不绝地一个人讲了两个多小时。其间绝对没有一句客套鼓励,全是"这不对","搞错了","不是这样的","不能这么说"。也不管我听不听得懂,教训中不时夹着英语、法语、德语,自然少不了中气十足的梵语。直到我告辞出门,金先生还一手把着门,站着讲了半个小时。一边叙述自己身上的各种疾病,我也听不清楚,反正好像重要的器官都讲到了;一边还是英语、法语、德语、梵语和"这不对","搞错了"……最后的结束语居然是:"我快不行了,离死不远了,这恐怕是我们最后一次见面了。"

　　但是，这通教训倒也并没有使我对金先生采取敬而远之的态度。因为，我再愚蠢也能感觉到"这不对"、"搞错了"的背后，是对反潮流式的来学梵文的一个小孩子的浓浓关爱。后来，我和金先生见面的机会还很不少。每次都能听到一些国际学术界的最新动态，有符号学、现象学、参照系、格式塔、边际效应、数理逻辑、量子力学、天体物理、人工智能、计算机语言……这些我都只能一头雾水傻傻地听着，照例都是金先生独奏，他似乎是从来不在乎有没有和声共鸣的。除了一次，绝对就这么一次，金先生从抽屉里拿出一本比三十二开本还小得多的外国书来，指着自己的铅笔批注，朝我一晃，我连是什么书也没有看清楚，书就被塞进了抽屉。此外，照例我也没有在金先生那里看到过什么书。几个小时一人独奏后，送我到门口，照例是一手扶着门框，还要说上半小时，数说自己几乎全部的重要器官都出了毛病。结束语照例是："我快不行了，离死不远了，这恐怕是我们最后一次见面了。"我当然不会像初次见面那样多少有些信以为真了，于是连"请保重"这样的安慰套话也懒得说，只是呵呵一笑，告辞，扬长而去。（钱文忠：《智慧与学术的相生相克》）

这便是晚年金克木非常另类的大师范儿。

他是博学的，也是智慧的；

他是自娱的，也是娱人的；

他是有趣的，也是幸福的！

年少时

梁漱溟：小时候很呆笨

"呆笨"，即"又呆又笨"，一般意义上来讲，是个贬义词。

很少有人愿意被称为"呆笨"，就像谁也不愿意被人称为"傻子"和"白痴"一样。

梁漱溟似乎是个特例，他毫不忌讳地说：

"小时候，我不但瘠弱，并且很呆笨的。"

这句话直白得厉害。与中国古人如诸葛亮的"臣本愚钝"这样的谦辞颇不相同。

为了说明自己"呆笨"，梁漱溟还举了例子："约莫六岁了，自己还不会穿裤子。因裤上有带，要从背后系到前面来，打一个结扣，我不会。一次早起，母亲隔屋喊我，为何还不起床？我大声气愤地说：妹妹不给我穿裤子呀！招引得家里人都笑了。原来天天要妹妹替我打这结扣才行。"

他又说："十岁前后，在小学里的课业成绩，比一些同学都较差。虽不是极劣，总是中等以下。"

梁漱溟的话是实话。由此则给我们启发，原来"呆笨"并不可怕，而需要特别提防的倒是"聪明反被聪明误"。

梁漱溟的"呆笨"让我联想到"璞玉"，外表看似普通甚至非常丑陋，其实精华内蕴，一旦发挥出来，就会成为"实力派"，而远非"花瓶"可比。

也容易让我联想到电视剧《士兵突击》中的许三多和《尘埃落定》中的

"傻子"。他们原本总被别人嘲笑的,因为他们在许多方面的能力实在远远低于常人。但这些呆笨的人,都有一个常人无法相比的根本性优点——认准的事,异常执着!于是,他们不会浮躁,不会三天打鱼两天晒网,不会总是"浅阅读",而是经过异乎寻常的努力,锲而不舍地向自己认准的方向深挖,直到挖出井水。最终,他们成为龟兔赛跑中的"乌龟",成为水滴石穿中的"弱水"。

"呆笨"之人,往往在得到合理、有效的引导后产生巨大的能量。

这个能量究竟有多大?谁也不能低估!

就像《射雕英雄传》中的郭靖,总被聪明绝顶的黄药师看不起。但其大器晚成之时,内力深厚,当世无出其右者。

就像《愚公移山》中的愚公,他其实根本无法达到其移山的目的,但他的精神力量令玉帝、天神都为之感动!

再说梁漱溟,他在上中学时仍然时有"呆笨"之举。因一位长他两岁的同学郭仁林才学过人,梁漱溟竟然不敢认其为同学,而是尊之为老师,每日课后即前往就教。郭仁林讲,梁漱溟听,一一记之,并郑重其事地在记录本封面写上"郭师语录"。梁漱溟此举很自然地受到了旁人的嗤笑。他自己后来回忆并评论:"由此亦不难看出我之认真与愚笨。"

不过,梁漱溟有的是智慧,他明白"呆笨"与"愚笨"自有其可贵处。

梁漱溟总结道:"因为愚笨,思想的过程,不能超过他人先走一步,必须走一步后,碰着钉子,乃又反省、转移、变化,每一步皆是踏实不空,以后又继续追求,向前走去,追求时碰着钉子,乃又反省、转移、变化。以故我此生时时在变化中。因为有变化,先前狭隘之见解乃得渐次解放。"

修订本书时,翻阅到俞敏洪所著《在绝望中寻找希望》。原来俞敏洪也深深地意识到"呆笨"自有可贵处,特地写"笨有笨的好处"一文予以阐述:

看过《阿甘正传》的人没有一个不被阿甘的生命轨迹所感动。阿甘是一个笨人,有点傻,却成了人们心目中最成功的人。他因为被同学欺负不得不拼命奔跑，结果成了跑得最快的橄榄球队员；他傻得宁可不要自己的命也要抢救战友，结果成了民族英雄；他一心练习乒乓球废寝忘食，结果成了世界冠军；他努力捕虾一无所获但从不放弃，结果成了最著名的捕虾大王；哪怕他没有目的的环球跑步，也为他赢得了一大批的追随者。

笨的人并不等于没有成就的人，只要具备两样东西，他就能够像阿甘一样总有收获。这两样东西一是目标，二是坚持，有了它们，成就自然会随之而来，就算没有成就也有收获，因为你毕竟有了与众不同的经历。因此，笨有笨的好处。意识到自己笨，正是聪明的开始；意识到自己因为笨所以要努力，是迈向成功的开始；意识到自己因为笨所以要专心超常地努力，是取得成就的开始；意识到自己因为笨不仅仅需要超常努力，还需要心平气和地给自己足够的时间和耐心，是成为天才的开始。

其实，相对于"天才"而言，我更喜欢俞先生将这些人称为"地才"，给人感觉很落地。他说："事实上，这个世界并不是由天才统治的，而是由那些经过艰苦卓绝的努力实现自己的目标并养成坚忍不拔的个性的人，我们可以把这些人称为地才。地才就是脚踏实地，通过点点滴滴的努力来实现自己目标的人才。"

钱穆：虽为神童，未入歧途

与梁漱溟不同，钱穆幼时即非常聪颖，在常人眼中可称得上神童。

钱穆7岁入私塾。8岁时，老师每日教钱穆认20个生字，钱穆很容易就记住了。老师见此，马上将原来的每日20个生字改为30个生字，钱穆也能轻松地记住。老师又将生字增多到每日40字、每日50字，一直增到七八十字，钱穆都能记住。不仅如此，在老师还没有开讲《四书五经》的时候，钱穆已经能够背诵《大学章句序》及《孟子》的部分章节。他的记忆力是相当地好了！

更为可贵的是，钱穆少时即能触类旁通。

有一天傍晚，钱穆的父亲来到私塾，见钱穆正在诵读《孟子》，便指着里面的一个"没"字，问钱穆："知道这个字的意思吗？"

钱穆回答："如人落水，没头颠倒。"

他的父亲又问："你怎么知道这个'没'字是落水的意思呢？"

钱穆回答："因为'没'字的字旁有三点水，我就这么猜测。"

父亲很高兴，摸着儿子的头对老师说："此儿或前生曾读书来。"（见钱穆：《八十忆双亲》）

这样的情景，很容易让人联想到王安石所写的古代神童方仲永。

我们先来读王安石所写的《伤仲永》：

金溪民方仲永，世隶耕。仲永生五年，未尝识书具，忽啼求之。父异焉，借旁近与之，即书诗四句，并自为其名。其诗以养父母、收族为意，传一乡秀才观之。自是指物作诗立就，其文理皆有可观者。邑人奇之，稍稍宾客其父，或以钱币乞之。父利其然也，日扳仲永环谒于邑人，不使学。

余闻之也久。明道中，从先人还家，于舅家见之，十二三矣。令作诗，不能称前时之闻。又七年，还自扬州，复到舅家问焉，曰："泯然众人矣。"

大概意思就是：方仲永本来是一个难得的神童，但由于他的父亲不善于引导，反而为了炫耀和获得利益，成天带着小孩四处招摇。几年后，神童便成了庸人。

古往今来，家长们都有望子成龙的心理。还有很多人，最是羡慕别人家的孩子是神童。其实，神童才是最应该担忧的！没有好的引导，神童往往会半路夭折。这已是被无数事实所证明了的。

钱穆的聪慧程度，不比方仲永差。如果他也有一个方仲永那样的父亲，恐怕也难逃脱天才泯灭的悲剧。幸而，钱穆的父亲非常知晓其中利害，他善于引导儿子。

八九岁时，钱穆已经能背诵《三国演义》了。一天，钱穆去找父亲，房屋里有许多人，其中一人忽然对钱穆说："听说你能背诵《三国演义》，是真的吗？"

钱穆点头。

另外一人便说："你现在能试一试吗？"

钱穆再次点头。

旁边一人也非常感兴趣，说："我来命题，你来背，如何？"

钱穆点头。

这个人便要钱穆背诸葛亮舌战群儒的文字。

钱穆迅速背出。不仅如此，他背诵时还带着表演。背诵诸葛亮的时候，站在一处；背诵张昭等人的时候，又站在另一处。可谓声情并茂，非常精彩绝伦。

众人为钱穆的才华折服，纷纷祝贺钱穆的父亲。但钱穆的父亲已意识到钱穆成长路途中潜在的危险——一旦骄傲自满，一个人才就毁了！

但怎样才能让儿子知道其中的利害呢？父亲需要一个合适的不能让儿子有逆反心理的好办法。

第二天，众人再次邀钱穆前去表演。父亲也不阻拦，与儿子一起前往。路途中有一桥。父亲便指着桥对儿子说："你认识'桥'字吗？"

钱穆马上点头，意气风发地说："认识。"

父亲问："'桥'字的偏旁是什么？"

钱穆回答："木字旁。"

父亲又问："用'马字旁'换'木字旁'，你知道是什么字吗？"

钱穆迅速回答："当然是骄字。"

父亲再问："'骄'字是什么意思？你知道吗？"

钱穆点头："知道。"

这时，父亲挽住钱穆的胳膊，又郑重又轻声地问："你昨天晚上的情形，有没有这个'骄'字？"

钱穆听到此言，如闻震雷，从心底有了深刻的感受，低下头默然不语。

当众人再次邀钱穆背诵《三国演义》时，钱穆一反常态，扭捏不安。众人见此情景，也不强迫。此后，再没有人邀请钱穆去炫耀了。

钱穆后来终成一代国学大师。

沈从文为什么逃学？

沈从文年少时最大一件事，似乎就是逃学了。

1931年的时候，沈从文写过一本《从文自传》，里面到处都能看到小顽童逃学的丰富经验。

沈从文自己也非常坦诚地说："前一部分主要写我在私塾、小学时一段顽童生活。用世俗眼光说来，主要只是学会了逃学，别无意义。"（沈从文：《自传》）

不过，沈从文对逃学并无任何后悔，所以他接着说："但从另一角度看看，却可说我正想尽办法，极力逃脱那个封建教育制度下只能养成'禄蠹'的囚笼，而走到空气清新大自然中去，充分使用我的眼、耳、鼻、口诸官觉，进行另外一种学习。这种自我教育方法，当然不会得到家庭和学校的认可，只能给他们一种顽劣怠懒、不可救药印象，对我未来前途不抱任何希望。所以在我尚未成年以前，我就被迫离开了家庭，到完全陌生社会里去讨生活。"（沈从文：《湘行散记》）

逃学行为自然是不对的。但沈从文作为一个淘气孩子的典型，他为什么逃学，则可以从反面启发现在的家长和教育工作者。

首先，他在刚上学的时候，就受到严重的束缚甚至虐待。

《从文自传》中这样写："六岁时我已单独上了私塾。如一般风气，凡是老塾师在私塾中给予小孩子的虐待，我照样也得到了一份。"

其次，有大一点的顽皮孩子引领。

沈从文回忆："第二年后换了一个私塾，在这私塾中我跟从了几个较大的学生学会了顽劣孩子抵抗顽固塾师的方法，逃避那些书本枯燥文句去同一切自然相亲近。""领导我逃出学塾，尽我到日光下去认识这大千世界微妙的光，稀奇的色，以及万汇百物的动静，这人是我一个张姓表哥。他开始带我到他家中橘柚园中去玩，到城外山上去玩，到各种野孩子堆里去玩，到水边去玩。""我在作孩子的时代，原本也不是个全不知自重的小孩子。我并不愚蠢。当时在一班表兄弟中和弟兄中，似乎只有我那个哥哥比我聪明，我却比其他一切孩子解事。但自从那表哥教会我逃学后，我便成为毫不自重的人了。"

上面的文字也透露出：逃学的另一个原因是书本太枯燥，没意思，学校不能因材施教，而外面的世界则有太多的精彩和吸引力。沈从文说：

> 我从不用心念书。但我从不在应当背诵时节无法对付。许多书总是临时来读十遍八遍，背诵时却居然琅琅上口，一字不遗。也似乎就由于这份小小聪明，学校把我同一般同学一样待遇，更使我轻视学校。家中不了解我为什么不想上进，不好好地利用自己聪明用功，我不了解家中为什么只要我读书，不让我玩。我自己总以为读书太容易了一点，把认得的字记记那不算什么稀奇。最稀奇处，应当是另外那些人，在他那份习惯下所做的一切事情。为什么骡子推磨时得把眼睛遮上？为什么刀烧红时在盐水里一淬方能坚硬？为什么雕佛像的会把木头雕成人形，所贴的金那么薄又用什么方法作成？为什么小铜匠会在一块铜板上钻那么一个圆眼，刻花时刻得整整齐齐？这些古怪事情实在太多了。

沈从文逃学的第四个因素，应是周围普遍的"逃学环境"。从他的文字中可以看出，当时逃学的孩子可真不少。"来去学校我得拿一个书篮。内中有十多本破书，由《包句杂志》、《幼学琼林》到《论语》、《诗经》、《尚书》，通常得背诵，分量相当沉重。逃学时还把书篮挂到手肘上，这就未免太蠢了一点。凡这么办的可以说是不聪明的孩子。许多这种小孩子，因为逃学到各处去，人家一见就认得出，上年纪一点的人见到时就会说：'逃学的，赶快跑回家挨打去，不要在这里玩。'""我走到任何地方去都不怕谁。同时因换了好些私塾，各处皆有同学，大家既都逃过学，便有无数朋友，因此也不会同人打架了。"

沈从文的逃学不是一般的逃学，他是逃学大王，"在学塾中，逃学纪录点数，在当时便比任何一人都高"。达到这样的程度，我们不能不认真了解其最关键的内因——兴趣与好奇心！

他说："当我学会了用自己眼睛看世界一切，到一切生活中去生活时，学校对于我便已毫无兴味可言了。""我的心总得为一种新鲜声音，新鲜颜色，新鲜气味而跳……我的智慧应当从直接生活上得来，却不需从一本好书一句好话上学来。"他还这样写道：

> 我生活中充满了疑问，都得我自己去找寻解答。我要知道的太多，所知道的又太少，有时便有点发愁。就为的是白日里太野，各处去看，各处去听，还各处去嗅闻，死蛇的气味，腐草的气味，屠户身上的气味，烧碗处土窑被雨以后放出的气味，要我说来虽当时无法用言语去形容，要我辨别却十分容易。蝙蝠的声音，一只黄牛当屠户把刀插进它喉中时叹息的声音，藏在田塍土穴中大黄喉蛇的鸣声，黑暗中鱼在水面拨刺的微声，全因到耳边时分量不同，我也记得那么清清楚楚。因此回到家中时，夜间我便做出无数稀奇古怪的梦。经常是梦向天上飞去，一直到金光闪烁中，终于大叫而醒。这些梦直到将近二十年后的如今，还经常使我在半夜里无法安眠，既把我带回到那个"过去"的空虚里去，也把我带往空幻的宇宙里去。

> 在我面前的世界已够宽广了，但我似乎就还得一个更宽广的世界。我得用这方面得到的知识证明那方面的疑问。我得从比较中知道谁好谁坏。我得看许多业已由于好询问别人，以及好自己幻想所感觉到的世界上的新鲜事情

新鲜东西。结果能逃学时我逃学，不能逃学我就只好做梦。(沈从文：《从文自传》)

沈从文具有如此强烈的求知欲，本来是件好事，但在当时，私塾里的老师根本不屑一顾。他的家长也缺乏正确的认识和引导。

家里人对聪明的沈从文本来是寄予厚望的，但沈从文在逃学中学会了撒谎，学会了打架，学会了各种各样对付家长处罚的稀奇古怪的办法，即便把他转入管教更严的私塾，即便给他种种处罚，均无济于事。直到转入新式小学，因老师不再随便体罚学生，同时不必成天坐在书桌前，一星期还有一天放假，沈从文不再逃学了。升入高小后，沈从文受到一位国文老师的熏陶，作文和书法进步很快。

但儿子不好管教已是既定事实。高小毕业时，沈从文家境困窘，他的母亲觉得与其让儿子在家中堕入下流，不如打发他到社会上去学习如何生存。结果，沈从文还没有上初中就辍学了。

华罗庚：年少时并非天才

许多人都以为，像华罗庚这样以初中毕业能自学成为伟大数学家的人，小时候必定是天才，起码在数学方面是神童。

其实不然。

1910年，华罗庚生于江苏省金坛县一个并不富裕的小商人家庭。他6岁时入县城南门外的仁劬小学，虽然聪明，但十分贪玩，喜欢跟着戏班子到处看戏，看完戏竟然夜不归家。由于经常逃学，他的学习成绩并不好。

数学成绩也属于偏下。

他12岁小学毕业，进入刚刚成立的金坛县初级中学学习。初一时学习成绩依然不佳。

但到了初二的时候，华罗庚的学习成绩发生了巨大的变化。

为什么这样？

从华罗庚自己的回忆中，我们可以发现蛛丝马迹。

我们可以了解到，华罗庚自己并不愿意当坏学生，但他小时候犯了许多聪明孩子容易犯的通病，那就是，以为凭自己的小聪明可以轻而易举地超过别人。

他曾经好高骛远过，但他及时地总结了教训。

1955年1月，华罗庚在《中学生》杂志上发表《和同学们谈谈学习数学》，说："以我自己来说。我在小学里，数学勉强及格。初中一年级的时候，也不见得好。到了初中二年级才有了根本上的改变。因为我那时认识了这一点：学习就是艰苦的劳动,只要刻苦钻研,不怕困难,没有解决不了的问题。别的同学用一小时能解决的问题,我就准备用两小时解决。是不是别人一小时的工作,我一定要用两小时呢?那也不见得。由于我不断地刻苦练习,后来别人要花一小时才能解决的问题,我往往只要用半小时,甚至更短的时间就解决了。"

类似的文字还可以在其他文章中见到。

1956年,华罗庚在《中国青年》发表文章,郑重地告诫青年:"聪明在于学习,天才由于积累。"华罗庚同样以自己的经历启发大家。他说:"根据我自己的体会,所谓天才就是靠坚持不断的努力。有些同志也许觉得我在数学方面有什么天才,其实从我身上是找不到这种天才的痕迹的。我读小学时,因为成绩不好就没有拿到毕业证书,只能拿到一张修业证书。在初中一年级时,我的数学也是经过补考才及格的。但是说来奇怪,从初中二年级以后,就发生了一个根本转变,这就是因为我认识到既然我的资质差些,就应该多用点时间来学习。别人只学一个小时,我就学两个小时,这样我的数学成绩就不断得到提高。一直到现在我也贯彻这个原则,别人看一篇东西要三小时,我就花三个半小时,经过长时期的劳动积累,就多少可以看出成绩来。并且在基本技巧烂熟之后,往往能够一个钟头就看完一篇人家看十天半月也解不透的文章。所以,前一段时间的加倍努力,在后一段时间内却收得预想不到的效果。是的,聪明在于学习,天才由于积累。"

俞敏洪有着与华罗庚类似的经历,他说:"上小学时,我就发现自己很笨。小学语文老师要求所有学生把课文背出来,很多学生只要在课余时间把课文读几遍,就能够到老师面前去背诵了。背出来后,老师会在课文标题的上方用钢笔写上一个大大的'背'字,表明学生已经把课文背出来了,背出课文来的学生从此就可以万事大吉,不用再挨老师的白眼和折磨。但我无论如何都无法在当天把课文背出来,通常要努力好几天或者一个星期,读上几十遍,才可能把课文背出来。老师的白眼没有少挨,但后来好处也渐渐显现出来,那些背诵速度很快的同学,又很快把背出来的课文忘记了。原来背诵速度和遗忘速度成正比，背诵的速度越快，遗忘的速度也越快。而我由于要背无数遍才能够把课文烂熟于心，忘记也就不太容易了。到期末考试的时候，很多同学又开始重新背课文，而我却依然能够把很多课文从头背到尾，不用复习太多就能够应对考试。"（俞敏洪：《在绝望中寻找希望》）

"人一能之，己百之；人十能之，己千之。果能此道矣，虽愚必明，虽柔必强。"这才是真正的学习之道。

金克木的最初记忆：被压抑的好奇心

金克木认识的第一个字是"人"字——这是他一生中最初的最重大的转变。

认识这一个字的时候，金克木很高兴。

金克木的生母和嫡母都很高兴，他的大嫂特别高兴甚至有点得意——是大嫂教会他这个字的。

当时，金克木刚刚3岁，他的父亲已去世，大哥外出，一家之主是嫡母，而实际主事的是精明能干的大嫂。

这是一个书香门第。金克木的祖上好几代都是读书人，金克木的父亲是晚清秀才，当过县官，59岁的时候有了金克木，非常高兴。金克木的生母原来是一个丫鬟，生了金克木后就要升为候补太太或正式姨太太了，不料老爷突然归天。生母在家中的地位因此打了折扣。

生母当然是最疼爱孩子的，但她不认识字。不知从哪儿听来一首古诗，她便半说半唱地给金克木听："打起黄莺儿，莫教枝上啼。啼时惊妾梦，不得到辽西。"

金克木的嫡母，也就是父亲的原配夫人，多半时间半躺在床上，或自己坐在桌子前玩骨牌，她常让金克木给她捶背，精神好的时候会拉着金克木的两只小手，轻轻慢慢地念出一首儿歌："小老鼠，上灯台，偷油吃，下不来。叫小妞，抱猫来，叽里咕噜滚下来。"这是金克木少有的娱乐。

多数情况下，整个家庭处在一个沉闷的氛围当中。3岁的孩子没有伙伴，没有玩具，不能出门。想要跟生母玩，生母还得忙着伺候嫡母，况且孩子 3 岁断奶后就不能再跟生母同屋居住了；孩子想要自己玩，又被周围的各种规矩限制住了，连吃饭都不能跟大人一起吃，吃饭时也不能说话……"这个家庭的景象是安静、和平、寂寞、单调的，连小孩子也没有什么生气，一片死沉沉"（《人之初》），这便是金克木的童年记忆。

金克木的好奇心被长久地封闭着，这使他很听话，但被压抑的天性却渴望着新鲜的空气。这时，大嫂教他认字了……

家庭影响

梁漱溟的父教

梁漱溟能成为与众不同的大学问家，对他影响最大的应该是他的父亲梁济（虽然梁漱溟本人不这样说，他认为是彭翼仲对他影响最大）。

梁济对子女的教育方法异常独特，可称古今罕见。现在的父母虽然未必能按照他的方法去做，但起码可以得到很大的启发。

梁济生于1859年，出身于书香官宦世家，其祖父、父亲都是考中举人或进士而做官的。只不过祖父做官清廉，卸任时无钱而有债。他的父亲为父还债，债未清而身先逝，仅仅活了36岁。当时，梁济仅七八岁，只能靠母亲开蒙学馆教几个小学生度日。生活之艰难可想而知。19岁时，梁济开始在"义学"教书，挑起了家庭重担，而生活依然寒苦。27岁时，梁济考中举人，曾担任慈幼堂司事等职。40岁时出任内阁中书，在"皇史宬"抄王朝历史档案，之后提升为内阁侍读。梁济虽也算得上职位不低的官员，但时局混乱，清廷腐败无能，而梁济天生忠厚，根本不懂也不屑于官场那一套巧取豪夺的手段，多靠自己为人写禀帖、对联等赚来的辛苦钱维持家庭，家境从没有舒展过。梁漱溟兄妹四人的教育费，常常是变卖母亲妆奁而支付的。清宣统帝逊位后，梁济更是辞去官职。第二年，内务部总长一再邀请他做官，他总是不答应甚至很生气。

梁济虽是一个地道的老实人，但称得上是一位奇人。

他生于外侮日逼、国家危难的时代，满腔热血均放在关心国事上。他和挚友彭翼仲对社会腐败极度不满，一心要开发民智，改良社会。加上庚子年

(1900)亲见全国上下愚蠢迷信不知世界大势，几乎招取亡国大祸，于是决心起而行动。从1902年起，彭翼仲先后创办了《启蒙画报》、《京话日报》、《中华报》，对启发民智起到了很大的作用。但刚开始时，由于风气未开，社会一般人都没有看报习惯，虽价格低廉，却少有人买。彭家家产因此赔垫干净，且负债累累。而梁济从报纸创办之初就全力赞助，到彭翼仲身处困境的时候，梁济一家的财物也随着赔送进去。奇的是，即便如此，梁济仍然继续援救，"前后千余金，大半出于典质"。就是说，宁愿把自己家的东西典当了，也要资助彭翼仲开发民智。梁济对彭翼仲的资助是无私的，为的就是"以财助报馆譬犹拯灾救难"，所以一开始就抱定了"亏失不还亦所心甘"的念头。

梁济凡事认真，认真到了极点，以至于后来竟为已经消失的清王朝而投湖自尽。但他又不是那种不开明的人。他虽是读书中举，但最看不起读书人，"叹息痛恨中国国事为文人所误"（梁漱溟：《自述》）。所以他凡事不尚虚谈，而讲实用，为一实用主义者。同时，早在清朝未亡时，梁济已放眼看世界，关心并研究国际时事了，称得上维新人士。那么，他为什么要殉情？梁济怕世人误解他，在自杀之前，断断续续、认认真真地写了万余字的遗言，分别写给许多亲友，非常理性地，一再阐述自己自杀的真正原因。其主要原因，诚如梁漱溟所说："先父以痛心固有文化之澌灭，而不惜以身殉职。捐生前夕，所遗敬告世人书，其要语云：国性不存，我生何用！国性存否，虽非我一人之责，然我既见到国性不存，国将不国，必自我一人先殉之，而后唤起国人共知国性为立国之必要——国性盖指固有风教。"（梁漱溟：《中国文化要义》）以此而言，梁济乃是舍生取义，意在以一己的牺牲唤起国人的觉悟。他当然也称得上一位理想主义者了。

那么，梁济究竟对梁漱溟有什么影响？

首先是性格。

据梁漱溟称："吾父是一秉性笃实的人，而不是一天资高明的人。他做学问没有过人的才思；他做事情更不以才略见长。他与母亲一样天生的忠厚；只他用心周匝细密,又磨炼于寒苦生活之中,好像比别人能干许多。他心里相当精明,但很少见之于行事。他最不可及处,是意趣超俗,不肯随俗流转,而有一腔热肠,一身侠骨。因其非天资高明的人,所以思想不超脱。因其秉性笃实而用心精细,所以遇事认真。因为有豪侠气,所以行为只是端正,而并不拘谨。他最看重事功,而不免忽视学问。前人所说'不耻恶衣恶食,而耻匹夫匹妇不被其泽'的话,正好点出我父一副心肝。——我最初的思想和做人,受父亲影响,亦就是这么一路(尚侠、认真、不超脱)。"(梁漱溟:《我的自学小史》)

梁漱溟在1984年演讲时又分析:"我为人的真挚,有似于先父。在事情上认真,对待人也真诚。即先父之视我,亦自谓我与他相似。当我十七岁时,先父曾字我'肖吾',于此可见。在今日我自己反省时,我感觉到我的所以如此者,无一不是由于我的性格脾气所造成。"(梁漱溟:《自述》)

其次是言传身教。

梁漱溟对此作了多次阐述:

"吾人幼小时,心胸中空空洞洞,势不免于先入为主,况加我之性格脾气既同于先父。于是先父的思想,乃成为我的思想;先父为一实用主义者,我亦随之而成为一实用主义者。"(梁漱溟:《自述》)

"先父虽读儒书,服膺孔孟,实际上其思想和为人却有极像墨家之处。他相信中国积弱全为念书人专务虚文,与事实隔得太远之所误,因此,平素最看不起做诗词做文章的人,而标出'务实'二字为讨论任何问题之一贯的主张。务实之'实',自然不免要以'实用'、'实利'为其主要含义。而专讲实用实利之结果,当然流归到墨家思想。不论大事小事,这种思想在他一言一行之间到处流露贯彻。其大大影响到我,是不待言的。"(梁漱溟:《我的自学小史》)

"愚生于1893年,即甲午中日战争前一年。国难于此,既日亟矣,先父忧国之心于此弥切。寻中国所以积弱不振,父谓是文人之所误。……反观西人所以致富强者,岂有他哉,亦唯讲实学,办实事而已。……此种实用主义或实利主义,恒随时见于吾父一言一行之间,而在我绕膝趋庭日夕感染中。"(梁漱

溟：《早年思想之再转再变》）

梁济的主要言行，就是事功，即做事和爱国。梁漱溟深受影响。即便他后来的思想境界远远超越了他的父亲。但是，做事与爱国，在梁漱溟一生中占据了最重要的位置。

特别是，梁济与彭翼仲为启发民智而不惜毁家办报的高尚人格，潜移默化地感染着梁漱溟，使他幼稚的心灵"隐然萌露对社会、对国家的责任感，而鄙视那般世俗谋衣食求利禄底'自了汉'生活"（梁漱溟：《我的自学小史》）。因此，他从小就有大志，有自己的人生理想，自负要救国救世，建功立业。

这其实就是梁漱溟一生事业的根基所在。是内在的、最为重要的品质。

梁济对梁漱溟的教育，与他处处认真的性格却似乎截然相反，是非常宽松的。

由于梁济少时即失去父亲，嫡母望子成龙，管教非常严厉。梁济经常一整日站在嫡母身边，不敢发出一点声音。每每有一点疏忽，便受到嫡母的严厉指责。这样的教育之下，梁济虽然品行端正，学有所成，但总觉得"天机才慧亦以不无窒损"（梁漱溟：《思亲记》）。他吃过这样的苦头，反思后便不愿意让儿子像自己以前一样受苦。对小儿子梁漱溟更是如此。

梁漱溟在《我的自学小史》中回忆：

> 父亲对我完全是宽放的。小时候，只记得大哥挨过打，这亦是很少的事。我则在整个记忆中，一次亦没有过。但我似乎并不是不"该打"的孩子。我是既呆笨，又执拗的。他亦很少正言厉色地教训过我们。我受父亲影响，并不是受了许多教训，而毋宁说是受一些暗示。我在父亲面前，完全不感到一种精神上的压迫。他从未以端凝严肃的神气对儿童或少年人。我很早入学堂，所以亦没有从父亲受读。
>
> 十岁前后（七八岁至十二三岁）所受父亲的教育，大多是下列三项：一是讲戏，父亲平日喜看京戏，即以戏中故事情节讲给儿女听。一是携同出街，购买日用品，或办一些零碎事；其意盖在练习经理事物。懂得社会

人情。一是关于卫生或其他的许多嘱咐；总要儿童知道如何照料自己身体。例如：

正当出汗之时，不要脱衣服；待汗稍止，气稍定再脱去。

不要坐在当风地方，如窗口、门口、过道等处。

太热或太冷的汤水不要喝，太燥太腻的食物不可多吃。

光线不足，不要看书。

诸如此类之嘱告或指点，极其多，并且随时随地地不放松。

梁济对梁漱溟的教育是启发式的素质教育。关于这一点，梁漱溟曾举例说明：

还记得九岁时，有一次我自己积蓄的一小串钱（那时所用铜钱有小孔，例以麻线贯串之），忽然不见。各处寻问，并向人吵闹，终不可得。隔一天，父亲于庭前桃树枝上发现之，心知是我自家遗忘，并不责斥，亦不喊我来看。他却在纸条上写了一段文字，大略说：

一小儿在桃树下玩耍，偶将一小串钱挂于树枝而忘之。到处向人询问，吵闹不休。次日，其父亲打扫庭院，见钱悬树上，乃指示之。小儿始自知其糊涂云云。

写后交与我看，亦不做声。我看了，马上省悟跑去一探即得，不禁自怀惭意。——即此事亦见先父所给我教育之一斑。（梁漱溟：《我的自学小史》）

梁济对儿子的教育是非常民主的，从不强迫其被动接受自己的主张。梁漱溟6岁时开始在家里读书，家庭教师在教他《三字经》后，就按照梁济的意思教《地球韵言》，让孩子从小了解世界大势，培养关心国家大局的习惯。梁漱溟7岁时被送入北京的第一个"洋学堂"——中西小学堂，既念古文，也读英文，英文教材是《英文初阶》、《英文进阶》。9岁时，梁漱溟入南横街公立小学堂读书，10岁入蒙养学堂读书，一直到11岁因病辍学。

梁漱溟10岁时喜读父执彭翼仲创办的《启蒙画报》，里面内容主要是科学常识，其次是历史掌故，名人轶事，还有"伊索寓言"之类的寓言和小品文，梁漱溟不仅从里面学到许多常识，而且也懂了很多道理，对他影响很大。梁漱溟14岁以后，渐渐有了自己的思想见解，有时发于言论，有时见之行事。梁济认为好的，便明示或暗示鼓励；不同意的，则点到为止，只让儿子知道他不同意，却从不干涉。十八九岁时，涉及一些关系重大的事情时，梁济仍然不加干涉，即便他从心底里不赞同儿子的想法，却仍然顺其自然。梁漱溟说："就在他不干涉之中，成就了我的自学。"

早在辛亥革命时，梁漱溟即参加革命行动，梁济明示不同意，却不加禁止。革命之后，国会开会，党派竞争多丑剧，梁济深为不满，而梁漱溟当时正迷信西方政制，事事为之辩护。父子俩为此进行激烈的争论。梁济虽然很伤心，但依然保持一贯的做法。

更奇的是，梁漱溟中学毕业后，就不愿升学，而且痴迷佛典，决意一辈子不结婚，打算出家当和尚。这自然是做父亲的万万不愿意的。但在这样的情况下，梁漱溟购读佛书、茹素、不娶妻，梁济仍采取完全不干涉的态度，所做的仅仅是让儿子知道他不赞同的意思。而梁漱溟当时虽然知道父亲的心愿，却始终固执己见。

最令人惊讶的是，当梁漱溟的母亲临终前教诲儿子要娶妻生子时，梁漱溟的父亲仍在事后告诉儿子："虽然母亲意思如此，可不一定依照，还是以自己意思为主。"直到梁济要殉节的时候，仍无半句话责成儿子要结婚。对梁漱溟，梁济是完全不干涉。

梁漱溟对父亲内心的感受并没有及时体察到，直到梁济自杀，梁漱溟清理先父遗笔时，才知道自己坚不结婚是大伤父亲之心的。后来，梁漱溟放弃出家之念，于 1921 年冬末结婚。

归根结底，梁济之所以放任梁漱溟，是因为他信任儿子。他所起的作用，是引导；而儿子的路，则要儿子自己走。

这种方法，即便现在看来，都非常超前。

那么，究竟好不好呢？

梁漱溟说："这个信任或放任——这放任非不管，另有他的意思，即于放任中有信任——给我的好处帮助太大，完全从这消极的大的帮助，让我有后来的一切。大概在先父看到这一点：这孩子虽然是执拗错误，但自己颇有自爱要强的意思，现在虽错，将来可'对'，这'对'可容他去找，现在不要干涉。"（梁漱溟：《朝话·先父给予我的帮助》）

成为思想家的梁漱溟又说："我之所以能如此者，先父之成就我极大。因先父从来不干涉我、勉强我，从未要我准备功课督促我升学，此实常人所难及也。"（梁漱溟：《自述》）

他还曾十分庆幸地说："这种宽放态度，我今天想起来仍然感到出乎意料。同时，我今天感到父亲这样态度对我的成就很大，实在是意想不到的一种很好的教育。"（梁漱溟：《我的自学小史》）

他在《思亲记》中有更高的评价："公之为教，独使情余于礼，意得自通，而教之有道，其间分际斟酌，盖有足为一世法者。"

写完上述文字的几年间，梁济的"放任教子法"一直萦绕在我的脑海。他教育梁漱溟的方法显然是成功的，然而，却很难仿效。有一天，我突然意识到，梁济对儿子也不是完全放任，而是他深知"言传不如身教"。这一点，足以给家长们很大的启示。

祖父、父母对钱穆的影响

钱穆出生在一个五世同堂的大家族。他没见过祖父,他的父亲也在他刚刚12岁的时候就病逝。但他们对钱穆的影响很大。

钱穆祖父是鞠如公。体弱多病,但有坚韧不拔之志,他用上等白宣纸手抄《五经》,首尾正楷,一笔不苟,墨色浓淡,也是前后如一。因患有眼病,用毛笔书写时间一长,便有眼泪滴下,给抄写带来很多困难。但这些困难没有能够困扰他,他似乎将自己的生命与《五经》紧紧地融合在一起,将抄写坚持到生命的最后一刻。虽然《五经》未能全部抄完,但鞠如公已为子孙留下一份珍贵的精神财富。钱穆兄弟常常翻阅祖父手迹,见到纸上泪痕,自然而然会想到祖父勤书不辍的情形,从而受到潜移默化的激励。祖父还留下一本用五色笔圈点的大字木刻本《史记》,每页书中,天头地脚、字里行间,均附有祖父的批注。钱穆称:"余自知读书,即爱《史记》,皆由是书启之。"(钱穆:《八十忆双亲·先祖父鞠如公》)从某种意义上讲,正是这祖传的《五经》和《史记》,使钱穆走上了成为国学家和史学家的路途。中国人向来推崇诗书传家,所谓"留子黄金千两,不如遗子一经",就是这个道理。

钱穆的父亲承沛公,也是勤学苦读之士。承沛公幼年时有神童之称,因家中已贫困,无书房,便在家族中找到三间被遗弃的破房,发奋苦学,寒暑不辍。夏夜多蚊虫,小承沛将双脚置于两酒瓮中,苦读如故。及长,在县试中以第一名考中秀才。再往后,也是由于身体孱弱,每每参加乡试均病倒场内,无法继续考取功名。回乡后，见到大家族中贫富不均，尤其是孤儿寡妇得不到照顾，违背了祖先的遗愿。他决意重新发挥家族中"怀海义庄"救灾恤贫的作用，经过许多努力，最终达到目标。他因此受到举族乃至周围乡民的尊重和爱戴，凡有事，均找他解决。由于他处处为大家着想，没有一点私心，排难解纷时公正仗义且很有办法，所以在他不到30岁时，就成为大家的主心骨，"不啻为族长，又兼为乡绅"。承沛公为人处世之风，深深地影响着钱穆。他每晚挑灯夜读的情景，也成为钱穆的楷模。

承沛公写了两册诗赋。钱穆非常喜欢。直到老年，钱穆仍记得其中的《春山如笑赋》和《岳武穆班师赋》。

《春山如笑赋》中的景色描写，是钱穆幼年时特别喜爱的。长大后，钱穆喜欢朗诵魏晋以下及于清人的小品骈文，又喜爱自然山水，均受此影响。

《岳武穆班师赋》所写的岳飞事迹，为钱穆喜爱，对钱穆的影响也深远。他说："余自幼即知民族观念，又特重忠义，盖渊源于此。至其押韵之巧，出神入化。余此后爱读宋人四六，每尚忆及先父此文。"（钱穆：《八十忆双亲·先父之幼年苦学及科名》）

承沛公对钱穆的教育都是启发式的，从无疾言厉色。有一次，父亲指着"没"字，问钱穆是什么意思。钱穆回答："如人落水，没头颠倒。"父亲问为什么这么解答。钱穆回答："因字旁称三点水猜测之。"父亲很是高兴，摸着钱穆的头，对私塾的老师说："此儿或前生曾读书来。"他非常喜欢钱穆，但以启发式教育，教导钱穆不要骄傲。

有一天夜晚，承沛公在教导钱穆兄长时说："读书时应当知道言外意。书中写一字，或许有三字未写。写一句，或许有三句未写。遇到这种有隐晦的地方，一定要运用自己聪明才智，懂得作者的真实意思。这样的读书，才是真读书。"钱穆当时已躺在床上，听到此言，高兴得睡不着觉。

承沛公对钱穆的课程似乎比较放任，管得不多。但在一次与客人的闲谈中，钱穆于隔壁听到父亲谈及自己，才知道，父亲对自己所有的文章皆了如指掌。

承沛公喜欢与钱穆聊天,于日常琐碎闲谈中潜移默化地影响着钱穆。他临终前把钱穆叫到身边,只说了一句话:"汝当好好读书。"(钱穆:《八十忆双亲·先父之病及卒》)

承沛公去世时,钱穆还小。钱穆的母亲常常与钱穆闲话家常,内容总涉及父亲的言行精神,以此教育钱穆。

钱穆的父亲在世时,家中已是清贫,等他去世后,家中日子更是艰难。钱穆的母亲含辛茹苦地拉扯几个孩子长大。其治家,执礼甚严,使孩子们从小懂礼义,守信用。她教育孩子们从小立志,早谋自立。丈夫刚去世时,亲朋见她家生活困难,便来为她的长子介绍工作。她没有答应,而是要遵守先夫遗志,"为钱氏家族保留几颗读书种子"(钱穆:《八十忆双亲·先母寡居》)。有一次钱穆得重病,母亲"晨晚不离床侧,夜则和衣睡",悉心护养,使儿子三月后痊愈,不啻为再生。对于钱穆来说,母亲对他的影响最大。他晚年将台北外双溪屋取名素书楼,即"以志先母再生之恩于不忘"。他在致杨联陞的一封信中亦提到:"穆幼年,先慈契余居无锡老宅素书堂之东边。前在成都,闻先慈噩耗,悬吾室曰'思亲强学之室',今又逾廿十七年矣。思亲之情,先后犹一,然精力已退,不敢再以'强学'自居,名此楼曰'素书',亦聊志余思亲之意而已。"(钱穆:《致杨联陞书》),见《钱宾四先生全集·第53册》)

父亲给沈从文的财富

沈从文出生在一个军人世家。

他的祖父沈宏富参加过曾国藩统率的湘军，因奋勇作战、战功卓著被提拔，最高职务为贵州提督。

他的父亲沈宗嗣也是军人，1900年时，作为天津大沽提督罗荣光的裨将抗击八国联军，罗荣光殉职后，沈宗嗣回到家乡。1911年，沈宗嗣响应武昌起义，参与发动了当地的武装起义。1912年初，再次发动起义，成功后，沈宗嗣被推选为当地临时的掌权人。但随后不久，沈宗嗣因竞选省议会代表失败，愤而出走北京。1915年，沈宗嗣密谋刺杀袁世凯，被密探侦知，同伴被捕，他本人逃亡关外，直到1919年才返回家乡，在当地部队担任上校军医等职。1931年，沈宗嗣病逝。

沈宗嗣一直梦想当一位将军，但时运不济，一直未能如愿。于是，他就把这种希望寄托在儿子身上。

据沈从文自己讲："第一个赞美我明慧的就是我的爸爸。"

沈从文小时候十分聪明，深受父亲的喜欢。儿子虽然不是做军人的料，但父亲希望儿子有更大的出息。父亲经常讲一些祖父英勇杀敌的故事给沈从文听，也意气风发地将自己当年抗击八国联军的光荣事迹一一道来。见儿子津津有味地听着，他讲得更带劲了。他因为喜欢京戏，便认为演戏是一个好的职业，希望儿子像谭鑫培那样成为名角。

然而，沈从文的逃学，深深地刺激了父亲的心。有一次，父亲竟说："如果再逃学说谎，便将砍去你一个指头。"但这样的威胁并没有吓倒沈从文，他继续逃学继续说谎。

当父亲发现儿子整天与一群小流氓游荡，且任何方法都无法禁止儿子狡猾的说谎时，父亲的心被深深地刺痛了。同时将对沈从文的期望转到沈从文弟弟身上。

沈从文见证过父亲参加革命的经过。父亲的勇气传递给了沈从文。

父亲逃亡关外时因亏欠太多而拖累家庭，致使家道中落。这也构成沈从文未能继续上学的重要因素。

即便如此，父亲对沈从文的影响举足轻重，他留给沈从文更重要的是巨大的精神财富。

沈从文说："即或我爸爸希望做一将军终生也做不到，但他把祖父那一份过去光荣，用许多甜甜的故事输入到这荒唐顽皮的小脑子里后，却料想不到，发生很大的影响。书本既不是我所关心的东西，国家又革了命，我知道中状元已无可希望，却俨然有一个将军的志气。家中别的什么教育都不给我，所给的恰恰是我此后无多大用处的。可是爸爸给我的教育，却对于我此后生活的转变，以及在那个不利于我读书的生活中支持，真有很大的益处。体魄不甚健实的我，全得爸爸给我那份启发，使我在任何困难情形中总不气馁，任何得意生活中总不自骄。比给我任何数目的财产，也似乎更贵重难得。"（沈从文：《从文自传》）

金克木接受的学前教育

学好第一个字

也算是一个机缘。

一天中午,3岁的金克木在堂屋里等着开饭,没有人跟他说话,也没有玩具可玩,真是无聊得很。大嫂来了,也没有事,看见小孩子正呆呆地看着门上的对联出神,突然灵机一动,指着对联上一个最简单的字问道:"你看,这是什么?"

金克木瞪大了眼睛,仔细地看,但回答不上来。

大嫂便告诉孩子说:"这是'人'字。"然后加重口气,说:"跟我读——'人'。"

金克木于是跟着念了起来。

大嫂连续教了两三次后,对金克木说:"记住了,这是'人'字。明天我还要问你。"说完,她便干别的事去了。

金克木当然也不再念了。

第二天中午开饭前,金克木仍然在堂屋等着开饭,旁边没有一个人,他继续无聊地等待,却没有看对联。

这时,又是大嫂第一个进来。她把金克木拉到门口,指着对联上那个字,问:"你还认识这个字吗?"

大嫂这么一指,金克木顺口就答了上来:"人。"

大嫂没料到孩子的记忆力这么好,高兴地笑了!——金克木后来回忆:"这是小弟弟第一次看见她这样笑；以后这样的笑也不是常见的，没有几年，这样的笑逐渐减少，终于完全消逝了。"（金克木：《人之初》）

也许就是从这一刻起，大嫂决定好好地教育金克木。

大嫂已经40岁了，是大哥的继室。她生过一个女儿，但在7岁时死了。大哥当时还在北方，大嫂实际上是这个大家庭里的主心骨。她很有本事，说话干净利落，办事井井有条，会写账、打算盘，会唱昆曲，会吹箫，会下围棋，喜欢读《天雨花》《笔生花》《再生缘》等弹词。她一定是把金克木当自己的孩子一样用心调教了。

这一天中午，在金克木人生的最初时期出现了一个令全家人刮目相看的小插曲：

吃饭前，吃饭时，大嫂都不露声色，没有对任何人提起金克木认字的事。当金克木的嫡母最后将饭吃完，大家站起来要离开的时候，大嫂说话了："大家稍等一下。"

于是，金克木的嫡母、生母、三姐还有两个丫头都停住了脚步，将目光看向大嫂。

大嫂不慌不忙地走到金克木身边，将孩子拉到门口，指着对联上的"人"字，就要开口提问。

金克木还没等大嫂开口，就抢先回答："人！"

一家人大吃了一惊，既而都高兴地笑了起来。老太太也不由自主地夸奖起来。

大嫂非常兴奋，两眼闪着光，告诉大家："是我昨天中午教他的。过一整天了，他还没忘！"接着对金克木说："好！明天早上到我屋子里来，我教你认字！"

第一本"学前教材"和第一种"教学法"

《三字经》是金克木的第一本"学前教材"。

"人之初，性本善；性相近，习相远。苟不教，性乃迁；教之道，贵以专；

昔孟母,择邻处;子不学,断机杼……"这是一本在中国广泛流传的启蒙读本,浅显易懂,既讲述做人的道理,又包罗万象,囊括了中国古代最基础的知识,对四书五经、六畜八音、二十四史,无不介绍,是一本很好的简要的读本。小时候可以读,老了以后读仍然能从中学到知识。金克木3岁时就不经意地背会了这个读本,应该算是他的福气。但在当时,他是不懂这些的。

大嫂的"教学"时间定在了早上,地点是在她屋子里的梳妆台前,梳妆台上摆放上那本《三字经》的图书。大嫂一边梳头,一边教金克木识字背书。

第一天的时候,大嫂为了激励孩子读书,还煞费苦心地采用了物质奖励法。她对孩子说:"从今天起,我教你念书。要认识书上的字,背熟书上的句子。一句是三个字,一天教两句,六个字。认得了,背熟了,给你一个铜板。"

这是很高的物质奖励,但事实上,金克木那时还不懂这些。他只是好奇地看着书本,书本上除了字以外,还有图画。

他在第一天轻而易举地背会了"人之初,性本善"六个字,大嫂脸上出现了满意的笑容,并按照事先的约定,给了金克木一个铜板。

金克木将这个铜板交给他的生母,生母高兴得不得了。因为她知道,这就意味着自己的儿子以后可以跟着他大嫂一起读书了。

从此,金克木没有缺过一次课,每天背会六个字,直到将《三字经》全部背完。在这个过程中,大嫂曾反复抽查,要么让他背,要么用手把别的字挡住,露出一个字的缝,看金克木是否记住了这个字。

而金克木只是觉得很好玩。这远比他一个人在屋子里发呆强多了。

大嫂的教学法是这样的——几十年后,金克木回忆并评论:

> 关于大嫂的说话,我现在才能总结出来。她说话的特点是干净、正确,说的句子都像是写下来的。……她梳头,让我看着书,她自己不看,背出两句,叫我跟着一字字念,念熟以后背给她听。
>
> 过了将近三十年,我在印度乡下,佛教圣地鹿野苑,请法喜老居士教

我念梵文诗时，开头他也是让我看书，他背诵，吟出一句原文，再改成散文句子，再作解说，和中国与印度古书中的注释一模一样，说出来的就是散文，吟出来的是诗。我恍然觉得和大嫂当年教《三字经》和唱念弹词给大家听完全相仿。我竟不知大嫂是从哪里学来的。（金克木：《学读书》）

金克木大嫂的"教学法"，不失为一种经典而有效的方法，可以作为现在家长们的借鉴。

三哥的启蒙教育

金克木的三哥成绩优异，从全省最高学府毕业后，有一段时间暂时待在家里。正好大嫂已将《三字经》教完，便宣布："从今以后，孩子改由三哥教。"

三哥是接受过新式教育的，所以教学方法也就大不一般。他对弟弟说："你念完了《三字经》，照说应当接着念《百家姓》、《千字文》、《千家诗》。不过，我看你还是先跟我读这本书吧。"这样，金克木很小的时候就开始学习中国第一套新式教科书——戊戌变法后商务印书馆编的《商务国语教科书》。"书中文体当然是文言，还很深，进度也快，可是每课不长，还有插图。里面有破除迷信的课文，也有故事。"（金克木：《旧巢痕·描红》）

三哥的教育方法能调动起金克木的积极性。他先让弟弟自己看，有不认识的字就问。见里面没有弟弟不认识的字了，他才一句一句教弟弟读，读完了，问弟弟懂得多少。

文章是用圈点断句的。金克木在最初认字的时候就猜测文章的意思，知道了一点。等跟着三哥读一次后，又懂了一些意思。于是三哥一问他，他马上说出这篇文章的大意。

三哥接着挑出一些难解的句子要弟弟解答。如有答不上或答不对的地方，三哥便解答或纠正，然后让弟弟自己念，念熟了背给他听。这便是一节课的全部。

金克木晚年时还记得三哥教《鹬蚌相争》时的情景。原文是教科书下册第65课，左右两幅画，一幅为鹬蚌争斗，另一幅则是渔翁背着筐满载而归。配图文字为：

蚌方出曝，鹬啄其肉。蚌合而钳其喙。鹬曰：今日不雨，明日不雨，即有死蚌。蚌亦语鹬曰：今日不出，明日不出，即有死鹬。两者不肯相舍，渔夫见而并擒之。（庄俞等编写、张元济校订：《商务国语教科书》）

读完文章后，三哥问金克木："鹬和蚌互相衔着对方，怎么还有嘴说话，而且说人话？"

金克木愣住了，答不上来。

三哥告诉弟弟："这是寓言。对话是作文章的人代拟的。以后读的书中这类话多得很，不可都当真。这是假做动物说人话。说的是人，重要的是意思，是讲给人听的。"（金克木：《学读书》）

金克木学得津津有味。而他的三哥则有很多时间念英文、弹风琴、做体操……金克木间接地学到了一些知识。

过了一段时间，听说大哥很快就要回家了，《国文教科书》正好也学完了，三哥赶紧改教《论语》。《论语》是中国传统教育中必读之书，数千年来一直滋养着中国人的心灵。为了应付大哥回家后的考核，三哥自己也在桌子上堆上一大摞线装古书，并开始磨墨写毛笔字了。

因为念过《三字经》，里面有这样的话："论语者，二十篇，群弟子，记善言"，所以对《论语》及其作者孔子便都有初步的了解。三哥又进一步告诉弟弟："这才是必读的真正的'经'书，是最重要的必须熟读的书。从前要想做官，都必须背会此'经'，除大字外。连批注之类的小字都必须背。我现在只要求你认识其中的字，能连续背下去。"说完这些话，三哥还特地强调："大哥回来后要考你的。"金克木点点头。其实，他的年龄还小，自然不会在意这些。

三哥未教《论语》之前，本来还有点紧张，生怕弟弟背不好无法向大哥交代。不料，第一天，他本来只想教一句，而弟弟念得快，马上就把第一篇的三句话背会了，而且连其中最难的字也轻而易举地认会了。没过几天，弟弟毫不费力地将《论语·学而》一章全部背完，背完后就跪在椅子上看他写大字。如此一来，反而像弟弟在监督哥哥读书写字一样。三哥不便赶弟弟走，于是在弟弟读书的方凳上也放上砚台、笔、墨及字帖，让弟弟"描红"练书法。日子一长，金克木不仅把《论语》从头背到尾，而且执毛笔写字也不困难了。

再后来，金克木6周岁的时候，已背熟了《四书》（包括《大学》、《中庸》、《论语》、《孟子》四本儒家经典著作），打下了很好的国学底子。

传统教育法

金克木的大哥比金克木大将近40岁。父亲去世后，一家的生活开销就靠大哥来支撑。大哥的大多数时间都在外面做官挣钱。他接受的都是清朝时候的传统教育，他所教给弟弟的也以传统为主。

金克木与大哥相处的时间并不长，但大哥对弟弟的教育非常重视，有过多次教诲。由这些教诲中，我们可以一窥中国古代的传统教育法。

1918年，大哥回家住了一段时间。他刚回家没几天，便坐在床前大椅子上，让金克木站在他面前背书。见弟弟将《四书》背得很熟，大哥高兴地笑了出来。大嫂乘机在旁边为弟弟说话："背书，你考不倒他。他记性好，现在还能背《三字经》。"

大哥收敛了笑容，郑重地教诲弟弟："趁记性好，把《四书》念完就念《五经》，先不必讲，背会了再说。长大了，记性一差，再背就来不及了。背'曰若稽古帝尧'、'乾元亨利贞'，就觉得不顺嘴了。到十岁再念诗词歌赋、古文，开讲也可以早些。《诗》、《书》、《易》、《礼》、《春秋左传》，只要背，先不讲，讲也不懂。这些书烂熟在肚里，一辈子都有用。"（金克木：《七岁成人》）

一段时间后，大哥又要离开了。他把家中的事都交给大嫂，唯一放心不下的就是小弟弟金克木的教育。他将弟弟叫到屋里，摸着弟弟的头，语重心长地说："你念书还聪明。我们家几代念书，不能断了'书香'。先要把旧学打好根底。……十岁以前，把《四书》、《五经》都背过。十岁以后念点古文、唐诗、《纲鉴》。"

又说："有些闲书不能看。我没有来得及查，不知是哪里来的。小本、小字、石印、有光纸，看了，眼也坏了，心也坏了。记住，不许看。有不少字帖是很难得的，没事可以看看，但不能照学，先得写好正楷。你的字太难看了。一定要天天下苦功练。虽说'字无百日功'，也不那么容易。记住，不要忙着去学行、草、篆、隶。"

以上的这些话，也许就是中国古代最传统的教育观念。与现代教育所不同的是，它要使孩子很早就背完中国最经典的儒家经书，即便小时候不懂，它们也会滋养孩子的心灵。"这些书烂熟在肚里，一辈子都有用。"可谓至理名言。

金克木的大哥很注意保护孩子的眼睛，当时就不允许孩子看那些"小本、小字、石印、有光纸，看了，眼也坏了，心也坏了"。这些话让我想到互联网时代的各种游戏，它们的害处恐怕比"有光纸"要厉害百倍，它们对孩子们的诱惑力也强大无比，作为家长，又该如何保护自己的孩子呢？我们该怎样给孩子创造一个相对简单的环境？

金克木的大哥讲这些话的时候，已经是民国年间了，中国处于一个特别的动荡年代，经历过洋务运动、维新变法、晚清新政、辛亥革命等重大变革的中国，教育上自然也出现新旧掺杂的现象。所以他也根据时势说了些别的：

现在世道变了，没有旧学不行，单靠旧学也不行。十岁前后，旧学要接着学，还要从头学新学。三哥教的小学若是好，就跟去上小学；不好，就在家学。要跟你三哥学洋文和算学。……

有些书，八股文，试帖诗，不用念了，你也不会懂。有些"维新"

书，看不看都可以。有些大部头的书可以翻翻，不能都懂也就算了。……

大嫂的话你要听。她可以教你一些规矩。她还有些本事教你，你可以陪她解闷，下棋，吹箫。不过，头一条是要把书念好，然后才能跟你三哥同大嫂学那些"杂学"。那是不能当饭吃的。可是现在世面上，一点不知道不行。要知道，有的事也要会，只是不准自己做。为了不受人欺负愚弄，将来长大了也许用得着应酬，但不许用去对付人。我们家历代忠厚传家，清贫自守，从不害人。（金克木：《旧巢痕·长嫂为母》）

临走前，大哥特地亲自给弟弟上了一节课，教弟弟《诗经》第一篇，说："我不教你念几句书，总觉得缺什么。现在我无论如何得亲自教你几句话。'不学诗，无以言。'我亲自给你起个头，以后三哥教。……"

这是大哥第一次教金克木读书，也是最后一次。

"闲书"和"杂学"

大哥所指的"闲书"，其实就是大嫂所喜欢的那些小说、弹词、琴棋书画方面的书籍。

大哥离开家以后，大嫂又可以做主了，于是，金克木的视野得到了拓展。

一天，在金克木念完"正书"之后，大嫂把他叫到屋里，让他把一个箱子里的书全部拿出来。金克木大开眼界，里面都是他从未见过的。有《天雨花》、《笔生花》、《玉蜻蜓》、《珍珠塔》、《双珠凤》等书。金克木一边翻，一边报书名。当他报到《义妖传》的时候，大嫂作了简单的说明："这就是《白蛇传》，讲白蛇变成人，同凡人许仙结成夫妻，后来水漫金山。以后我讲给你听。"

金克木还翻出了箱底的两部大本书：一是《桃花泉弈谱》，一是《弈理指归图》。

这时，大嫂又说话了：

念书人不光是要念圣贤书,还要会一点琴棋书画。这些都要在小时候学。一点不会,将来遭人笑话。正书以外也要知道闲书。这是见世面的书,一点不懂,成了书呆子,长大了,上不得台面。圣贤书要照着学,这些书不要照着学;学不得,学了就变坏了。不知道不行。好比世上有好人,有坏人,要学做好人,又要知道坏人。不知道就不会防备。下棋、唱曲子比不得写字、画画、作诗。可是都得会。这些都得在小时候打底子,容易入门。将来应酬场上不会受人欺负。长大了再学,就晚了。你们男人家什么人都会碰见的,什么事都会遇上的。光背《四书》、《五经》,不够用。现在不比从前了。(金克木:《旧巢痕·天雨花》)

大嫂兴趣广泛,平日里没有机会展示。金克木是他最忠实的学生和听众。后来,大嫂在家里唱书,一开始二嫂、三嫂、侄媳妇等人还去听,后来慢慢地就都溜走了。金克木则一场不落从头到尾,每晚都听到大嫂房里的八音钟响起音乐再敲十下以后。金克木还得到大嫂的允许,将《天雨花》等书拿回自己的屋子,一本本地浏览了一遍。

这些闲书如同"课外读物",令金克木感到非常新鲜。他晚年回忆起看这些书的情形时写道:"他越看越快,没过多少时候,大嫂的摆出来的藏书已被他浏览了一遍,看书的能力大长进,知识也增加了不少。遇到不认识的字和讲不通的句子,也挡不住他,他会用眼睛一路滑过去,根本不是一字一字读和一句一句想,只是眼睛看。这和读《四书》、《五经》大不相同,不过两者的内容对他来说都是似懂非懂。"(金克木:《旧巢痕·天雨花》)

还有"杂学",金克木在大嫂和三哥的感染下,学会了下棋等技艺。他甚至还学会了占卜……

学校教育

梁漱溟受中学同学的影响

学生在学校里受教于老师，老师对学生的影响自然很大。同学之间的相互影响也不容忽视，有时候甚至会超过老师的影响。梁漱溟就有这样的经历。

1906年夏天，14岁的梁漱溟考入顺天中学堂，在这里度过了五年半的光阴。中国以前并没有中学，顺天中学堂开风气之先，算是试验阶段，所以与现在的中学不同。特点是：学科程度没有一定标准，而同学之间的年龄相差很大。

在老师的教导下，梁漱溟学习了英语、数学、外国地理以及国文等课程。他的老师们，水平应该是很不错的。梁漱溟讲："那时每一班有一专任洋文教习，所有这一班的英文、数学、外国地理都由他以英文原本教授。这些位洋文教习，全是天津水师学堂出身，王劭廉先生的门徒。我那一班是位吕先生（富永）。他们秉承王先生的规矩，教课认真，做事有军人风格。"但他马上一转，说："当然课程进行得并不慢，但我们自学的进度，总还是超过他所教的。"（梁漱溟：《我的自学小史》）原来，梁漱溟早已习惯了自学，而且他的同学中有的是能力高超之士。廖福申就是一位。

廖福申、王毓芬、姚万里、梁漱溟四人，是全班最小的学生。四人结为好友，其中以廖福申年龄最大，被梁漱溟等人尊称为大哥。廖福申见三人年龄尚小，常常贪玩而不知用功，就希望帮助他们。经过一次很激情的谈话之后，四人决定结合起来，在廖福申的带领下自学。为了庆祝，他们特地到一家酒楼喝酒、吃螃蟹，席间互道志向，真可谓书生意气，豪情万丈，必要干一番事业。

廖福申提议：以后不用"大哥"、"二哥"、"三哥"那些俗气称谓相称，而是以每个人的短处标出一字来，既作为称呼，又以此自我反省。大家举手赞成，就请廖福申一一命名。他给梁漱溟起的名字是"傲"，自名为"惰"。前者是期望梁漱溟戒掉"傲气"的毛病；后者是警诫自己要更加勤奋。此后，他们互相激励，进行自修，真正实现了"老师带进门，修行在自身"的古训。以英文读本 *Carpenter's reader* 为例，当老师教到全书的一半时，廖已读完全书，梁漱溟也能读到三分之二；又如纳氏英文文法，当老师还没有将第二册教完，廖福申与梁漱溟已开始研究第三册了；代数、几何、三角各书，都是经老师起一个头，廖福申即能自学下去，不用等老师再教了。梁漱溟虽不如廖那么快，但也总是学在了老师所教的前面。这些经验给梁漱溟巨大的自信力，使他相信没有不能自学的功课。

另有一位叫郭人麟的同学，对梁漱溟影响极大。郭人麟所在的班级低于梁漱溟，但年龄比梁漱溟大两岁。他们起初并不认识，到第三年时方开始交往。一度交谈后，梁漱溟的思想发生极大变化。那时，梁漱溟已有很高的志向，要救国救世，建功立业。他很自负，但没有意识到，自己抱有一种狭隘功利见解，重事功而轻学问，以至于根本未曾理会到人生许多较深的问题，而对于古今哲人高明一些的思想，不但没有理会，而且坚决排斥。"若文学，若哲学，则直认为误人骗人的东西而排斥它。对于人格修养的学问，感受《德育鉴》之启发，固然留意；但意念中却认为'要作大事必须有人格修养才行'，竟以人格修养作方法手段看了。似此偏激无当浅薄无根的思想，早应当被推翻。无如一般人多半连这点偏激浅薄思想亦没有。尽他们不同意我，乃至驳斥我，其力量却不足以动摇我之自信。"（梁漱溟：《我的自学小史》）

所幸的是，梁漱溟认识了郭人麟。他说："此君（指郭人麟）天资极高，彼时不过十八九岁，专看佛经、《易经》、《老子》、《庄子》等书，因我们不同班，不多往来。某日，在校内假山上遇见，乃相攀谈。我述我的思想，我说我愿为社会为国家做一番事业，慷慨陈词，自命不凡。郭君笑而不以为然。彼所以语我者，认为我即是想做事业，自己必须先有身心的修养。我语之，我亦看《理学宗传》、《阳明语录》等书。彼又语我，吾人必先将世间之得失成败利害等等，看来无动于衷，由此方可有大无畏之精神，不因稍感挫折而遽尔心灰意懒；如果以我如此之拘谨、狭隘、呆板，专讲有用之学，实不能成大事。必须先明白了很高之学问，日后才有办法。郭君一席谈话，打动了我的心肝，因为这些话无一不是就我当时的思想而加诱导的。自此之后，我不时与他亲近，不时相与往还。他最爱讲谭嗣同之《仁学》。郭君每为我讲时，我即记录其说话。我不敢认他为同学，乃尊之为郭师。每日课后即前往就教，他讲我听，且一一记之。在记录之簿本上题名为'郭师语录'。由此亦不难看出我之认真与愚笨。但好处即在于愚笨与认真。因为愚笨，思想的过程，不能超过他人先走一步，必须走一步后，碰着钉子，乃又反省、转移、变化……因为有变化，先前狭隘之见解乃得渐次解放，不敢谓佛老为绝无道理矣。"（梁漱溟：《自述》）

正因为有郭人麟这样的同学，梁漱溟的思想出现了第一次的解放。其影响之大，非任何一个老师可比。

还有一位同学是甄元熙。他与梁漱溟同班，却是后来插班进来的。由于彼此都关注时局，梁、甄二人成了很好的朋友。但彼此政见不大相同，一为"革命派"，一为"改良派"，二人常笔战。后来清政府一天天丧失人心，梁漱溟的思想也发生改变。辛亥革命时，梁漱溟与甄元熙一起参加了北方最大的革命团体——京津同盟会。

此外，梁漱溟的同学中还有张申府等人。张申府后来也成为著名的学问家，他与梁漱溟是交往70余年的好朋友。张申府到欧洲留过学，在西学方面要比梁漱溟研究得深。事实上，梁漱溟第一次了解西方哲学家柏格森、叔本华等人的学问，就是由张申府介绍并推荐的。某种意义上，梁漱溟之所以能对比着研究中西方文化，张申府称得上一位领路人。

钱穆的小学与中学老师

钱伯圭开启钱穆的治学大道

钱穆10岁时，入果育学校初级小学一年级。果育学校是华鸿模为造福桑梓而办，所聘请的老师有特别突出的人士，钱伯圭就是一位。

钱伯圭，生于1883年，曾就读于上海南洋公学（上海交通大学的前身），思想进步，是革命党人。1904年秋，钱伯圭回无锡荡口镇协助舅父华鸿模办学。在当时的环境下，文史老师很容易聘到，而开风气之先的体操、唱歌老师却不好招聘，钱伯圭即担任学校体操老师。

说是体操老师，他对钱穆的影响却主要在思想和治学方面。

有一天，钱伯圭拉着钱穆的手，问："听说你能读《三国演义》，是不是？"

钱穆以为老师要夸奖他，略显羞涩地点点头。

不料，钱伯圭认真地对钱穆说："这样的书以后不要再读了。此书一开首就说天下合久必分，分久必合，一治一乱，这是中国历史走了错路，所以有这种状态。如今欧洲英、法各国，合了就不再分，治了就不再乱。我们以后正该学习他们。"

钱穆从未听过这样的论断，乍一听，如巨雷轰顶，全心震撼。

东西文化孰优孰劣、孰得孰失，这个问题围困住一百多年来的全中国。钱穆一生的学问也由这个问题引发出来。

从此时起，钱穆70余年的光阴，脑中所疑，心中所计，全属这一问题。他说："余之毕生从事学问，实皆伯圭师此一番话有以启之。"（钱穆：《师友杂忆·果育学校》）

可见，小学老师钱伯圭对钱穆有何等影响！

不仅如此，钱伯圭讲述他人所没有注意的地方，启发钱穆自幼即抱民族观念，同情革命。

一流师表华倩朔、华山

华倩朔是钱穆读初级小学时的音乐老师。此人极有风度，曾游学日本，擅长音乐、书法、绘画，且能吟诗填词，是位全面发展、古今并重的才子。后来，他曾编写唱歌教科书，由上海商务印书馆出版发行，畅销全国，历经一二十年不衰。更可贵的，书中歌词全部由他本人撰写，其才华之高可想而知。

华倩朔也是位惜才爱才的好老师。他曾兼任钱穆班上的国文老师。某星期六下午，华倩朔以"鹬蚌相争"为题，让学生们作文。等到星期一上学的时候，钱穆突然发现自己所交的作文已被作为范文张贴在教室外墙上，引来同学们的围观。范文旁边还有华倩朔老师的评语："此故事本在战国时，苏代以此讽喻东方诸国。唯教科书中未言明出处。今该生即能以战国事作比，可谓妙得题旨。"对于钱穆文中的结论："若鹬不啄蚌，蚌已不钳鹬。故罪在鹬，而不在蚌。"华老师大加赞赏，写评语："结语尤如老吏断狱。"钱穆由此得到很大的鼓励。他还被破格升一级上课。同时，华老师还奖励钱穆一部《太平天国野史》，勾起了钱穆喜读史书的兴趣。钱穆称："余生平爱读史书，竟体自首至尾通读者，此书其首也。"（钱穆：《师友杂忆·果育学校》）

升级后，钱穆的国文老师改为华山。华山老师也非常喜爱钱穆，曾奖励钱穆一本《修学篇》，里面都是自学成才者的故事，对钱穆影响极大，也让他了解到，中国自古以来就非常重视自学成才。

名师顾子重

顾子重是从无锡县城请来的名师，是果育学校的高小老师。此人学通新旧，擅长历史舆地之学，喜欢在课堂上讲三国两晋故事。当时，在上海的童世亨以地理学大师著称，钱穆的同学们认为顾老师的舆地学兼通中外，时有精辟之论，其才学要在童世亨之上。钱穆中年后，治学喜史地，其源头就在此时。

有一年寒假结束，顾子重来到学校。学生们见他的桌子上有一本木刻大字版的《水浒传》，就说："《水浒传》不过是一本闲书，怎么会有这么像样的版本？"

顾老师回答："《水浒传》是中国的文学巨构，你们怎么可以把它当作闲书呢？"

见顾老师这样看重《水浒》，学生们不由得想到了钱穆，就说："老师，咱们学校有位年幼的学生，勤读《水浒》。每天清晨上课前，同学们都要围着他，听他讲水浒故事。您是不是可以问问他？"

顾老师表示愿意。

学生们于是找到钱穆，把他带到顾老师面前。

顾老师问钱穆："你能读《水浒》否？"

钱穆回答："能。"

顾老师接着问了钱穆几个《水浒传》中的事情，钱穆对答如流。

钱穆此时的自我感觉很好，但顾老师竟说："你读《水浒》，只看大字，不看小字，所以知道的只是这些而已。"

钱穆大吃一惊，回去后重新阅读，大字小字，一个不敢遗漏。这时才知，小字都是金圣叹批语，所批之语不仅谈文法，谈技巧，谈鉴赏，也谈人生感受……可谓天下少有的精妙评语。与大字互相印证，趣味横生，能获无穷益处。钱穆因此爱不释手，全书反复读了六七遍，全部内容烂熟胸中。此后，再读其他小说，觉得远远逊色于《水浒传》，便不再读了。这件事对钱穆的影响是：他自幼喜读传统小说的积习，从此霍然除掉。随后改读由西方翻译过来的小说，眼界又宽。这均是顾老师的影响。钱穆因此跟随在顾子重左右，得聆教诲。

顾子重很喜欢钱穆，并对钱穆有很高的期许。他对别人评价钱穆："此生他日有进，当能学韩愈。"韩愈被尊为唐宋八大家之首，是"古文运动"的倡导者，提倡"文以载道"、"文道结合"。韩愈的文章众体兼备，思想深刻，留下很多千古佳作，对中国文化有很大的贡献。钱穆听顾老师如此评价自己，十分震撼，从此心中有韩愈其人。到中学后，一心诵读韩愈文章。对于顾子重的那次评价，钱穆称："余正式知有学问，自顾师此一语始。"（钱穆：《师友杂忆·果育学校》）

暑期讲习班老师华紫翔

华紫翔是苏州某中学的英文教师。钱穆在高小三年级放暑假时，华紫翔回乡办了一个暑期讲习班。时间虽短，钱穆终生难忘。

华老师为学生们讲授的是中国各体古文，上自《尚书》，下至晚清曾国藩的文章，经史子集，无所不包。华老师采用的是自选的30篇文章，一一加以讲述。钱穆最喜欢听魏晋南北朝的短篇文章，如王粲的《登楼赋》、鲍照的《芜城赋》，等等。此后，钱穆诵读古文，不分骈散，尤其喜爱清代洪亮吉等人的小文章。

对于韩愈的文章，华紫翔只选了短文章《伯夷颂》。《伯夷颂》原文为：

士之特立独行，适于义而已，不顾人之是非：皆豪杰之士，信道笃而自知明者也。

一家非之，力行而不惑者寡矣；至于一国一州非之，力行而不惑者，盖天下一人而已矣；若至于举世非之，力行而不惑者，则千百年乃一人而已耳；若伯夷者，穷天地、亘万世而不顾者也。昭乎日月不足为明，崒乎泰山不足为高,巍乎天地不足为容也。

当殷之亡,周之兴,微子贤也,抱祭器而去之。武王、周公,圣也,从天下之贤士,与天下之诸侯而往攻之,未尝闻有非之者也。彼伯夷、叔齐者,乃独以为不可。殷既灭矣,天下宗周,彼二子乃独耻食其粟,饿死而不顾。繇是而言,夫岂有求而为哉?信道笃而自知明也。

今世之所谓士者,一凡人誉之,则自以为有余;一凡人沮之,则自以为不足。彼独非圣人而自是如此。夫圣人,乃万世之标准也。余故曰:若伯夷者,特立独行、穷天地、亘万世而不顾者也。虽然,微二子,乱臣贼子接迹于后世矣。

韩愈这篇文章,写的虽然是古代贤者伯夷重视忠义、特立独行的故事,其实更在阐述韩愈自己维护忠义、至死不渝的心志。钱穆精读此文,渐有心得,对其独立思想亦有启蒙作用。再后来,他领悟到:一个人选什么文章来讲,也可窥见其学问,可以了解其品行志向。而华老师之选讲内容,"几若为中国文学史中所谓古文学一部分示例,较之姚选《古文辞类纂》,曾选《经史百家杂钞》,及《古文四象》等书,皆另辟蹊径,别出心裁,并有超象外得环中之深义"(钱穆:《师友杂忆·果育学校》)。这些话不由让人心羡慕之,何以钱穆的小学老师或者暑期补习班的老师,竟有如此学问。没有这些老师,安得有后来的国学大师钱穆?

在华紫翔的影响下,钱穆曾有意编《中国历代古今文钞》,并从治文学转入理学,还深知"人才源于风俗,而风俗可起于一己之心向",最重要的是,钱穆此后研究每项学问时喜欢从其历史演变上着眼,这便俨然有了大学问家的雏形。

70年后,钱穆回忆果育小学四年的学习经历,十分感慨,说:"回忆七十年前,离县城四十里外小市镇上之一小学校中,能网罗如许良师,皆于旧学有深厚基础,于新学能接受融会。此诚一历史文化行将转变之大时代,惜乎后起者未能趁此机运,善为倡导,虽亦掀翻天地,震动一世,而卒未得大道之所当归。祸乱相寻，人才日趋凋零，今欲在一乡村再求如此一学校，恐渺茫不可复得矣。"（钱穆：《师友杂忆·果育学校》）如今，距钱穆先生说此言又过了数十年了。我们中国的小学是个什么状况？农村里许多中小学面临关门的危险，更何谈一流的师生？这真是值得我们好好地反思！

府中校长屠元博与历史学家屠寄

1907年，钱穆考入常州府中学堂，在那儿度过了三年零三个月的光阴。这段时间，给他记忆最深的是学堂监督（即校长）屠元博。

钱穆记得，在他第一次参加入学考试的时候，有一人前来巡视。当时正考国文课，钱穆答完题交卷。此人当即看了他的卷子，然后拍着他的肩膀，说："此儿当可取！"钱穆此时并不知这是什么人。入学后，才知道正是学校的监督。

钱穆还记得：当时学校规定，每学年考试后都要发证书，上面列有各科考试成绩，并由各任课老师加盖图章后，由监督署名分发。学生各科成绩须满60分才能升级，任何一科分数不足40分，就得留级。有一年考图画科时，考题中默画题为"知更鸟，一树枝，三鸟同栖"，教本中有此图。钱穆画一长条表示为树枝，长条上画三圈表示三鸟。每圈上部各加上两墨点表示为每一鸟的双目。钱穆点画的眼睛又圆又大，同学们在课外开玩笑时就说钱穆所画眼睛极像图画课的杨老师。这些玩笑话正巧被杨老师听到，气得不得了，于是把钱穆的图画科分数压得很低，竟然不到一分。这就关系到钱穆能否升学的问题。监督屠元博非常重视此事。他很关心钱穆，不愿意因此耽误钱穆的学业。于是给杨老师做工作。又将钱穆叫到办公室，说："各学科要全面发展，不应该偏科。这样才能打好基础。你今年的图画科分数太低，我已跟别的老师商量过了，可以将你得分多的其他科成绩酌减补移过来，不必留级。你再去找杨老师，向他请罪道歉，请他宽恕。"这本是爱护钱穆的意思，钱穆也很领情，但是他说："我的图画科成绩低，是我罪有应得。监督爱护之意更使我感激。但我平日里对国文、历史两门功课尚知道用心学习，所以不愿意将这两课所得分数减低。"屠校长听后，面作嗔色，对钱穆说："小孩子无知。你快去杨老师处，不要再多说了。"钱穆于是去找杨老师，因屠校长已做了工作，杨老师并没有斥责。事后，当新证书发下来以后，钱穆发现他的国文、历史分数并未改动，由此可见屠校长不愿意折损钱穆的锐气，对其一片爱护之心。此类事情，点点滴滴，还有很多。

屠元博是近代著名历史学家屠寄的长子。钱穆从内心深处，对这位名满天下的太老师有尊崇之心，他虽没有见过屠寄，但因为到屠元博家而见到了太老师的书房，对其后来的治学有无形的影响。几十年后，钱穆仍记得到太老师书房的情景：

> 太老师屠寄敬山先生，乃当代史学泰斗，著有《蒙兀儿史记》一书，书未成，而名满中外。其时已退休居家。某一日，已忘以何因缘，得偕三数同学进入元博师之住宅，又得进入太老师敬山先生之书斋。四壁图书，临窗一长桌，桌上放数帙书，皆装潢巨制。坐椅前有一书，已开帙，似太老师正在阅读。就视，乃唐代李义山诗集，字大悦目，而眉端行间朱笔小楷批注几满，字字工整，一笔不苟。精美庄严，未曾前见。尚有碎纸批注，放在每页夹缝中，似临时增入。书旁有五色砚台，有五色笔，放在一笔架上，似临时尚在添写。余一时呆立凝视，但不敢用手触摸。因念敬山太老师乃一史学巨宿，不知其尚精研文学，又不知其已值晚年，而用力精勤不息有如此。此真一老成人之具体典型，活现在余之目前，鼓动余此后向学之心，可谓无法计量。（钱穆：《师友杂忆》）

这件事情，就像禅宗里的临头一棒点醒有缘人一样，对钱穆终生治学有莫大关系。

在府中学堂，监督下面有舍监，舍监相当于现在的教务长。在钱穆眼中，校长屠元博、教务长刘伯琮都是"宽宏广大,有教育家兼政治家规范"。可惜一年后,教务长换成了自闭刻削的陈士辛,整日板着脸,永远都是训诫和命令学生,与学生们的关系变得很僵。时间一长,竟激起学生们的集体抗议行动。在钱穆四年级年终大考前,全年级学生集体讨论,要求校方减去陈士辛所教的修身课。学生们推出了五人代表,其中就有钱穆。五代表要求校长屠元博给予明确答复。屠元博代表校方,不接受学生们的提议,只是尽量劝说学生,但学生们年轻气盛,并不让步。反复三次后,学生们决定采取更进一步的行动,由五代表上全班退学书,作为对校方的要挟。屠元博对五代表说:"退学是学生个人事情。集体退学,不在学校规则内。"学生们于是再次集体讨论,决定全年级排班去见校长,逐一填写退学书。屠校长在一个大会议室接见学生,耐心训诲了一个小时,学生们多有退意。但钱穆感觉自己是学生们的代表,不能临阵退缩,于是大声说:"训辞已一一听过,请发退学书由各学生填写。"屠校长把一张纸给了钱穆。钱穆填后,屠校长为留住钱穆,只是扫了一眼,就说不合规格,不能同意。在这种情况下,假如钱穆仍然坚持,则从此无法在此校上学,难免对一生学业都有影响。事关重大,旁边的学生开始劝钱穆:"先出去,商量后再说。"钱穆却热血沸腾起来,不管不顾地说:"请告诉我用何种式样填写?"在如此多的学生面前,屠校长只好告诉钱穆,而钱穆填写后也就意味着事情已突破了底线。同时,钱穆发现,原来那些慷慨激昂的同学们,再没有一人填写退学书。第二天大考,别的学生都参加了,唯有钱穆因填写退学书而不能参考。他又不敢一人离校回家,只好暂时住在学校的疗养室。

按照常理,钱穆的所作所为极大地伤害了屠校长的尊严。但屠校长显示出一个好老师的度量。他觉得钱穆是可造之才,于是给钱穆的兄长写信,嘱咐他婉劝弟弟明年请求复学。后来,由于陈士辛竭力反对钱穆复学,并说出"以后如何再管学校"的话。屠元博不得已寻求其他办法。隔了一段时间,他再次给钱穆的兄长写信,让他命弟弟转学南京钟英中学。当时五年级毕业班是不许转学的,屠元博特地到钟英学校申请,才使钱穆顺利转学。

常州中学出了许多人才。除了钱穆外，还有像瞿秋白、刘半农、刘天华、吕叔湘、周有光这些了不起的人物。在《周有光百岁口述》中，周先生对屠元博作了这样的介绍：

> 常州中学的创办人是屠元博，常州中学有一个塔纪念他。这个人了不起，他在清朝末年就跟孙中山在日本一起闹革命。每年冬天，他偷偷地回到常州，辫子已剪掉，头上戴着帽子，戴上假辫子。那时候男人可以骑马骑驴，他不敢，白天也不敢活动，晚上坐轿子，戴帽子在常州搞革命，其中重要的一件事情是创办常州中学，是清朝最晚的时候创办的，等到办好，已经是民国元年了。屠元博的父亲叫屠寄，《辞海》里有他的名字，他是历史学家，清朝末年京师大学堂的教授，一早就让儿子到日本去了。屠元博是孙中山的左右手，民国初年有国会，不同的党都有议员，同盟会的议员小组叫同盟会党团，要有一个头头，叫党魁，就是屠元博。后来北洋政府时的党派斗争很厉害，据说，人家就请了屠元博吃饭喝酒，酒里面放了毒药，把他毒死了。屠元博的儿子叫屠伯范，是我的姐夫，我的三姐嫁给屠伯范。屠伯范在日本学化学，和郭沫若是同班同学。

历史、地理老师吕思勉

吕思勉，字诚之，江苏武进（今常州）人，也是中国近代的史学大师。钱穆上府中学堂时，吕思勉只有 25 岁，尚在中学教史地课。吕思勉十分爱惜人才。有一次考试，他出了四道题，每道题 25 分。钱穆看到考卷，特别喜欢第三题。这道题要求学生分析吉林省长白山的地势军情。钱穆一下笔就跳过前两道题，直接答此题，思如泉涌，竟不能罢休。考试时间到了，钱穆只答了这一道题。吕思勉把考卷拿到自己的办公室后，就开始阅卷。按照惯例，这次考卷不需要发回学生，老师也只是批一分数，不需要加批语。但吕思勉看到钱穆的答卷后，非常兴奋，不由自主地在答卷上写起了批语。正好有几位学生在窗外偷看，见到了一幕动人的情景："诚之师批语，一纸加一纸，竟无休止。手握一铅笔，写久须再削。诚之师为省事，用小刀将铅笔劈成两半，俾中间铅条可随手抽出，不断快写。铅条易淡，写不出颜色来，诚之师乃在桌上一茶杯中蘸水书之。所书纸遇湿而破，诚之师无法粘贴，乃以手拍纸，使伏贴如全纸，仍书不辍。不知其批语曾写几纸，亦不知其所批何语。"同学们将这一情景告诉钱穆，钱穆受到很大的鼓励。等分数下来后，钱穆虽然只答了一道题，吕思勉竟然也给了 75 分。

钱穆对吕思勉上课时的情景印象极深。他说："（吕思勉老师）上堂后，尽在讲台上来往行走，口中娓娓不断，但绝无一言半句闲言旁语羼入，而时有鸿议创论。同学争相推敬。其上地理课，必带一上海商务印书馆所印中国大地图。先将各页拆开，讲一省，择取一图。先在附带一小黑板上画一十字形，然后绘此一省之四至界线，说明此一省之位置。再在界内绘山脉，次及河流湖泽。说明山水自然地理后，再加注都市城镇关卡及交通道路等。一省讲完，小黑板上所绘地图，五色粉笔缤纷皆是。听者如身历其境，永不忘怀。"（钱穆：《师友杂忆》）

后来，钱穆讲课情形可能深受吕思勉影响。何兹全讲述他在大学里听钱穆讲课情景时说：

> 钱先生讲课，很有声势，也很有特点。虽然一口无锡方言，不怎么好懂，但仍然吸引人。我听过他的先秦史、秦汉史。他讲先秦史，倒着讲，先讲战国，再往上讲春秋、西周。我听他一年课，战国讲完，也就到学年结束了。他讲课讲到得意处，像和人争论问题一样，高声辩论，面红耳赤，在讲台上龙行虎步走来走去，这头走到那头，那头走到这头。（何兹全：《大时代的小人物》）

看其上课时动作,活脱脱另一个吕思勉!

后来,吕思勉成名,仍继续给予钱穆耐心的指导。师生二人在治学上的方法有很大差异,但他们都达到了那个时代的顶峰。严耕望将钱穆、吕思勉、陈垣、陈寅恪并称为中国史学界的四大家!

华罗庚接受的初中教育

初中校长韩大受

华罗庚之所以能成为数学家,与他在初中时所受的教育关系很大。

说起金坛县立初级中学,首先要提到的应该是第一任校长韩大受。

韩大受,字可吾,1889年出生,早年在私塾接受中国传统文化教育,14岁到上海健行公学就读,15岁赴南京两江优级师范读书,受进步思想影响,革命热情非常高涨。辛亥革命时,韩大受联合同人,谋求金坛独立。辛亥革命后,韩大受投身教育事业,担任过金坛县民政署教育科长兼视学,先后在无锡竞志女中等学校任教员。1921年,韩大可出任金坛县立高小校长。他见金坛县尚无初中,卖掉家中仅有的几十亩田产,并捐出自己的全部薪金,筹办金坛县立初级中学。

1922年,金坛初中完全独立,韩大受出任校长,华罗庚是该校第一届仅有的一个班11名学生之一。

韩大受不仅教育学生好好读书,更注重培养学生们的品德修养和爱国情操。他亲自撰写校歌歌词,激励学生的使命感和上进心:

茅峰西峙兮佳气葱葱。洮湖潋滟和风送。

吾坛灵秀钟,名贤辈出步武继踵。我校使命何隆崇!

愿各同学发愤为雄,甄陶今古,发扬文化,进步永无穷。

韩大受关心每一位学生。他得知华罗庚家庭困难，就免去华罗庚的学费。刚入学时，华罗庚是个淘气大王。他曾指挥他的伙伴将一个外号叫董胖子的同学绊倒，看这位太胖的同学爬不起来的怪模样。因为贪玩，华罗庚第一学期的考试成绩不佳。韩大受耐心地教育华罗庚，希望他珍惜来之不易的学习机会。

言教不如身教，韩大受处处以身作则，给学生们起了楷模的作用。他告诉华罗庚："做人要正，待人要诚，学习要勤，工作要实，生活要俭，做一个有益于社会、有益于国家的人。"

华罗庚是有个性的学生，韩大受并不事事苛求他严守纪律。有一天清晨，全校师生一起做早操。按照规定，每个人都要穿短装。华罗庚却偏偏穿了长袍过来，只不过在外面套了一件短马褂。到了队伍行列，也没等老师说话，华罗庚不紧不慢地把长袍掀了上去，塞进短马褂里，于是长袍变成了短装。等做完操，华罗庚又把长袍放下去，不慌不忙扬长而去。对此，韩大受并没有追究。

后来，韩大受担任过金坛县教育局长，到上海担任过"群治大学"教授，撰写了《经学通论》、《史学通论》、《师范教学》三本著作。1930年夏，受地方邀请，韩大受重新担任金坛县中校长。

华罗庚受韩大受的影响很大，他一生都很感谢这位了不起的校长。1982年，华罗庚在给《电视文学》编辑部的信中这样写道：

> 金坛中学的创立者是我敬爱的韩大受老师，他把毕生精力，所有财产都贡献给了这个学校。他为了办学卖掉了他仅有的几十亩田。他淡泊清俭，冬天连棉衣都不肯穿。他在政治上也是进步的，对我党地下工作者取同情态度。他在我们家乡，不仅在他的学生们中，就是在一般群众中声誉也是好的。

事实上，韩校长不仅建校有功，在教学上也是和王维克老师相得益彰的，他对训诂之学有特长。（王元：《华罗庚》）

数学老师和国文教师

韩大受办学时,多方延揽人才,为学校招聘了一些好老师,其中就有王维克和李月波。王维克对华罗庚的影响最大,我们稍后再讲。

先说华罗庚的数学老师李月波。

李月波毕业于苏州工专,教了华罗庚三年数学。华罗庚在给韩大受的一封信中说:"月波老师是一位难得的好教师,是他引导和培养了我对数学的兴趣,是他为我在初中三年打好了数学基础,使我以后得以自学数学,并成为我一生为之追求和奋斗的目标,我很感谢他。"

李月波教数学教得很好,但他并非华罗庚的伯乐。初中一年级时,华罗庚的数学成绩竟然是不及格。就此事,梁羽生后来专门问过华罗庚:"是不是因为触犯那位老师,老师故意不给及格?"华罗庚回答:"不是,我小时候是很贪玩的,常逃学去看社戏。试卷又写得潦草,怪不得老师的。"(梁羽生:《华罗庚传奇》)

由于李月波教学很有趣味,华罗庚很快对数学产生浓厚的兴趣。华罗庚的次子华陵说:"父亲从十三四岁就开始知道用功了。在老家,每天总是磨豆腐的老头起身最早,可他天不亮起床时,总是看到华家的豆油灯已经点亮,华家的孩子已经在用功了。父亲那段时间自学了三本书:《大代数》、《解析几何》和50页的《微积分》,还省吃俭用买来《学艺》和《科学》两本杂志来读。"(华陵:《追忆我的父亲华罗庚》)

从初二起,华罗庚的数学水平突飞猛进,远远地超过了其他同学。李月波的态度也发生改变。考试的时候,李月波常常把华罗庚叫到一边,说:"今天的题目太容易了,你上街去玩吧。"

此时的华罗庚已养成独立思考的习惯。有一次,国文教师将自己珍藏的胡适《尝试集》给华罗庚看。没想到,华罗庚只看了书中的"序诗"就不看了。原来,胡适的"序诗"是这样写的:

尝试成功自古无，
放翁这话未必是。
我今为下一转语，
自古成功在尝试。

华罗庚一看，马上意识到诗中的概念混淆。认为，首句的"尝试"与末句的"尝试"是完全不同的两个概念。前者是初次尝试，自然很难成功；后者是经过无数次尝试后的又一次尝试，当然容易成功了。在当时的华罗庚看来，既然作者连如此重要的概念都分不清，这本书也就没有阅读的价值了。所以，在读书心得中只写了12个字："胡适序诗逻辑混乱，不堪卒读。"国文教师很不高兴，在华罗庚的读书心得旁批了"懒人懒语"四个大字。

又有一次，国文教师出了一道命题作文："周公诛管蔡论"。按照史书一贯的说法，在周武王去世后，其子周成王年幼，由成王之叔周公旦摄政。成王的另外两个叔叔管叔和蔡叔很不服气，于是勾结武庚一起叛乱，结果被英明之周公平定，管叔被诛杀，蔡叔被流放，天下乃得大治。但华罗庚并不轻易认同传统说法，他认为，有可能是周公自己想造反，被管叔和蔡叔识破了他的阴谋，所以周公乃杀人灭口。周公既然以维护周室的名义诛杀流放管、蔡，他后来也就不便谋反了。华罗庚这样的说法，自然又受到国文教师的批评。

第一位伯乐——王维克

真正发现华罗庚天才的是王维克。华罗庚上初二时，王维克是年级主任。

王维克这个人了不起。他是大同大学数理科毕业生，不仅精通数学、物理、天文等数理学科，而且通晓中国传统文化，特别对元曲有深入的研究；他的兴趣尚不止于此，因为他还精通多种外语，是第一位用中文翻译《神曲》的学者，而且还翻译了印度史诗《沙恭达罗》等著作。

华罗庚见到王维克时，王维克刚从大学毕业，在金坛中学教了一年书。这短短的一年时间，他发现了华罗庚的天才并给华罗庚打开一扇通往广阔天地的大门。

面对华罗庚笔迹杂乱的作业本，别的老师都是不屑一顾，王维克却看出了其中的"玄机"，说："起初，我和诸位的观察一样，也发现他的字写得歪歪扭扭，很潦草。数学的作业本子也写得很不整洁，常常乱涂乱改；后来经过一番自己研究发现，许多涂改的地方正是反映了他在解题时探索的多种路子。"（李贤哲：《华罗庚的老师王维克》）

发现华罗庚的天分后，王维克对其多方面培养，鼓励华罗庚独立思维，不仅从数学，也从文史等方面开阔华罗庚的视野，增加华罗庚学习的兴趣。王维克还和华罗庚谈一些人生理想的话题，使华罗庚树立起远大的理想。在这方面，王维克对华罗庚的影响要远远超过李月波。华罗庚的长女华顺说："王老师发现他的算术不错，又喜欢看书。课余，王老师就有选择地借书给他看。每次借给他一本，而且限期归还，我爸爸总是提前去还。王老师考问他书中的内容，他都能回答清楚，于是便引导他对数学和重要学科的学习兴趣。他的数学成绩很好，语文也不错，能文还能诗，王老师对他很是欣赏。"（华顺：《爸爸的故事》）

英国数学家哈贝斯坦（H.Halberstam）撰文介绍华罗庚，说："1922年，当华罗庚小学毕业时，金坛中学开办了，该校有一位高素质与严格的数学老师，他发现华罗庚的才能并加以培养。此外，华罗庚很早就知道要直接按照原理解决问题，以弥补在书籍以及后来在文献方面的不足，这是他一生中都热情坚持的态度，并在日后鼓励他的学生也采用这一方法。"（哈贝斯坦：《杰出的中国数学家华罗庚》）这里所说的"高素质与严格的数学老师"，无疑是王维克。

王维克对华罗庚的影响远不止于此。他在金坛中学教了一年书后，留学法国，回国后先在上海中国公学任教授，因与校长胡适不合，又受到小报某文章的影射，颇为傲气的王维克甩手离开大学，重新回到金坛中学任校长。这对华罗庚却是好事。王维克继续指导华罗庚，并破格聘用其为小学教员，极大地支持和帮助了困境中的华罗庚。此为后话。

总之，华罗庚在初中所受的教育，为他日后自学打下了坚实的基础。可以说，没有这样的教育，就不会出现科学家华罗庚。而能够出现这样的好学校，最主要的还是因为有这样几位好老师。

金克木的小学老师

当今很多人以为,一个人要想有学问就必须上大学,而且应该上重点大学。似乎大学中藏有一切学问,大学要远比中学、小学重要得多。却不料,像金克木这样中国最有学问的学者,他只读过小学。而且他认为,小学教育是最重要的。

他说:"我的好奇心是在上小学时养出来的,是小学的老师和环境给我塑成的。这一时期,不论进不进学校,是谁也跳越不过去的,而且定型以后是再也难改。大学教师,无论是怎样高明的'灵魂工程师',也只能就原有的加以增删,无法进行根本改造。大学只是楼的高层而不是底层。中学、小学的底子不好,后来再补就来不及了。教育是不可逆转的。我们不能不顾基础,只修大屋顶。"

他的话纠正了世人认识上的误区,理应受到高度重视。我们也该回过头来了解他的小学老师是怎样教育学生的。

有大志的小学校长

校长是一个学校的核心。现在的小学校长,多将目光紧紧地盯在学生的升学率上。

金克木的小学校长不是这样。

那个年代正是中国饱受列强欺侮的时候。有志气的中国人纷纷寻找强国强民的药方，以解救危难中的祖国。金克木的小学校长是其中之一。

这位小学校长姓陈，曾在日本留学。他立志要将国外的最根本的强国之道引入中国。在经过长期考察、反复对比与思考后，他认为教育救国才是根本，而教育救国的最关键环节是小学教育。这样的思想很容易让人联想到梁启超强调的"少年强则国强"。

陈校长是位知行合一的人，有思想就付诸实践，于是回国后没有像其他人一样谋取什么官差，而是将一个旧庙改成一个小学，招聘了合格的教师，在他的引领下将小学办成模范小学。

陈校长说过一段让金克木终生难忘的话：

我们都学唱国耻纪念歌。什么是国耻？就是日本逼我们承认二十一条，要我们亡国。为什么日本敢逼迫我们，侮辱我们？因为日本比中国强。日本地比中国小，人比中国少，为什么能比中国强？因为日本的小学生比中国的小学生强。我在日本看见到处都是小学。小孩子个个上学，不上学就罚家长。小学生的一切费用都是政府管。谁伤损了小学老师和学生就是犯法，要抓进监狱关起来。那时中国还没有小学。日本办小学不到二十年，小学生长大了，政府用他们打中国，中国就打不过了。这时才办小学，已经迟了。还不快办，多办，好好办，让所有的小孩子都识字，照这样拖下去，十年二十年以后还是没有好公民，还得挨日本打，还会亡国。我从日本回来，什么事都不干，就把这所八蜡庙改办成小学，自己当校长。我要办一辈子小学。你们从一年级就要不忘国耻，立志当好学生，将来当好公民，要中国人在世界上不受人欺负耻笑，不被人心里瞧不起。中国要比上日本就一定要把小学办得比上日本小学。一国有没有希望就是看小学生好不好，要看小学生会变成好公民还是坏公民。不论什么国，小学生是一国的将来。小孩子是一家的性命；小学生是一国的性命，命根

子。我们大人不能让你们长大了当亡国奴。(金克木：《小学校长》)

这些话令人感动也令人热血沸腾。有了这样的仁人志士，中国才能摆脱危难走向强盛。

金克木幸运地遇到了一个优秀的小学校长。这位小学校长把"勤"与"俭"作为"校训"。在开学的第一天，他就郑重地告诉全体师生："'勤'，就是不懒惰，应该做的事情马上就做；'俭'，就是不浪费，不毁坏有用的东西。要从小养成习惯，长大再学就来不及了。中国大人有贪图省事和糟蹋东西的坏习惯，所以受外国人欺负，被外国人看不起。一定要从小学生改起，革除坏习惯。教员也要这样。我是校长，是第一名，我如有不勤不俭的事，新上学的一年级小学生也可以对我单讲出来。只要讲得对，我一定改。"

在县教育局宣布学校为模范小学以后，这位小学校长再一次强调责任意识与做人做事的道理，他那威风的大眼睛闪闪发光，将全校师生召集起来，说："不是我们要给人家当模范，是人家要我们做模范。我们全校的人，从我校长起，挑上了一副重担子。从此讲一句话，做一件事，都要想到模范二字，要当作馍馍稀饭一样天天离不开。讲错话，做错事，知道了就要改。不改就配不上模范二字。"

在这样的小学校长面前，现在的许多大学校长恐怕都要汗颜了。

小学教员的启发性教育

陈校长将招聘教员作为建校的头等大事，他认为："一个学校，房子再大，再好，桌椅再新，再全，若没有合格的教员，就不能算学校。"这句话很容易让人联想到清华大学校长梅贻琦的名言："所谓大学者，非谓有大楼之谓也，有大师之谓也。"金克木的小学校长自然比不上梅贻琦有名，金克木的小学老师也都称不上大师，但他们是文化大师金克木最重要的老师。

金克木上小学时，白话文刚刚代替文言文，国语教科书的内容又有点浅，满足不了师生们的要求。到五六年级的时候，金克木的国文老师自编教科书，油印出来发给学生们，然后讲解。那些小学老师自编的文章，例如蔡元培的《洪水与猛兽》、刘鹗所著《老残游记》中"大明湖"一段、司马迁《史记》中的"鸿门宴"部分，许多内容后来都被编入中学、大学的读本，可见这位小学老师是非常有水平的。

国文老师不采取填鸭式教学，不硬给学生分配做不完的作业，不体罚学生，不拖课（一听到下课铃，不管说到哪儿，都要立即宣布下课）。这些做法都是我们现在的老师可借鉴的。

金克木回忆："他的教法很简单，不逐字逐句讲解，认为学生能自己懂的都不讲，只提问，试试懂不懂。先听学生朗读课文，他纠正或提问。轮流读，他插在中间讲解难点。课文读完了，第二天就要背诵。一个个站起来背，他站在旁边听。背不下去就站着。另一人从头再背。教科书可以不背，油印课文非背不可。文长，还没轮流完就下课了。文短，背得好，背完了，一堂课还有时间，他就发挥几句，或短或长，仿佛随意谈话。一听摇铃，不论讲完话没有，立即下课。"

这样的教学法很有意思。例如老师在讲《史记·项羽本纪》中的"鸿门宴"时，先让大家背诵，背完后有时间，就高谈阔论地点出文中的妙处，特别提到刘邦离开险境后立即杀掉内奸曹无伤的内容。金克木这样描述：

（老师问）最后一句是"立诛杀曹无伤"，这个"立"字是什么意思？有人回答是"立刻"。又问：为什么着重"立刻"？（老师）自己回答：因为这是和项羽通消息的内奸，非除不可，还要杀得快。项伯对刘邦通消息，又在席上保护刘邦，也是内奸，为什么项羽不杀他？反而把自己人曹无伤告诉刘邦，难道想不到刘邦会杀他？从这一个"立"字可以看出司马迁要指出刘邦有决断。……太史公马迁不仅叙述历史还评论历史，先讲

什么，后讲什么，字字句句都再三斟酌选用，所以是头一位大文人，大手笔。看书作文，必须这样用心思。（金克木：《国文教员》）

就这样，金克木被这位国文老师带入了丰富多彩的文字王国，按他自己的话说："这位老师引我进了文字，也被文字纠缠了一辈子。"

金克木的图画、手工、自然课，都是另一位老教师教的。这位老教师知行合一，擅长引导性教学，将无穷的乐趣带给了学生：

他教图画课，有一回拿一把茶壶来让大家看，然后在黑板上画了个大圆圈，说这就是茶壶。大家都笑。他在圈上面加画盖，下面改平作底，一边加上嘴，另一边加上把，果然像那把茶壶。他说要学画，先学看，画什么东西先看出"轮廓"。接着解说怎么把边画成线，把立体改成平面……

他教手工多半是把刻硬纸片做图形。他把这些和图画连起来，说刀刻或剪开就是用笔画连，纸片粘起来就成立体。有一次他带了一团泥来，分给几个年纪大的学生，小的不给，怕弄脏了衣服（那时上学不限年龄）。他随手捏出个什么东西，说这就有边线，有表面，还是实的了。大的学，小的看，很好玩……

他教自然课不拘守课本。有一回他把我们带出校门到附近菜园去讲十字花科植物。大概有人向校长告了状，不许出外上课了。他又出主意，加了一门园艺课，在学校大院子里开辟几个小畦……（金克木：《图画教员》）

后来，金克木到北京求学，曾在民国大学听一位老教授讲国文课，得出这样的结论："文章选得好，老教授想必是有学问，可是这堂课却不知上的是什么。若说讲古文，他心中很为家乡几位小学老师抱屈，他们讲得清楚得多。"（金克木：《课堂巡礼》）

真希望这样的小学老师现在还有很多，中国的小学生就会很健康地成长。

自学之路

梁漱溟的自学之路

梁漱溟自学的特点，是完全主动，遵从自己内心的需求，非常自觉。正因为如此，其迫切性、针对性、专心程度均超乎寻常，效率最高，非那些功利性的自学所能相比。

梁漱溟的自学，最早得力于他的父亲梁济。他受父亲的性格影响及精神感召，凡事认真，好学深思，联系实践，又总有一颗上进心，这便奠定了他自学成功的最好基础。

此后，虽周围环境有所改变，个人处境有所不同，而梁漱溟的自学态度没有任何改变。自学改变着他的人生，也成就了他的事业。

他说："我想我的一生正是一自学的极好实例。"

"我们相信，任何一个人的学问成就，都是出于自学。学校教育不过给学生开一个端，使他更容易自学而已了。青年于此，不可不勉。"

"我虽自幼不断地学习以至于今，然却不着重在书册上，而宁在我所处时代环境一切见闻。我还不是为学问而学问者，而大抵为了解决生活中亲切实际的问题而求知。"（梁漱溟：《我的自学小史》）

如何培养一个笨孩子成才？怎样才能靠自己的力量从呆笨而转为智慧？达到《中庸》中所讲的"虽愚必明，虽柔必强"？

梁漱溟的经历能给我们很好的启示。

"向上心"

梁漱溟说："向上心是自学的根本。"

我们小的时候，家长和老师就告诉我们："要好好学习，天天向上。"我们也天天唱着"好好学习，天天向上"的歌词。这里的"向上"其实就是"向上心"。

梁漱溟幼时，"天天向上"的歌曲还没有出现呢，但他从周围的环境中自然而然地培养出这样一种素质。

他的父亲梁济和父执彭翼仲，都是心忧天下并付诸实践的人物，都是敢以生命为代价追求真理的人。他的母亲也是一位"温厚明通"、善良而有主见的人物。这些人的人格感召着幼年的梁漱溟，使他从小即有大志，萌发了对社会对国家的责任感。晚清时期，整个国家饱受外来耻辱，处在被瓜分的危急关头，急切地需要有识之士奋起救国。于是出现了近代史上一浪接一浪的社会改革。梁漱溟处在北京这样的知识分子群体集中的环境中，很早就意识到："世俗之人虽不必是坏人，但缺乏眼光见识那就是不行的；因此，一个人必须力争上游。"

有了这样的心理，他虽然只是一个小孩，但"自己总有对自己的一种要求，不肯让一天光阴随便马虎过去"，"常有自课于自己的责任，不论何事，很少需要人督促……十岁时爱看《启蒙画报》、《京话日报》，几乎成瘾，固然已算是自学，但真的自学，必从这里（向上心）说起。所谓自学应当就是一个人整个生命的向上自强，要紧在生活中有自觉"。生活上有自强心，便能克服不良习惯，知道自爱。身心由此健康，"胸中恒有一股清刚之气"，由此，虽然幼时呆笨，但终究能脱去呆笨的外壳，展现其大智慧。

梁漱溟总结道：

我自幼呆笨，几乎全部小学时期皆不如人；自十四岁虽变得好些，亦不怎样聪明。讲学问，又全无根底。乃后来亦居然滥侧学者之林，终幸未落于庸劣下愚，反倒受到社会的过奖过爱。此其故，要亦不外：

一、由于向上心，自知好学，虽没有用过苦功，亦从不偷懒。

二、环境好，机缘好，总让我自主自动地去学，从没有被动地读过死书，或死读书。换句话说，无论旧教育（老式之书房教育），或新教育（欧美传来之学校教育），其毒害唯我受的最少。

总之，向上心是自学的根本，而今日我所有成就，皆由自学得来。

这里面透露了梁漱溟的学习是非常有恒心的，即从不偷懒。这一点，那些被动求学的人很难做到。

还透露了梁漱溟"没有用过苦功"。这与"不吃苦中苦"的古训以及现在社会教育子女、学生苦读的现象很不相同。其实，苦与乐是相对的，困难与轻松也是相对的。大家都在一个地方学习，如果怀着兴趣去学，很快就学会了，何必苦学。如果没有兴趣，或兴趣很小，效率自然很低，那就真成苦学了。再从另一角度看，一个人虽然长时间钻研或学习某一知识，因为自觉主动，所以不觉得苦。外人虽然看他很辛苦，但"辛苦不辛苦"，他自己的感受才是真的。

这或许可以为现在的家长和教育工作者提供一些借鉴——你要让孩子带着兴趣、自觉地去学。这才是抓住了关键。

梁漱溟总结"向上心"对他一生的根本影响时认为：

向上心驱使他一辈子都在人生问题与社会问题上追求不已。

向上心已内化为他的生命力，无法分离。

1966年，梁漱溟在被红卫兵抄家甚至被罚跪的情况下写信给毛泽东，称："此番抄家，一切文稿（已完成的，未完成的）全被收去（似有被毁的）。假如在或斗或批之后，不发还此书稿，即不可能续写，无异乎宣告我的死刑。盖人生一日，必工作一日；工作必是从其向上心认为最有意义的工作。人的生命是与其向上心不可分离的；失去意义的生活，虽生犹死，生不如死。"（《梁漱溟书信集》）在当时那样艰难的环境下，梁漱溟泰然处之，8月24日被抄家，9月6

日即操笔为文，写出《儒佛异同论》。

"向上心"还令我想到古人的另外一些话，录于其下：

其一出自《诸葛亮集·诫外甥书》，曰："志当存高远。"

其二出自《论语》，曰："学而时习之，不亦说乎？"

其三出自《易经》，曰："天行健，君子以自强不息。"

问题

作为自学成材的大学问家、大思想家，梁漱溟的学问从何而来？他自己有很好的答案："我省思再三，我自己认识我，我实在不是学问中人，我可算是'问题中人'。"梁漱溟的学问其实都是从"问题"中而来。这便引发了问题：你会问"问题"吗？"问题"真有那么重要吗？

我们看看梁漱溟的回答："如果有人问我，我现在何以有一点关于哲学、佛学、经济学、政治学等各方面的知识？何以在社会中有此地位？我的答复是，乃是由于问题逼出来的。我当初并无意于某一方面的学问，或者是哲学，或者是佛学，乃至于政治学、经济学等等，而结果则都知道一点，其所以致此者，问题逼之使然也。当初我亦无意于社会中如何做那种事业，成就一种地位，而结果能做点事业，有点地位，其故无他，亦问题逼之使然也。"

梁漱溟又说："人之所以有学问，恰为他善于发现问题，任何微细不同的意见观点，他都能觉察出来，认真追求，不忽略过去。问题是根苗，大学问像是一棵大树，从根苗上发展长大起来；而环境见闻（读书在其内）、生活实践，则是它的滋养资料，久而久之自然蔚成一大系统。思想进步的原理，一言总括之，就是如此。"

关于"问题"，《现代汉语词典》中的解释有四种："(1) 要求回答或解释的题目；(2) 须要研究讨论并加以解决的矛盾、疑难；(3) 关键；重要之点；(4) 事故或麻烦。"

每个人的一生都必须面临无数"问题",对待"问题"的不同态度往往决定人一生的命运。

每个人都有自己所关注的"问题",所关注"问题"的内容不同,也往往决定了人生的定位和结局。

归纳梁漱溟对待"问题"的态度,可用"真切"、"彻底"来概括。"真切",就是他出自内心地喜欢发现问题、解决问题。这种自觉地发现问题和解决问题的过程甚至成为他的最主要的生活方式。"彻底",指的是他不仅"打破沙锅纹(问)到底",而且必为"问题"的解决找寻一最为彻底的解决方式,否则永不罢休。

归纳梁漱溟所关注的"问题"内容,可分两个方面:一方面,梁漱溟最为关注自己的精神追求或精神状态中出现的"问题"。另一方面,梁漱溟一直关注中国问题及人类问题,并将这两个问题与自己的人生使命紧密结合起来。

现在先说前者。梁漱溟的个性很强、自主性很强,轻易不会因外在环境的变化而改变自己的态度。但自身出现问题时,便碰到硬钉子,必想方设法解决,于是带着问题去读书,再参考别人的意见,"反省、转移、变化",等真正想通了,即身体力行,从根本上解决问题,个人素质、精神追求也迈入新的天地。例如,他早年受父亲影响,成为一实用主义者、事功者,"最反对高玄,最嫌厌哲学",不喜欢空洞的议论,对"古文、词章、文选派之六朝文章,无一不厌恶","如苏东坡之万言书,至若《庄子》上的文字",更是"头痛痛恨"。而事功思想自有其缺陷褊狭处,等梁漱溟到了十八九岁的时候,自身出现了种种窒障(类似于"问题"义项中的第二义),使他不得不解决,否则没有出路。此时出现的"问题"主要表现为:一、"感情真挚已多感伤感触";二、"事功派的夸大心理易反动而趋消极";三、"用思太过,不知自休,以致神经衰弱而神经过敏,但在主观上则自有一套理论,持之甚坚且确"。这些"问题"日久无法解决时,令其痛苦不堪,终于"发生厌世思想","根本否认人生,更不再讲实利"。在与朋友们交流这种思想时,张申府觉得梁漱溟的思想与西方哲学家叔本华的思想相近，于是介绍叔本华及其他相关的著作。这便促使梁漱溟接触西洋哲学。西洋哲学打开了梁漱溟的视野，但无法从根本上解决他的"问题"，他由此再寻"钥匙"，从而归入佛家。佛家六根清净之思想，实为解决梁漱溟当时苦痛的良药。梁漱溟必定切实感觉到了佛家的"大益处"，于是从内心深处予以接受，读佛经，"不吃荤、不结婚"，乃至要出家当和尚。此阶段从"二十岁起至二十八九岁止"，可以想到梁漱溟看了多少佛经，对佛家思想有了多么切身的理解。直至后来梁漱溟父亲自杀身亡，梁漱溟本人入北京大学当讲师，由讲印度哲学到返回头来读他小时候非常反感的儒家思想，再对比东西文化及哲学，并印证于自身，思想乃发生重大变化。正如他自己所说：

当初归心佛法，由于认定人生唯是苦（佛说四谛法：苦、集、灭、道），一旦发现儒书《论语》开头便是"学而时习之，不亦乐乎"，一直看下去，全书不见一苦字，而乐字却出现了好多好多，不能不引起我极大注意。在《论语》书中与乐字相对待的是一个忧字。然而说"仁者不忧"，孔子自言"乐以忘忧"，其充满乐观气氛极其明白；是何为而然？经过细心思考反省，就修正了自己一向的片面看法。此即写出《东西文化及其哲学》的由来，亦就伏下了自己放弃出家之念，而有到世间来的动念。

动念回到世间来，虽说触发于一时，而却是早有其酝酿在的。这就是被误拉进北京大学讲什么哲学，参入知识分子一堆，不免引起好名好胜之心。好名好胜之心发乎身体，而身体则天然有男女之欲。但我既蓄志出家为僧，不许可婚娶，只有自己抑制遏止其欲念。自己精神上就这样时时在矛盾斗争中。矛盾斗争不会长久相持不决，逢到机会终于触发了放弃一向要出家的决心。

机会是在1920年春初，我应少年中国学会邀请作宗教问题讲演后，在家补写其讲词。此原为一轻易事，乃不料下笔总不如意，写不数行，涂改满纸，思路窘涩，头脑紊乱，自己不禁诧讶，掷笔叹息。既静心一时，随手取《明儒学案》翻阅之。其中泰州王心斋一派素所熟悉,此时于东崖语录中忽看到"百虑交锢,血气靡宁"八个字蓦地心惊:这不是恰在对我说话吗?这不是恰在指斥现时的我吗?顿时头皮冒汗,默然有省。遂由此决然放弃出家之念。(梁漱溟:《我的自传小史》)

以上文字可以看出,佛家思想固然曾解决过梁漱溟的"事功问题",但久而久之,佛家思想与其身体和思想的"血气方刚"不合,进而产生无法解决的新问题。而解决新问题的方法最后又归入入世思想中来。由于梁漱溟一旦拥有一种思想,轻易无法改变,所以对所拥有的思想便钻研得深,得出成果就大。出现新问题时,虽然一时无法解决,苦痛与矛盾因之日积月累,这似乎是坏事,可是根本意义的大问题也在酝酿,而大问题一旦得到解决,梁漱溟本人又脱胎换骨,进入一个全新的境界。这不能不说是梁漱溟成为大学问家的根本原因所在。

除关注自身问题外,梁漱溟关注的另一方面内容是中国问题及人类问题。梁漱溟在1951年寄给外甥晓青的信中这样写道:"我的生命就寄于责任一念。处处皆有责任,而我总是把最大的问题摆在心上。所谓最大的问题即所谓中国问题。而我亦没有把中国问题只作中国问题看。不过作为一个中国人要来对世界人类尽其责任,就不能不从解决中国问题入手。在最大的问题中,我又选择最要紧的事来做。例如,抗战之时,莫要于团结,就致力于团结;当建国之时,莫要于和平,就致力于和平。一旦和平似乎有成(1946年1月底)而事情有比参加政府更要紧的,马上就转移其致力之点。……由于总在最大问题中追求其最要紧的事情,久而久之,我所关心的,旁人往往不如我关心;我所能做的,旁人往往不如我能做;好像责任集中于我一身。既有'四顾无人'之慨,不免有'舍我其谁'之感。像这样数千年悠久历史之下,像这样数万万广大人群之中,而'认识老中国,建设新中国'这句话,只有我一个人最亲切;责任演到这步岂是偶然?固然没有什么'天'降之命,而正有其莫之为而为，莫之致而致者在。是事实如此，不是我自负。自然如你所云'背了包袱'是要不得的；但你如果离开这个有特殊任务在身之念，又怎能了解我！"（《梁漱溟书信集》）

许多人都希望自己成为大学问家，成为像梁漱溟那样的伟人或者历史中的成功者。但假如你关注的问题全部是一些鸡毛蒜皮的事，全部是如何钩心斗角牟取个人私利的事，全部是如何涨几十元几百元工资的事……不志存高远，没有更高的精神追求，怎么可能成为大学问家呢？

所关注的对象不同，所思考的问题不同，对人生的方向有至关重要的影响。读者不可不察。

梁漱溟一辈子都在自觉地关注、思考、解决两个重要问题。1966年，梁漱溟被红卫兵抄家后特写信给"中央文革"并转毛泽东，称："尔时我自陈幼年既未读四书五经，所受近世教育亦甚少。一生数十年唯在一个中国问题一个人生问题所刺激所驱使之下，求其有所解决（前者求其实际的解决，后者求其在思想上的解决）而竭尽其心思气力。中国问题现在由于共产党领导既有一条大道可循，我将集中心力于人生问题之研究，写出《人心与人生》一书，偿其夙愿于余年。"（《梁漱溟书信集》）

1987年12月25日，94岁的梁漱溟早已被公认为中国最伟大的哲学家之一了。但他在生平最后一次公开讲演中这样说道："我与哲学无缘。我不懂什么叫哲学。小时候读书，就喜欢思考些问题……你说是哲学，那么就算是哲学吧。我就是这样，误打误撞地进了哲学的门。"

也许，所有的哲学家都是"问题学家"吧！

钱穆的自学苦读生涯

初小三年级时，钱穆因作文优秀，老师奖励了他一本书《修学篇》。此书由日本人所著，蒋百里翻译，集中记述了数十位英法等国不经学校而通过自学成才的名学者。这些人的苦学历程感染着小钱穆，给他留下深刻印象。后来，钱穆中学辍学后就再没有机会到大学深造，他以《修学篇》中的人物为榜样，走上了另一条艰苦自学的道路。

钱穆18岁担任小学教师，从此绝了升学之路，一意自学。他结合自己已有的知识储备，从中国传统知识分子所必修的"四书五经"着手，温故知新，由浅入深，逐步拓宽，渐臻佳境。他晚年曾这样回忆："前在私塾时，四书仅读至《孟子·滕文公章句》上，此下即未读。念当读完《孟子》，再续及五经。一九一二年之元旦，余即一人在又新小学闭门读《孟子》。……自限半日读《梁惠王章句》上，至能全体背诵始归家午膳。午后又新闭户读《梁惠王章句》下。如是七日，读毕《孟子》七篇。"（钱穆：《八十忆双亲 师友杂忆》）这便是钱穆刻苦自学之始，用了一个星期的时间，将《孟子》一书读懂并能全部背诵。

钱穆自有了自学成材的念头后，10年半的乡教生涯也是他自学苦读的生涯。从此以后，他的一生均与自学苦读密切相关。同时，又因为钱穆读书乐在其中，所以坐冷板凳的"苦读"却又伴随着无穷的乐趣。

他最先在秦家渠三兼小学任教，一人兼任国文、算术、史地、体育、音乐等课程，每周授课36小时。钱穆教学与食宿均在学校。放学后，一幢空荡荡的大楼内只剩下三个人。楼外即是一片荒园，有两百棵左右老树，枝叶蔽天。到了晚上，周围变得更加安静，只能听到乌鸦在大树上鸣叫，整个世界更显空寂。钱穆入夜难眠，于是取来《昭明文选》，躺在床上阅读，直到非常疲倦的时候便自然而然地睡着了。这样的状态一直持续了一个月。可以说，这时的苦读是钱穆应对不良环境的最好方式。久而久之，不良的环境已变成读书的好环境。

1913年，钱穆转为鸿模小学教师。此时，他仍然常以未能进大学读书而感到遗憾，见报纸上登载了北京大学招生广告，于是再次动了考大学的念头。按照招生要求，考生须先读章学诚所撰《文史通义》，钱穆于是购求此书阅读。钱穆又获知夏曾佑所著《中国历史教科书》是北大的读本，于是也勤奋地阅读起来。这两本书，本是钱穆想入大学而阅读的，但后来钱穆始终没有入学，反而在这两本书中读出许多乐趣。

《文史通义》的作者章学诚是清代著名学者，他注重"经世致用"、"做史贵知其意"，耗费毕生心血写成《文史通义》，深受史家看重。钱穆读《文史通义》时达到了"形于梦寐间"的程度。有一天，他竟然梦见自己进入一藏书楼，楼内所藏均为章学诚的书，而且有些著作是世人从未见过的。此梦忒奇怪。钱穆在20年后，果然见到了世人未见的章学诚著作。而《中国历史教科书》则使钱穆收获更大。钱穆自称："余对此书得益亦甚大。如三皇五帝，夏氏备列经学上今古文传说各别。余之知经学有今古文之别，始此。一时学校同事闻余言三皇五帝有相传异名之说，闻所未闻，皆惊叹余之渊博。实不知余之本夏氏书也。又余读夏书第一册，书末详钞《史记》十二诸侯年表、六国年表等，不加减一字，而篇幅几占全书三分之一以上。当时虽不明夏氏用意，然余此后读史籍，知诸表之重要，则始此。及十年后，余为《先秦诸子系年》，更改《史记》六国年表，亦不可谓最先影响不受自夏氏。"这里提到的《先秦诸子系年》是钱穆早期的代表作，正是因为这一著作，钱穆进入学术名家的行列；也正是因了此书，钱穆进入大学讲学，从而为一生的学术道路奠定了最坚实的基础。当然，这已是后话了。

1914 年，钱穆任教于无锡县立第四高等小学，同时仍在鸿模小学兼课，所以必须在每周往返于两校。两校之间有许多湖泊相隔，钱穆乘船在湖水上穿梭。许多年后，他还记得第一次上船后的情景："余坐船头上，读《史记·李斯列传》。上下千古，恍如眼前。余之读书，又获深入新境，当自读此篇始。""史家之绝唱，无韵之离骚"，这就是千年之前的司马迁给钱穆带来的愉悦和收获，而钱穆的著作又给后人带来愉悦与收获，中国史家的传统就这样一直延续。

自修苦学的过程也是不断摸索、不断仿效、不断纠正、不断进步的过程。有一天，钱穆随手翻阅《后汉书》，突然想到自己读书是遵从曾文正公（即曾国藩）家书家训，但曾文正教人读书，必定要求通读，那么自己应该怎么办？从此，钱穆"遇一书必从头到尾读"。

又一日，钱穆读一本小书，里面有一观念，认为人生不长寿是一大罪恶。当时钱穆身体虚弱，常生病，当他想到陆游晚年的诗作，里面也有"汝始弱龄吾已耄，要当致力各终身"等诗句，不由地奋发起来，觉得自己如果不高寿，将是一大耻辱，所以他开始努力讲究日常卫生，使生活规律化，不仅朝夕读书，而且逐日将所读图书的书名记在日记中。

他也开始举一反三，尝试着写书。他读了《马氏文通》，仿效其详论字法的方式论述句法，用以解读《论语》，一年后写成《论语文解》一书，这是他正式撰写的第一本著作，投寄给商务印书馆后得以正式出版。钱穆也因此得到一百册书的购书券，陆续购买到自己还没有的经史子集中的图书，自此学问又有长进。

自学成才者往往不会拘囿于门户之见，对于他人的成绩能够择善而从，对于权威的学说却也并不盲从，而是通过自己的判断来取舍。钱穆便有这样的特点，他能够从一位学友的言语中悟到"读《论语》，知当逐字逐句反己从日常生活中求体会"。但同时在很早的时候就对程朱所定的"四书"顺序持怀疑态度。而在新文化运动的新思潮、新学问成为时代主潮流的时候，钱穆虽然每日以报章、杂志为先导，也曾学写新诗，但经过实践与思考后，对此有了自己鲜明的态度：

"决心重温旧书,乃不为时代潮流挟卷而去。"这种态度,在许多人看来未必正确,钱穆却因有了这种态度,乃勤奋攻读中国古代典籍,先是"四书五经",然后是《史记》、《后汉书》、《资治通鉴》等史书,再及《马氏文通》、《六祖坛经》等书,如此经年积累,加以研读,加以苦思,终于获知古人学术的源流,有了自己的一家之言,从而撰写出《先秦诸子系年》、《刘向歆父子年谱》、《国史大纲》、《中国历代政治得失》、《中国历史研究法》、《朱子新学案》等鸿篇巨制,最终登上一流的学术殿堂,成为世人钦慕的国学大师。

自学者,因没有老师的指导,也许会走许多弯路,这是自学的缺陷。但自学也有自学的好处,因一切都需由自己把握、自己探索、自己感悟,所以一旦学成,则独立性强、创造力强、生命力持久。

自修苦读的经历,成为钱穆一生最重要的部分,钱穆对此深感于心。他曾十分深情地回顾这段经历:

我没有机会进大学,从十八岁起,即已抗颜为人师,更无人来作我师,在我旁指点领导。正如驾一叶舟,浮沉茫茫学海中,四无边际,亦无方针。何处可以进港,何处可以到岸,何处是我归宿,我实茫然不知。但既无人为我作指导,亦无人对我有拘束。我只是一路摸黑,在摸黑中渐逢光明。所谓光明,只是我心自感到一点喜悦处。因有喜悦,自易迈进。因有迈进,更感喜悦。如此循循不已,我不敢认为自己对学问上有成就,我只感得在此茫茫学海中,觅得了我自己,回归到我自己,而使我有一安身立命之处。(钱穆:《从认识自己到回归自己》)

当然,钱穆不是偏激之人。所以,钱穆对学生如是说:"我是一个自修苦学出身的人,因为幼年家境清寒,父亲很早去世,使我没有机会像一般青年人一样,由中学而大学,从师研究,或出国深造。……不过我一直仍认为,青年人只要有可能进学校从师研究,还是循着正规教育的程序以求上进为好。

除非是万不得已，才采取自学的途径。因为在学校里，不仅可以有系统地研究各门课程，还可以与良师益友从切磋琢磨中，增进内心的修养，完成伟大的人格，奠定学业与事业的巩固基础，那比自学究竟要好得多了。"（钱穆：《我与新亚书院》）

沈从文如何自学

从"宝书"说起

　　1918年，小学毕业生沈从文刚刚16岁，他参加了一支土著军队，离开家乡到达辰州，接着被编入"湘西联合政府"所属的"靖国联军"第二军第一游击队，随部队到榆树湾"清乡"。部队滥杀了2000人后移驻怀化镇。由于勉强可以写几个字，而填造枪械表正需要一些写字的人，沈从文便成了上士司书。在怀化镇的一年零四个月，沈从文大致见部队杀过700人。他说："一些人在什么情形下被拷打，在什么状态下被把头砍下，我皆懂透了。"（《从文自传·怀化镇》）

　　同事间是不大讲究礼节的。沈从文的口中也照例是言必自称"老子"。不过，与其他同事不同的是，沈从文不去吸大烟，同时也意识到被军队所杀的人，绝大部分是十分善良或意图反抗这种统治的老百姓。沈从文常常练字，"一面听各个床铺间嘘嘘吸烟声音，和同事间谈狐说鬼故事，心中却漩起一种复杂离奇不可解感情。似乎陷入一个完全孤立情况中，可是生活起居又始终得和他们一道，而且称哥唤弟。只觉得好像做梦一样，可分明不是梦"（沈从文：《我怎么就写起小说来》）。

　　在这样的情形下，新来一位姓文的秘书，对沈从文产生很大的影响。

　　见到年轻的沈从文自称老子，文秘书一边摇头，一边劝说："啊呀呀，小师爷，你人还那么一点点大，一说话也老子长老子短！"

沈从文不以为然，说："老子不管，这是老子的自由。不过是说来玩的，并不损害谁。"

文秘书和气地劝说："莫玩这个，你聪明，应当好好的。世界上有多少好事情可学！"

沈从文不服气："那你给老子说说，老子再看看什么样好就学什么吧！"

三天后，沈从文见到了生平第一件好东西——两本"宝书"！

说起来，在我们看来，这"宝书"其实是再普通不过了，但在当时，无论对沈从文还是文秘书，都是意义极大的。

见文秘书打开行李箱，里面有两本厚厚的书，字那么细小，书却那么厚实，沈从文竟吓了一跳。

文秘书说："小师爷，这是宝贝，天下什么都写在上面，你想知道的各样问题，全部写得有条有理，清楚明白！"

这样一说，更增加了沈从文的敬畏感。他不由得用手摸摸，看到了书脊上两个金字，说："辞源，辞源。"

文秘书回答："正是《辞源》！"

他见小同事这样感兴趣，自己也很是高兴，就说："不管怎样古怪的东西，我立刻替你找出。"

沈从文半信半疑，想了想，一抬眼，正好看见戏楼前诸葛亮三气周瑜的浮雕木刻，就说："诸葛孔明卧龙先生怎么样？"

文秘书马上翻阅"宝书"，一会儿就翻出孔明的词条，将其生平事迹说得清清楚楚。

沈从文又说出一个词。文秘书仍然很快在书中找到答案。

沈从文快乐极了！不由得将"宝书"拿了过来，快速地翻看着。

文秘书将书当"宝"，见沈从文乱翻乱看，怕弄脏了书，就让沈从文下楼洗手后再过来翻阅。这样一来，沈从文不自觉地对《辞源》多了一份虔诚的感觉，把手洗得干干净净后,很小心地翻看起来。

见沈从文爱不释手的样子,文秘书觉得孺子可教,便问沈从文看过报纸没有。沈从文头也不抬,说:"老子从不看报,老子不想看什么报。"

文秘书皱皱眉头,将《辞源》拿了过来,翻出"老子"的词条让沈从文看。

沈从文这才知道:"老子就是太上老君。"从此,他不再自称老子,而且与文秘书及另外一个老书记合订了一份《申报》。

从这一天起,沈从文总想翻阅《辞源》,但文秘书出于对"宝书"的珍爱,仍是放在箱子里。沈从文不可能每天都翻看《辞源》,但《辞源》在他的心目中变得更为珍贵。他后来回忆:"既不能成天翻那宝书,我还是只能看看《秋水轩尺牍》,或从副官长处一本一本的把《西游记》借来看看。办完公事不即离开白木桌时,从窗口望去正对着戏台,我就用公文纸头描画戏台前面的浮雕。我的一部分时间,跟这人(指文秘书)谈话,听他说下江各样东西,大部分时间,还是到外边无限制的玩。但我梦里却常常偷翻他那宝书,事实上也间或有机会翻翻那宝书。'氢气'是什么,'淮南子'是什么,'参议院'是什么,就多半从那本书上知道。"(《从文自传·姓文的秘书》)

越是不容易得到的东西就越珍贵。沈从文的情形即为如此。在一种特殊的状态下,一本工具书打开了沈从文自学的大门。

学写书法、旧体诗的过程

前面说到,刚参军的时候,因为部队里会写字的人很少,沈从文当上了上士司书,于是"有机会把生活改变了一个方式"。(《从文自传·怀化镇》)写字成为一个职业,所以沈从文常常伏在戏楼上窗口边练字。这个时候,还不能称其为学写书法。

留守辰州的时候,无事可做,沈从文常感到很寂寞,便到处去玩。有时到学校附近玩,看到学生们一起争皮球、追赶扭打,很是羡慕。他穿着一身灰布军衣,小女孩远远看见他,会乱喊:"有兵有兵。"这使沈从文感觉很难受,"以为我是读书人,不应当被别人厌恶。可是我有什么办法使不认识我的人也给我一分尊敬?我想起那两册厚厚的《辞源》,想起三个人共同订的那一份《申报》,还想起《秋水轩尺牍》。就在这一类隐隐约约的刺激下,我有时回到部中,坐在用公文纸裱糊的桌面上,发愤去写细字,一写便是半天"(《从文自传·女难》)。显然,沈从文此时写字乃是内心里想要赢得一份别人的尊重,而写字的目的却是模糊的。

那么,就让我们来谈一下"鼓励和称赞的力量"吧!因为沈从文学写书法、学习写诗,就只是因为想得到别人的称赞。

在沅州,沈从文身边有一个舅父和另一位亲戚,他们都是当地有名的人物。沈从文回忆:"大约正因为舅父同另外那个亲戚每天做诗的原因,我虽不会做诗,却学会了看诗。我成天看他们作诗,替他们抄诗,工作得很有兴致。因为盼望所抄的诗被人嘉奖,我开始来学写小楷字。""我已从那些本地乡绅方面学会了刻图章,写草字,做点半通不通的五律七律,我年龄也已经到了十七岁。"(《从文自传·女难》)这段时间,沈从文认识了一个男孩的姐姐,觉得自己爱上了她,而且觉得对方也爱自己。他因此无日无夜地为女孩写旧诗,并托男孩捎过去。与此同时,不知不觉中,沈从文掌管的一笔数目巨大的金钱也被男孩拿走。等沈从文明白受骗时,他想不出更好的办法,只好逃离。

他先是到了常德,后来又到了桃源,住在一个做书记的表弟那里。表弟在军队里谋生活,周围还有不少沈从文的老同事老同学,沈从文没有工作,便到处"打流"(到熟人处蹭饭吃)。沈从文跟军队书记处的所有书记都熟悉以后,他就帮他们写点不重要的训令和告示。有一次被一位高级参谋发现了,问清楚姓名,当天便聘他当司书。此后,沈从文每天到参谋处写字。这既成了一份职业,也让沈从文开始自觉地学习书法。后来,他这样描述当时的情形:

事业一有了着落,我很迅速的便在司书中成为一个特出的书记了。我比他们字写得实在好些。抄写文件时上面有了错误处,我能纠正那点笔误。款式不合有可斟酌处,我也看得出,说得出。我的几个字使我得到了较优越的地位,因此更努力写字。机会既只许可我这个人在这方面费去大部分时间同精力,我也并不放下这点机会。我得临帖,我那时也就觉得世界上最使人敬仰的是王羲之。我常常看报,原只注意有正书局的广告,把一点点薪水聚集下来,谨谨慎慎藏到袜统里,或鞋底里,汗衣也不作兴有两件,但五个月内我却居然买了十七块钱的字帖。

  一分惠而不费的赞美,带着点幽默微笑:"老弟,你字真龙飞凤舞,这公文你不写谁也就写不了!"就因为这类话语,常常可以从主任那瘪瘪口中听到,我于是当着众人业已熄灯上床时,还常常在一盏煤油灯下,很细心地用《曹娥碑》字体誊录一角公文或一份报告。

沈从文的书法就是这样练成的。他从来不认为自己是一位书法家,但他的表侄黄永玉(著名书画家)提到一件事:"我从家乡怀化博物馆的热心朋友那里,得到一大张将近六尺的拓片,从文表叔为当年的内阁总理熊希龄的年轻部属的殉职书写的碑文。字体俊秀而神风透脱之极。我的好友黄苗子看了说:'这真不可思议;要说天才,这就是天才;这才叫做书法!'"(黄永玉:《比我老的老头》)

至于写好诗词,也是类似的情形:"大约有一年半时间,我可能就写了两百首五七言旧体诗。呆头呆脑不问得失那么认真写下去,每一篇章完成却照例十分兴奋。有时也仿苏柳体填填小词,居然似通非通能缀合成篇。这些诗词并没有一首能够留下,当时却已为几个迎面上司发生兴趣,以为'人虽然有些迂腐,头脑究竟还灵活,有点文才'。"(沈从文:《我怎么就写起小说来了》)

总体而言,无论练书法还是写诗词,动力似乎都是来自外界,都是为了一点"鼓励和称赞"。而在周围满是大烟的环境中,沈从文写字作诗,倒不失为一种"自救"的好方法。

学习历史、文物的开始

由于缮写能力得到人们的认可，沈从文有机会到军队首领陈渠珍身边做书记。陈渠珍生于1882年，治理湘西二十余年，为人亦儒亦侠，能文能武，他对自己的要求很严，是个以大儒王阳明、曾国藩自许的军人。他虽是军队首领，但从不放弃治学，"每个日子治学的时间，似乎便同治事时间相等"，"具备稀有的精神和人格。天未亮时起身，半夜里还不睡觉。凡事任什么他都明白，任什么他都懂。他自奉常常同个下级军官一样。在某一方面说来，他还天真烂漫，什么是好的他就去学习，去理解。处置一切他总敏捷稳重"（《从文自传·学历史的地方》）。沈从文受到陈渠珍很好的影响。特别是，他在自觉不自觉当中，将工作和兴趣结合起来，开始学习历史和文物。

军队会议室位于一座山的高处，与外界隔开，常人不能轻易进去。开会时，如果机要秘书不在场，就由沈从文担任记录。平时，沈从文留守在这里。大房子里，便就只有书和文物与沈从文做伴了。

房子里有十来箱书籍，一部《四部丛刊》，一大批碑帖，百来轴宋、元、明、清的旧画。陈渠珍每每想要取书或抄录书中某一段时，就命令沈从文去替他做好。完事后，沈从文又必须把书籍安插到固定的位置，并且在书籍外面做一识别符号。为了把工作做好，沈从文需要熟悉这些书画文物，并能知道书籍和文物的相关知识。不知不觉中，沈从文已沉浸于历史和文物的海洋：在翻来翻去中，将旧书的大部分慢慢地读懂了；又在不断的习染中，知道了各种旧器物的名称和用处。而陈渠珍不自觉地扮演了老师的角色，引领沈从文进入新天地。不过，就像俗话所说："老师领进门，修行在自身。"沈从文的大部分知识是他自学而来的：

正因为把我仿佛关闭到这一个房子里，不便自由离开，把我一部分玩的时间皆加入到生活中来，日子一长，我便显得过于清闲了。因此无事可作时，把那些旧画一轴一轴的取出，挂到壁间独自来鉴赏，或翻开《西清古鉴》《薛氏彝器钟鼎款识》这一类书，努力去从文字与形体上认识房中铜器的名称和价值。再去乱翻那些书籍，一部书若不知道作者是什么时代的人时，便去翻《四库提要》。这就是说我从这方面对于这个民族在一段长长的年份中，用一片颜色，一把线，一块青铜或一堆泥土，以及一组文字，加上自己生命作成的种种艺术，皆得了一个初步普遍的认识。由于这点初步知识，使一个以鉴赏人类生活与自然现象为生的乡下人，进而对于人类智慧光辉的领会，发生了极宽泛而深切的兴味。若说这是个人的幸运，这点幸运是不得不感谢那个统领官的。（《从文自传·学历史的地方》）

后来，沈从文成为一名文物学家，即与此时的自学关系莫大。

同时，我们又不能不说，沈从文此时所处的环境是一个绝佳的自学环境。既封闭又开阔，还斩断了浮躁的源头。

倘若屋子里有台电脑，随时能上网聊天玩游戏，能打电话看电视，贪玩的沈从文能否对历史文物产生如此大的兴趣？

新读物的影响

1915年9月，陈独秀主编的《新青年》杂志的出版，揭开了新文化运动的序幕。陈独秀、李大钊、鲁迅、胡适等人纷纷发表文章，传播新文化。他们高举民主与科学的大旗，提倡新思想，反对旧思想；提倡白话文，反对八股文；提倡新文学，反对旧文学。到1919年的五四运动爆发，新文化运动达到高潮，标志着一个新时代的到来。新思潮传遍全国，并产生深远影响。到1923年的时候，湖南的陈渠珍开始办学校，兴实业，试行湘西乡自治。为促进乡治的实现与实施，还筹办了一家报馆。沈从文被调到新报馆做校对。

在报馆，沈从文认识了一位从长沙来的印刷工人赵奎五。此人思想进步，买了许多新书新杂志。沈从文从未见过这些新报刊，就好奇地问赵奎五许多问题，赵奎五瞪大眼睛，觉得沈从文连《改造》都不知道，连《超人》都不明白，真是个"末朽"。这使沈从文很不好意思，但也增加了对新读物的兴趣。他因此认真阅读了《创造周报》、《新潮》、《改造》等新读物，接触到白话文，又从赵奎五处知道：白话文最要紧的地方是"有思想"，如果没有思想，便不成其为文章。

沈从文后来回忆："这印刷工人使我很感谢他，因为若没有他的一些新书，我虽时时刻刻为人生现象自然现象所神往倾心，却不知道为新的人生智慧光辉而倾心。我从他那儿知道了些新的，正在另一片土地同一日头所照及的地方的人，如何去用他们的脑子，对于目前社会作一度检讨与批判，又如何幻想一个未来社会的标准与轮廓。他们那么热心在人类行为上找寻错误处，发现合理处，我初初注意到时，真发生不少反感！可是，为时不久，我便被这些大小书本征服了。我对于新书投了降，不再看《花间集》，不再写《曹娥碑》，却欢喜看《新潮》《改造》了。"（《从文自传·一个转机》）

沈从文从心底里崇拜新人物。他因这些新人物所写的新文章而发生思想的质的变化。他的思想得到了启蒙，他的心中出现了明亮的灯塔，有了远大的理想。

与权力相比，他愿意得到智慧。

相对于自己的小生活而言，他愿意变为"大我"。

他开始"明白人活到社会里应当有许多事情可作，应当为现在的别人去设想，为未来的人类去设想，应当如何去思索生活，且应当如何去为大多数人牺牲，为自己一点点理想受苦，不能随便马虎过日子，不能委屈过日子"（《从文自传·一个转机》）。

他受新思想的影响，将自己10天的薪水全部买了邮票，寄给上海的一家报纸，说明"捐款兴学"的意思。他没有署名，但因有了这个小小的帮助社会的行为，"心中有说不出的秘密愉快"。

……

沈从文变了，迫切地希望改变自己。尤其是看到学校里学生们的新鲜活动时，他感到无比羡慕，他多么想重新回到学校！

他如饥似渴地阅读更多的新读物，《新青年》、《小说月报》、《东方杂志》等报刊辗转到达了沈从文的手中，他的青春生命，"为这些刊物提出的'如何做人'和'怎么爱国'等等抽象问题燃烧起来"。他开始重新考虑自己在环境中的位置："国家的问题太大，一时说不上。至于个人的未来，要得到正当合理的发展，是听环境习惯支配，在这里向上爬作科长、局长、县长……还是自己来重新安排一下，到另外地方去，作一个正当公民？这类问题和个空钟一样，永远在我思想里盘旋不息。"（沈从文：《我怎么就写起小说来》）

在这个过程中，沈从文的思想和行为，不能被周围大多数人理解。他变得寂寞了。只有跟一位名叫聂仁德的亲戚交往时，沈从文才能不断受到鼓励。聂仁德是本县最后一位举人，很有见识，他鼓励沈从文这样的年轻人到外面去受教育，受锻炼，找寻出路！

不过，外面的世界毕竟陌生而充满危险，沈从文虽向往，却还一时难以付诸行动。

促使沈从文最终毅然离开他的工作单位，放弃一切，到新文化运动的发源地北京去学习，是在他得了一场大病之后。这场大病，差点让沈从文丢了性命。经过40天的熬煎后，沈从文终于度过了危险期。然而，他随之听到一个消息：平时结实得像猛虎一样的老同学唐弢，在河里淹死了。看到死尸臃肿的样子，沈从文这个刚从鬼门关返回的青年对生命产生了巨大的反思：

我发生了对自己的疑问。我病死或淹死或到外边去饿死，有什么不同？若前些日子病死了，连许多没有看过的东西都不能见到，许多不曾到过的地方也无从走去，真无意思。我知道见到的实在太少，应知道应见到的可太多，怎么办？

我想我得进一个学校，去学些我不明白的问题，得向些新地方，去看些听些使我耳目一新的世界。……我痴呆想了整四天……到后我便这样决定了："尽管向更远处走去，向一个生疏世界走去，把自己生命押上去，赌一注看看，看看我自己来支配一下自己，比让命运来处置得更合理一些呢还是更糟糕一点？若好，一切有办法，一切今天不能解决的明天可望解决，那我赢了；若不好，向一个陌生地方跑去，我终于有一时节肚子瘪瘪的倒在人家空房下阴沟边，那我就输了。"

　　我准备过北京读书……（《从文自传·一个转机》）

除了读书，沈从文更长远的打算是做个写实小说作家。这当然也是受新读物的影响。他说：

　　至于当时的我呢，既然看了一大堆书，想象可真是够荒唐，不仅想要做作家，一起始还希望做一个和十九世纪世界上第一流短篇作者竞短长的选手。私意认为做作家并不是什么大不了的事情，写几本书也平常自然，能写得比这一世纪高手更好，代表国家出面去比赛，才真有意义！这种想象来源，除了一面是看过许多小说，写得并不怎么好。其次即从小和野孩爬山游水，总是在一种相互竞争中进行，以为写作也应分是一种工作竞赛。（沈从文：《我怎么就写起小说来》）

就这样，乡下青年沈从文抱着一种信仰一般的念头，赤手空拳，成为"北漂族"的一员。

唉，一位"北漂"的自学生涯

"从文表叔十八岁的时候也是从前门车站下的车，他说他走出车站看见高耸的大前门时几乎吓坏了。"这便是沈从文来到北京城时的第一反应。他的表侄黄永玉如是说。

他胸怀着神圣而伟大的理想，胆子却并不是很大。

他满怀理想要靠文字来养活自己、服务民众，但他自己连标点符号的运用都搞不清楚。

他打算先读书，如果能到国立大学里面读书就更好了，如果能国立大学毕业就可以实现自己的理想……可是，这都是他美好的想法，因为读书的前提是先解决最基本的生存问题。

他先在西河沿一家小客栈住下，然后就去找当时正住在北京的姐姐沈岳鑫和姐夫田真逸。由此有了一段精彩的对话：

刚从大学毕业、无事可做的田真逸问："你来北京，做什么？"

沈从文勇敢而天真地回答："我来找理想，读点书。"

田真逸苦笑着："你来读书？读书有什么用？读什么书？你不如说是来北京城打老虎！你真是个天字第一号理想家！我在这里读了整十年书，从第一等中学读到第一流大学，现在毕了业，还不知从哪里去找个小差事做。想多留到学校一年半载，等等机会，可作不到！"（沈从文：《我怎么就写起小说来》）

田真逸说得很激动，也很真诚："北京城现在就有一万大学生，毕业后无事可做。大学教授薪水十折一，只三十六块钱一月，还是打躬作揖联合罢教软硬并用争来的。大小书呆子不是读死书就是读书死。哪有你在乡下作老总有出息！"

沈从文丝毫不为所动，慷慨激昂地说："可是我怎么作下去？六年中我眼看在脚边杀了上万无辜平民，除对被杀的和杀人的留下个愚蠢残忍印象，什么都学不到！做官的有不少聪明人，人越聪明也就越纵容愚蠢气质抬头，而自己俨然高高在上，以万物为刍狗。被杀的临死时的沉默，恰像是一种抗议：'你杀了我肉体，我就腐烂你灵魂。'灵魂是个看不见的东西，可是它存在，它将从另外许多方面能证明存在。这种腐烂是有传染性的，于是军官就相互传染下去，越来越堕落,越变越坏。你可想得到,一个机关三百职员有百五十支烟枪,是个什么光景?我实在呆不下去了,才跑出来!……我想来读点书,半工半读,读好书救救国家。这个国家这么下去实在要不得!"(沈从文:《从现实学习》)

沈从文满腔热情,一股脑儿向姐夫诉说自己的理想,总而言之,他认为,虽然自己还不会标点符号,应当从这个学起,但只要肯勤学,总有办法的。

田真逸见自己说服不了沈从文,充满善意地笑了,说:"好,好,你来得好。人家带了弓箭药弩入山中猎取虎豹,你倒赤手空拳带了一脑子不切实际幻想入北京城作这分买卖。你这个古怪乡下人,胆气真好!凭你这点胆气,就有资格来北京城住下,学习一切经验一切了。可是我得告你,既为信仰而来,千万不要把信仰失去!因为除了它,你什么也没有!"(沈从文:《从现实学习》)

沈从文就这样义无反顾地留在了北京城。

这个时候,他身上只剩下七块六毛钱。

他有几个亲戚在北京,却解决不了他的生活问题。他姐夫所做的,是介绍沈从文认识了他的老同学——当时在燕京大学读书的董秋斯。此后,又通过董秋斯,与夏云、顾千里、张采真、刘廷蔚、焦菊隐等燕京大学的学生交上朋友。在艰难的日子里,这些穷朋友帮了沈从文不少忙。许多次吃不上饭的时候,沈从文到董秋斯那儿解决了肚子问题。

沈从文的另外一个亲戚是表弟黄村生,时为北京农业大学学生。他所做的,是帮忙找关系,使沈从文搬进不需要付房租的位于前门外杨梅竹斜街的酉西会馆。几个月后,又帮助沈从文搬到北京大学附近的庆华公寓。沈从文住公寓里由贮煤间改成的一间仅可容膝的小房子,他自己起个名字叫"窄而霉小斋"。他又结识了北大的一些学生,成为朋友,于是免不了做过这些人的"不速而来的食客"。

沈从文本以为能"半工半读",但现实非常残酷。他上不了或上不起大学,于是彻底打消升学的想法。他曾到处找工作,都没有结果,任何职业的大门,都像是对他关得紧紧的。

沈从文把精力全部放在自学上。他先是每天到京师图书馆分馆看书自学,什么书都看。后来一边到北大当旁听生，一边学习写作，不断地将自己的习作投往报社。他说：

> 我当时的语体文程度，标点符号的运用还弄不清楚。古文底子倒是有一点，能看各种旧书，可是离开家乡原是对旧生活一种反叛，所以即或生活毫无出路，手边除了一部《史记》，还是下决心不读其他旧书，不打量走回头路。我深深相信，新文学可以作为武器，用来动摇旧社会的基础，新文学作品必然将代替旧有的一切诗词歌赋和礼拜六的各种玩意儿。一定得坚持下去。到北大旁听也是这个态度。创作知识的来源，除了生活底子外，不外上海和北京几种杂志和报刊上文章，和商务、中华一些翻译小说。新俄小说和欧洲几个小国家小说，正起始由鲁迅先生等介绍给读者，部分是王鲁彦等从世界语译的。凡是能到手的，我总看个够。影响较大还是旧俄十九世纪一些作家和法国作家的作品。其中屠格涅夫的《猎人日记》和契诃夫的短篇，都德和福洛贝尔的小说，对我影响显然都比较大。国内作家则鲁迅先生写的乡村回忆故事正流行，我明白，由于生活实践，从这方面发展，我必然容易得到进展，我可写的事还多。因此现实生活虽过得十分狼狈，一脑子幻想，却支持了我，总以为只要能活下去，努力下去，明天会有个转机。并深深相信得战胜面临一切困难，包括生活上和知识上的困难。我估计到的是，解决生活还比较容易，因为有一口饭吃就够了；解决知识上的困难，却还得通过艰巨的和长时期的努力。因为底子太差而理想却远大。当时流行的孙俍工的《小说作法》一类书籍，我看来实在毫无意义。总想突破前人纪录取得崭新成就，必须通过自己摸索出一条途径走个二三十年看看，是否能够真正有所突破。初初发表的习作，只是一些零碎小品文，没有什么方向，也说不上思想性。只近于编者偶然填篇幅用上的。第一回在《晨报周刊》发表的小文，共得七毛多钱，约合五毛钱一千字，却使我十分兴奋，因为证明这方面有了生活出路。事实上是白

日做梦，大部分投稿还是如石沉大海。因此好些回在前门大街或打磨厂、天桥一带，我都跟过一个不知名的什么部队招兵委员拿着那面小小白旗后边走了一阵，心中旋起一种十分悲痛复杂的感情，又终于下决心离开了。没有被诱骗成为直、奉军阀的炮灰，只是始终不忘记来到北京的原因，是受五四运动文学革命影响离开军队的。

在生活上经常空着肚子情形下，对自己进行的思想斗争，心情是相当沉重的。但是再困难也并没有把我难倒，我还是坚持下来。（沈从文：《我到北京怎么生活怎么学习》）

这两段文字中，沈从文没有提到《圣经》，也许是由于此文正是"文革"初期所写的检查交代材料。其实，沈从文当时受《圣经》影响很大。他并不迷信宗教，但喜欢那个接近口语的译文和部分充满抒情诗的篇章。对《史记》与《圣经》的反复阅读中，沈从文得到了很多有益的启发，"学会了叙事抒情的基本知识"（《〈沈从文小说题记〉题后》）。在1943年沈从文给学生易梦虹的信中，教授创作方法时仍提到《圣经》的重要性，说："要使写作文字亲切而贴近'语言'，真正可永远师法的一本书是《圣经》。"（见《沈从文年谱》）

为了找到自己的出路，沈从文异常执着地投稿。《晨报副刊》主编孙伏园有点不耐烦了。一次编辑会上，孙伏园把一大摞沈从文寄来的未用稿件摊开，说："这是大作家沈某某的作品。"说完，把稿件揉成一团，扔进了废纸篓。

沈从文不断经受失败的痛苦，身心承受度已接近极点。他不得不四处求助，甚至向素未谋面的北大老师郁达夫写信，述说自己的悲苦。

1924年11月中旬，郁达夫冒着风沙去沈从文的住处。天气非常冷，而沈从文在冰冷的屋子里，却只穿着单衣。郁达夫心中不忍，把自己身上的羊毛大围巾解下来，给沈从文围上。谈了一会儿后，郁达夫请沈从文到西单牌楼四如春吃饭，结账后又把找回的三元二毛几分钱给了沈从文。沈从文的悲苦样子深深地刺激着郁达夫，当天晚上，郁达夫即写了《给一个文学青年的公开状》，发表在 11 月 16 日的《晨报副刊》，公开为沈从文鸣不平，公开劝沈从文不要再这样读书再这样幻想了。他说：

> 像你这样一个白脸长身，一无依靠的文学青年，即使将面包和泪吃，勤勤恳恳的在大学窗下住它五六年，难道你拿毕业文凭的那一天，天上就忽而会下起珍珠白米的雨来的么？
>
> 现在不要说中国全国，就是在北京的一区里头，你且去站在十字街头，看见穿长袍黑马褂或哔叽旧洋服的人，你且试对他们行一个礼，问他们一个人要一个名片来看看，我恐怕你不上半天，就可以积起一大堆的什么学士，什么博士来，你若再行一个礼，问一问他们的职业，我恐怕他们都要红红脸说，"兄弟是在这里找事情的。"他们是什么？他们都是大学毕业生吓，你能和他们一样的有钱读书么？你能和他们一样的有钱买长袍黑马褂哔叽洋服么？即使你也和他们一样的有了读书买衣服的钱，你能保得住你毕业的时候，事情会来找你么？

不过，即便如此劝说，郁达夫还是把沈从文介绍给《晨报副刊》新任主编刘勉己和瞿世英。这正是一个好机会，孙伏园辞去《晨报副刊》主编，而新主编正想办出一种新风格。他们答应给沈从文的习作发表的机会。从 1925 年年初到 1926 年 6 月，沈从文共在该刊发表各种体裁的作品 100 余篇，而且很快受到了众多读者的喜爱。

北大教授林宰平看到沈从文在 1925 年 3 月 9 日发表的散文《遥夜——五》之后，主动约沈从文见面，给予鼓励和帮助。在林宰平的帮助下，沈从文曾在香山慈幼院担任图书管理员，解决了生存问题。他仍旧写作，在林宰平的介绍下，他还参加了新月社诵诗会，认识了徐志摩等知交，作品不断发表，最后竟成为中国最早的"职业作家"。

永远的自学状态

沈从文写过一篇文章叫《无从毕业的学校》。在他看来，他永远处在自学的状态，而且乐此不疲，风雨无阻。

他的自学范围主要有四个方面：一是对社会生活和自然生活的自学；二是对书本的自学；三是写作方面的不断摸索；四是对文物、艺术等方面的自学。

泛泛地讲，从小时候起，出于对自然界和社会生活的好奇，他已不自觉地进行了自学。但这样讲并非我们通常意义上的自学。沈从文有意识地从社会生活和自然生活中汲取营养，从而成为他写作的资源，是从到达北京开始的。他常常在前门大街、琉璃厂、天桥附近转悠，"用眼所能及、手所能及的一切，作为自我教育材料"（沈从文：《无从毕业的学校》）。这种自我教育的方法，成为沈从文一生的习惯。

对于书本上的知识，沈从文早期主要自学的是中外文学作品，后期主要自学文史、文物书籍。

对于写作，是沈从文的自我选择。他虽然起步低，但志向很高，一定要在文学领域开拓出一片崭新的天地。这就需要不断摸索。沈从文一直把自己的作品当作"习作"，这不是谦虚的说法，而是沈从文心里认定的。他写作10年之后，出一本书叫《从文小说习作选集》，并在序言中表明自己的态度："我总以为这个工作比较一切事业还艰辛，需要日子从各方面去试验，作品失败了，不足丧气，不妨重来一次；成功了，也许近于凑巧，不妨再换个方式看看。"

沈从文改稿子次数之多，是出了名的。黄永玉说他"薄薄的一篇文章，改三百回根本不算一回事"（黄永玉：《太阳下的风景》）。有时候费很大力气改过的稿子，还不如原稿好。让妻子张兆和看，张兆和又给他恢复过来。在他当了大学老师之后，他不仅改自己的稿子，也批改学生们的习作。他教习作课，自己也不断地尝试各种写作技巧，与学生们交流。

汪曾祺介绍老师沈从文："沈先生把他自己的小说总集叫做《沈从文小说习

作选》，说这都是为了给上创作课的学生示范，有意地试验各种方法而写的，这是实情，并非故示谦虚。"汪曾祺见过老师改过的稿子："这原稿真是'一塌糊涂'，勾来画去，改了又改。他真干过这样的事：把原稿一条一条地剪开，一句一句地重新拼合。他说他自己的作品是'一个字一个字地雕出来的'，这不是夸张的话。"（汪曾祺：《我的老师沈从文》）

　　文学评论家常风也特地提到过沈从文的"习作"，说："沈从文先生经常说他写的作品是'习作'，往往被人们认为是自谦。甚至有人说是以自谦来掩饰自己的高傲。我一直认为不论什么人，只要认真阅读沈从文的小说，研究比较一下他在用字遣词和造句，表现方法，以及篇章的结构，总会认识这位小说家确实是在写作中不断学习着，试验着用最恰当的字，尝试各种句子的结构、篇章的组织，他总在寻求最完美的艺术表现。他的每篇作品都确实就是一篇新旧'习作'。在这点上我一向认为沈从文先生是中国现代作家中少有的风格家。"（常风：《留在我心中的记忆》）

　　沈从文对文物和书画艺术的自学，早在军队里已开始。到新中国成立后，沈从文改行当了文物工作者，他便继续自学，找相关的图书，在历史博物馆看文物，到处搜集购买各种文物、各种美术品。他流连于此，在自学与工作中找到了一个新的位置，然后，他填补了中国学术界的一大空白——编纂出《中国服装史资料》，还搞了扇子、古玉、陶瓷等各方面的研究。所有的这些成就，都得力于他的自学。

　　活到老，学到老。用在沈从文身上最合适不过。

　　自学，是沈从文一生的常态，是他精神力量的源泉。

华罗庚的自修经历与自修经验

"直接法"——独特的研究方法

初中毕业后，华罗庚希望继续学习。但家境困难，父亲很是为难。听说上海有个"中华职业学校"，是教育家黄炎培和江问渔创办，收费很低，甚至可以全部免交学费。华罗庚于是参加考试并进入这个学校的商科。他的英文老师是后来成为著名报人的邹韬奋先生。邹韬奋讲英语讲得很好，华罗庚很爱学，他在全班的英文成绩排在第二名。想必，这是他以后学习外语并成为国际学者的基础。邹韬奋教学有个特点，就是喜欢向学生提问，学生第一次答不上来，就在原座位罚站；第二次答不上来就到讲台前罚站；第三次答不上来，就在讲台前背墙罚站。这种方法很管用。华罗庚后来教学时也采用，此方法还被文学家梁羽生风趣地命名为"罚站教学法"（梁羽生：《华罗庚传奇》）。

在中华职业学校，华罗庚继续学习数学，并进行自修，进入新的领域。此时，他已经开始其特有的研究方法，即被国外一些学者称赞的"直接法"。华罗庚的学生王元也是著名的数学家，他在《华罗庚》传记中这样解释：

所谓"直接法"即用尽量简单初等的数学工具及单刀直入的方法来处理数学中的一些重要问题。这种方法贯穿在华罗庚的整个数学工作之中，形成了独特的风格。欲达到这种境界，就要经常不断地对已取得的结果的证明进行删繁就简工作。华罗庚的直接法在这时已经有一点点显露苗头了。可惜那时的数学老师并不欣赏他。这位老师比较守旧些。

华罗庚在中华职业学校的另一收获是打开了眼界,看到了一些杂志和报纸,并知道可以向那儿投稿。

1927年,华罗庚被迫中途退学。他虽然已被免去了学费,但家中无法给他筹到饭费,他不得不返回家乡,一边帮着父亲照料生意,一边自学,完全进入自修阶段。

关键在于毅力和耐心

华罗庚认为:"自修能有成绩的主要关键在于毅力和耐心,应当正确地认识为了什么在自修,也应当正确地认识'自修'较'参加正规学习'为艰苦,所需要的时间更多,图快贪多是自修成功的敌人,必须用'涓涓细流,而成江河'的态度,持之有恒,行之有素,才能够完成自修所要达到的目的。"(华罗庚:《谈革命干部学习科学知识问题》)这些话能够较全面地概括华罗庚自修的经历。

辍学回家的华罗庚,继续用功钻研。他的手头只有《大代数》、《解析几何》和一本50页的《微积分》。三本书虽少,但华罗庚使劲咀嚼其中的营养,避免了大量参考书可能带来的芜杂混乱的困惑。在没有老师指导的情况下,华罗庚必须掌握并最大限度地运用书中最核心的原理,必须前后贯通,把书读熟了读透了,能独立思考,能触类旁通。这样的方法看似笨,但其实非常有效。正如他后来所说的重要经验:

所谓"真懂",其中当然包括搞懂书本上的逻辑推理,但更重要的还要包括以下一些内容:必须设身处地地想,在没有这定律(或定理)之前,如果我要发现这一条定律(或定理)是否可能;如果可能,那是经过怎样的实践和思维过程获得它的。不消说，在研究证明的时候，更重要的是了解其中的中心环节。因为对中心环节的了解，有时可以把这证明或这定理显示得又直觉又简单。同时真正了解一本书或一章书的中心环节，对了解全部内容也往往是带有决定性的作用的。不但如此，它还可以帮助记忆，因为由了解而被记忆的东西比逐字逐句的记忆更深刻，更不易忘掉，而逐字逐句的记忆法，如果忘掉一字一句就有极大的可能使全局皆非。

学完一本书（或一篇文章）之后，还必须做些解剖工作。对其中特别重要的结论，必须分析它所依赖的是本书上的哪些知识。很可能一条定律是写在第二百五十页上的，但实际上所需要的仅仅是其前的散见各处的二三十页。……如果没有做过解剖工作的人在解决这样问题时，就会牵涉到二百五十页的考虑，而做过解剖工作的人，他只须考虑二三十页就可以了。

解剖固然重要，但不要忘掉解剖后的综合。换言之，中心环节之间的关系不可不注意，就是能认识到它们之间毫无关联也好。因为这样的结论可以帮助我们作一个初步结论。如果在较高阶段又发现了他们之间是有关联的，那可以帮助我们体会到我们的认识又提高了一步。……有必要把这本书的内容和已往所读的联系起来。（华罗庚：《我从事科学研究工作的体会》）

这些重要的学习经验，希望能对现在那些淹没在书山题海中的学生们有所帮助。

而当时的华罗庚，面临的困难还不只是学习上的，他更受到周围环境的制约。他必须用毅力、耐心和智慧，克服种种困难。

华罗庚名义上是帮助父亲照料杂货店的生意，实际上他的心思全在钻研数学方面。他每天很早起床，然后就在屋里的方桌旁，目不斜视地阅读图书、秉笔涂鸦，周围船只往来之声、嘈杂的叫卖声，对他没有半点干扰。到了白天做生意的时间，有客人时，华罗庚便帮着父亲接待客人，打算盘、记账；等客人一走，华罗庚马上进入自己的数学世界，忘记了周围的一切；等再有客人来的时候，华罗庚常常忘记接待。他父亲自然会告诫他，甚至发脾气，母亲也苦口婆心地加以劝说，但对华罗庚却没有用处。到了晚上，华罗庚继续点着油灯学习，不去串门，也不怕蚊子叮咬。时间一长，有些人怀疑华罗庚得了痴呆病。他的父亲为此大发脾气，要将他的书本和算术本往火里扔，华罗庚死抱着不放。挣得急了，华罗庚竟然休克过去。他的家乡还有一个传说："有一次华罗庚家的隔壁失火了，他拼命跑到自己家的阁楼上去抢他的算草纸与书籍，把大家急坏了，不要命了吗？"（王元：《华罗庚》）

华罗庚的行为遭到周围人的误解，承受着巨大的压力。他一方面以坚强的毅力抵抗着，另一方面他也寻找机会寻求周围人、特别是父母的理解。机会终于来临。有一次，华罗庚的父亲帮人收购蚕丝，到晚上算账时算错了1000多元，怎么算也算不清楚。如果算不清楚，第二天就没法开工。大家都很着急，有人甚至点上香烛，请"狐仙"帮忙，但折腾半天，还是不管用。这时，"华呆子"从里屋走了出来，说："我来帮你们算账吧。"大家虽然不信任他，但当时也没别的办法，就抱着"死马当活马医"的心理，将厚厚的两个账本给了他。没想到，华罗庚很轻松地就解决了问题。大家对他的看法从此完全改变。他父亲的脸上也有光了，不再跟儿子较劲。不久，华罗庚结婚了。

不要分散精力

一年多以后，华罗庚的初中老师王维克重新回到金坛中学当校长。他见华罗庚大有长进，非常高兴，借给他书看，经常与他长谈，给予他许多指导性的意见。华罗庚除了向王维克借书看，还用自己积攒的钱购买了《科学》杂志，他很有志向，开始试着解决一些数学界的难题。

有一天，华罗庚将自己的一篇油印论文"福尔玛最后定理之证明"交给王维克，请其指导。华罗庚本是很得意的，觉得自己可能填补了数学界的一个空白，但王维克严肃地告诉他："你演算的这道福尔玛最后定理，是 17 世纪以来许多大数学家绞尽脑汁至今还没有解决的问题，要是你能如此简单地证明之，岂非奇迹！然而，你的证明所依据的公理似是而非，所以不能成立。"（李贤哲：《华罗庚的老师王维克》）这次长谈中，王维克继续鼓励华罗庚，并指导华罗庚不要分散精力，而是深入钻研数论。

没过多久，王维克请华罗庚到金坛中学担任庶务兼会计，每月 18 大元，比他在杂货店好多了。不仅如此，王维克还打算进一步提拔华罗庚当初一补习班的老师。华罗庚和他的家人都高兴得不得了。华罗庚以更大的热情发奋自学，他向杂志社投稿，多次失败后，1929 年的《科学》第 14 卷第 4 期终于刊登了华罗庚的文章。《科学》杂志是 20 世纪前半叶在中国影响最大的综合性科学刊物，华罗庚的文章在这里发表，给他极大的鼓舞。可是，正当华罗庚鼓足干劲勇攀高峰的时候，厄运降临。

终于迎来了春天

先是华罗庚的母亲去世，紧接着华罗庚自己得了可怕的伤寒病。华罗庚的长女华顺说："从 1929 年冬天起，他就起不了床。全家节衣缩食，借钱、典当，为他求医买药，幸亏他年轻，又得到我妈妈日夜精心护理照料，直到 1930 年夏他才能勉强起床。令人遗憾的是落下了瘸了一条腿的后遗症！但就是在病床上，他也还是坚持学习、搞研究。"（华顺：《爸爸的故事》）

华罗庚本人则在 1981 年时回忆："我家里原不宽裕，我一生病，那就更穷了。亏得那位王维克老师，在我身体好些后，还是让我参加工作，让我在那个补习班教了一个月的书。但结果有人告了我一状，说什么王维克校长任用不合格教员华罗庚。王维克校长是法国留学生，做初中校长，未免委屈，他一听有人告状，就不干了。在这种情况下，我也几乎没有办法了。继任的校长叫韩大受,他说,旁人上任要带会计来,我不带,就让你干,不过书万万不能教了,因为前任校长就是为了你任课而被告了一状的。这样我总算当了一个会计。有了一点办法,我就继续钻研下去。"(华罗庚:《在困境中更要发愤求进》)

可以见出,华罗庚的自学之路是何等艰难!好在,苦心人天不负。华罗庚终于迎来了自己的春天。《科学》第 15 卷第 2 期刊登了华罗庚所写的《苏家驹之代数的五次方程式解法不能成立之理由》,这篇文章为华罗庚搭起了通往清华大学的桥梁。

金克木在图书馆上"别样的大学"

最感受益的地方

如果有人问我，对于一位读书人，好的图书馆是什么？

我想想，会由衷地说："是天堂！"

记得1995年我刚到北京的时候，北京图书馆对我的诱惑之大无与伦比。但那个时候，办理那儿的证件是需要本地学生证或工作证明的。我没有。说实话，我连暂住证都办不起。后来知道海淀图书馆可以借书，高兴得不得了。办好证件坐在阅览室读书时，世界都变宽广了，那叫一个美，可以不受任何限制地在书中与古今中外的学者作家交流，看他们笔中的世界，我会觉得人生最大的享受莫过于此。那时候，我是没有条件多买书的；那时候，书店的人不允许你在书店长时间地看书，更不会给你准备椅子板凳……因此，当我因巨大的诱惑所在，怀着忐忑的心情，一步步叩开很多图书馆的大门的时候，我便拥有了许许多多的快乐。我曾想，我若能不愁生存，一辈子在图书馆看书读书写书，那该多好！

不过，且打住。我在讲金克木的往事，且不必多提自己的事情吧。我只是想说，由于自己年轻时的经历与金克木有很多相似的地方，也许，我能够容易理解他吧。

金克木曾专门写过一篇他与图书馆往事的文章。开头第一句话就是："我平

生有很多良师益友，但使我最感受益的不是人而是从前的图书馆。"（金克木：《风义兼师友》）

1930年，刚满18岁的金克木离开家乡，经上海，由海道到达中国的文化中心北京（当时称"北平"）。

金克木小学毕业后，先当了一阵子小学教师，然后到凤阳的省立中学游学几个月。之所以称为游学，是指他不是正式学生。因为春季并不招考，当时许多学生都是先入学，秋季再考学籍。然而还没等秋天到来，学校便关门了。金克木又在齐王庙小学教书一年，同事中有三个大学生，一致鼓励他到北京上大学。临别时，金克木的三哥对他说："一定要想法子上大学，不要念中学了。家里供不了那么多年。"（金克木：《少年漂泊者》）于是，金克木便怀着直接上大学的梦想来到北京。

然而事不如愿。要上大学，首先需要中学文凭，金克木显然没有。他的老乡告诉他，可以先到中学里的高中三年级插班，弄个高中毕业文凭，然后再考大学。这个建议虽好，但当插班生也需要"钱"，而金克木身上只有吃饭、住宿的钱。在这样的情况下，金克木上大学的梦想被粉碎。但他不气馁，不上正规大学，他可以在图书馆上一种别样的大学。

那时的图书馆是这样的

金克木刚到北平时，住宿在西单附近的皮库胡同久安公寓，他年龄尚小，又人生地不熟，虽然由于好奇心而到处转悠，但终不敢离开住地太远。他曾在石驸马大街的女子师范大学门前徘徊，看到学生们进进出出，好不羡慕。他知道许多著名教授如鲁迅、钱玄同等人在这里授课，想进去听课，但有点胆怯，也没有老师或朋友引导，终究没进去。他转到了世界日报门口，这家报纸是成舍我办的，特地在门前放一报栏，将最新的报纸张贴进去，供路人观看。金克木便每天过去，如饥似渴地阅读着，从大字标题新闻到副刊到广告，一概不放过。他有太强的求知欲，而所处环境却非常糟糕。他整天游逛着，没有目标，感觉很孤单，又不知该到哪儿去求学，心情之郁闷可想而知。终于有一天，他转到宣武门内头发胡同，突然发现了一大宝藏：市立图书馆。他眼睛发亮，虽然还有点迟疑，怕被人拒绝，但巨大的诱惑终于使他迈动了脚步，走了进去。这一天，是他来北平后第一个值得纪念的日子。一个广阔的知识海洋向他敞开了：

他从门房领到一个牌子，便进了门，不看文凭，也不收费。

穷书生金克木可以在安静的读书环境下随意地阅读了。

这是一个难忘的经历，金克木后来曾多次怀着感恩的心情回忆这个并不是很大的图书馆：

> 这是两层院子。外层院子长方形。靠街一排房子是儿童阅览室。里层院子是方形。一边厢房是阅报室，一边厢房是馆长室和办公室。正面三大间大房打通成一个大厅，中间空一块，两边相对是一排排桌椅，每人一桌一椅，行间有门通书库。也许后面还有个院子。柜台两边靠墙有书柜，一边是目录卡片柜，一边是上下两层玻璃柜，上一层是《万有文库》，下一层是一些同样大小的英文书。下面光线不足，望了半天，才看出书脊上共同书名是三个词："家庭·大学·图书馆（丛书）"。目录柜中一查，古旧书不多，洋书只有摆出的那些，几乎全是"五四"以后的新书。
>
> 这下好了。有了大学了。青年A（即金克木）便天天来借书看。中国的，外国的，一个个作家排队看"全集"，有几本看几本。又去隔着玻璃看《万有文库》的书名。其中有些旧书是看过的，许多新书不曾读过。于是他用笨法子，排队从头一本本借看，想知道都说些什么……（金克木：《家庭大学》）

这个小小的图书馆，使读书青年金克木有了归宿感，他觉得那儿就是他的新家。他安心地阅读着，思考着。

在生活艰难的环境下，这个图书馆还帮助金克木渡过生活难关。他说："（图书馆）冬天生一座大火炉，室内如春。我几乎是天天去，上午、下午坐在里面看书，大开眼界，补上了许多常识，结识了许多在家乡小学中闻名而不能见面的大学者大文人的名著。如果没有这所图书馆，我真不知道怎么能度过那飞雪漫天的冬季和风沙卷地的春天，怎么能打开那真正是无穷宝藏的知识宝库的大门。"（金克木：《风义兼师友》）

在这里，金克木还结识了一些穷学生朋友。大家境遇相似，很谈得来。令金克木倍感温暖的是："有一次有一个穿得很单薄的女孩子拿一本书站在炉旁看，显然未必是为读书而实在是为烤火而来的。柜台后的女管理员毫不干涉，认为很自然，不当回事。冬天上座率由此比夏天高。"（金克木：《家庭大学》）

这里是金克木"走向世界"的重要"导火线"。

金克木想知道各类书所说的内容是什么，但有些书如康德的《纯粹理性批判》、弗洛伊德的《精神分析学引论》等，虽然已被翻译成中文，却都是文言译本，读起来简直不知所云。金克木没有老师引导，这样却激发着他独立思考。他想："外国人原来一定不是这样讲话的，外国书不看原文是不行的，变成中文怎么这样奇怪，不像是有头脑的人在说话。"意识到这一点，金克木马上将外文书借出来看。但由于他只在家里跟三哥学过一点点英文，根本没有学通，所以只能硬着头皮连看带猜地阅读。依然是半懂不懂，但在有些内容上，金克木仍感觉比中文翻译的文言译本好懂些。小小的收获鼓励着金克木，好奇心则引诱着金克木。"怎么外国哲学家的头脑特别？"他这样想着，于是"下决心学外国文，倒要看看外国人怎么说话作文，怎么思考，是不是有另一种头脑，中国人懂不了"（金克木：《家庭大学》）。有了这个念头，也就促成了金克木学习各种语言的开端。

开发"阵地"与游览风光

有了第一次的美好体验,金克木的胆子开始大了起来,有意无意地开发新的"阵地"。每见到一处图书馆,他便有进去的欲望。这种习惯一直持续到他的老年。不能不说图书馆在很大程度上成就了这位大学者。

初到北京的那几年,金克木陆续"开发"出一些图书馆,而且每"开发"一处图书馆,他就能饱览一次名胜。

他进过中山公园内中山堂里的图书馆,为此游过一次中山公园。中山公园位于西单的东面,天安门的西面,里面花卉很多。在20世纪30年代,中山公园是文化人喜欢的一个去处,那里有音乐堂,有来今雨轩茶馆,留下了蔡元培、梁漱溟、鲁迅、成舍我、叶圣陶等人的足迹。但当时的金克木还没能加入这些文化人的行列,他的目的地就是图书馆,而进行"考察"后,觉得这里没有头发胡同的图书馆方便。

他还到过中国政治学会图书馆,因此在太庙里观光了一次。太庙位于现在的劳动人民文化宫里面,原是明清皇帝们举行盛大祭典的地方。庄严而古老的建筑被古松苍柏掩映,是个游玩的好去处。中国政治学会图书馆本不在太庙里,是金克木听错了。但不料出了太庙的大门,在旁边的南池子找到了这个图书馆,于是又惊喜又忐忑地走了进去。为什么忐忑呢?因为这个图书馆是不对外的,只供会员用。有人告诉金克木,也可以去。金克木就大着胆子来了。果然,那儿虽放着一个签名簿,但只是稀稀落落签着几个名流的名字,金克木没在上面签名,也没有人管他。他在里面看书看报,没有任何人注意他,仿佛他隐身不见了。这使金克木很开心,马上就专心地阅读起来。

还有松坡图书馆,这是以著名爱国将军蔡松坡(即蔡锷)的名字命名的,位于北海公园僻静的小山中间。北海公园是闻名中外的皇家园林,其宫廷建筑高贵典雅,假山湖泊相映成趣,琼华岛、永安寺、九龙壁、团城、静心斋,到处都是著名的游览景点。可是,金克木去那儿,最重要的还是找图书馆,这就是一个读书人的趣味。

不久之后，金克木听说北海旁边的北平图书馆就要对外开放了，向往之情难以抑制。

这儿就是我的家

金克木回忆："随后在北海旁边文津街修起了'北平图书馆'。堂皇的建筑，丰富的藏书，平民化的服务，它成为我的第二家庭。"（金克木：《风义兼师友》）

北平图书馆现在是国家图书馆分馆，就位于中南海的对面、北海公园的西边。穿过厚厚的大红门，目光所及，是气派辉煌、古色古香的宫殿式建筑，宽阔齐整、有中轴线而左右对称的广场景观，图书馆门前台阶上摆设的鹿、象等石雕，乃至院中老槐树下竖立的圆明园遗留的石碑，都让人感觉，这是到了中国最高贵的皇家宝地了。殊不知，这却是对任何读书人都开放的公共图书馆，是全国藏书最多的地方，是知识的海洋——最是金克木这等书迷们的神奇宝库，让他们在里面探迷宫、挖宝藏，乐此不疲。

与头发胡同图书馆相比，北平图书馆的阅览厅更大，厅内光线更加充足。读书累了的时候，在院子里散步，随处可见赏心悦目的花卉树木；走在平坦的砖石路上，饱吸着来自北海湖面的新鲜空气，举目即见高高的白塔及白塔下的红墙绿瓦，这样的环境，比清朝翰林院的环境还要美妙。而对于居住环境不佳、囊中羞涩、求知欲极强的金克木来说，这里是人间仙境，其美妙处非语言可以形容。他自然而然地更加珍惜所有的这一切，如饥似渴地采撷着知识海洋中的珍宝。

图书馆是家，而家中的成员——图书报刊，则成为金克木数不清的良师益友。金克木饱含深情地说："这些老师从来不对穷学生摆架子，不离不弃，有求必应。只有我离开他们，他们决不会抛弃我。……记得有一套英文的《哈佛古典文学丛书》五十本，还有《大英百科全书》，都摆在架上。只要有空座位，我便坐在这些书前面,随手一本本翻阅。……记得上海《新闻报》副刊上连载张恨水的《啼笑因缘》,接着是上海《申报》副刊《自由谈》大变样,鲁迅等名人都以笔名和真名在上面发表文章,还开展了'庄子与文选'论战。随后上海《时报》在版面中间开一小方块,用四号大字连载巴金的《激流》第一部,也就是《家》。看报看书的人一声不响,对服务人员说话也是低声。几年间我没听说有偷书的,或者书刊中被人裁下偷去书页。阅报室内无人看守。那么多当天新到报纸只有看破了的,没有被拿走的。看书报的人中穷学生居多,也许是穷得有志气吧?"(金克木:《风义兼师友》)

在北京大学图书馆当职员

金克木与图书馆非常有缘。机缘巧合,他竟然还当过北京大学图书馆的工作人员,既解决了吃饭问题,还从完全不同的角度深度挖掘图书馆的"硬件"资源(图书及环境)和"软件"资源(借书的师生),这应该算是他的福分了。

1935年,北大毕业生"沙鸥"被北大图书馆的严文郁主任请去当了阅览股股长,她知道与她一起上法文课的旁听生金克木无学无业,生活困窘,便想出一个主意,请邵可侣教授向严主任推荐金克木,然后她再跟着推荐,这样便促使金克木当了北大图书馆的职员。(金克木:《北大图书馆长谱》)

金克木在那里工作了大半年,收获丰厚。

金克木的职责是坐在出纳台后面,管借书还书。这样的工作,在许多人眼中,是极枯燥的事,金克木却产生了极大的兴趣,而且最大限度地激发了他的好奇心和求知欲,乃至他认为:"那不到一年的时间却是我学得最多的一段。"

这里面有什么原因?玄机在何处?内因又在何处?

所谓玄机所在,其实就是金克木每天经手的"借书条"。

内因则还是金克木小时候就养成的好奇心。

因为好奇心,金克木无意中掌握了化腐朽为神奇的力量,他从枯燥的"借书条"上发现了"天机"——即我们现在称之为最宝贵的智慧信息。

还是看看金克木自己怎么说吧：

书库中的书和来借书的人以及馆中工作的各位同事都成为我的教师，经过我手的索书条我都注意，还书时只要来得及，我总要抽空翻阅一下没见过的书，想知道我能不能看得懂。那时学生少，借书的人不多；许多书只准馆内阅览，多半借到阅览室去看，办借出手续的人很少。高潮一过，我常到中文和西文书库中去了望并翻阅架上的五花八门的书籍，还向书库中的同事请教。……借书条成为索引，借书人和书库中人成为导师，我便白天在借书台和书库之间生活，晚上再仔细读读借回去的书。

借书的老主顾多是些四年级的写毕业论文的。他们借书有方向性。还有低年级的，他们借的往往是教师指定或介绍的参考书。其他临时客户看来纷乱，也有条理可寻。渐渐，他们指引我门路，我也熟悉了他们，知道了"畅销"和"滞销"的书，一时的风气，查找论文资料的途径，以至于有些人的癖好。有的人和我互相认识了。更多的是我认识他，他不认识我。这些读书导师对我的影响很大。若如是有人借过像《艺海珠尘》（丛书）、《海昌二妙集》（围棋谱）这类的书我未必会去翻看。外文书也是同样。有一位来借关于绘制地图的德文书。我向他请教，才知道了画地图有种种投影法，经纬度弧线怎样画出来。他还介绍给我几本外文的入门书。……又有一次，来了一位数学系的学生，借关于历法的外文书。他在等书时见我好像对那些书有兴趣，便告诉我，他听历史系一位教授讲"历学"课，想自己找几本书看。他还开了几部不需要很深数学知识也能看懂内容的中文和外文书名给我。他这样热心，使我很感激。（金克木：《一点经历，一点希望》）

大学里的图书馆与公共图书馆又不同，多的是有学问又热心帮人的师生。

金克木的好学引起了不少人的注意，许多学生乐意与这位同龄的小职员交流，有的还主动让他看自己的论文，甚至有人成为他非常好的朋友和"指路人"。例如，有位名叫徐芳的中文系应届毕业生，为了在金克木面前显示自己是位才女，有意无意地将胡适指导她所写的论文《中国新诗史》放在金克木面前的柜台上。金克木的好奇心自然马上被激发出来。而徐芳正好可以给金克木当一次老师，两人也由此认识。而后来成为历史学家的邓广铭，当时是北大历史系四年级的学生，他则主动与金克木交朋友，并成为金克木"学术道路的最初指路人"（金克木：《送指路人》）。

教授们很少借书。金克木则利用这极少的机会主动地学习。有一次，金克木从借书单上看到了鼎鼎有名的一位大教授的名字。在教授刚出门的刹那间，金克木赶紧抓张废纸，把进出书库时硬记下来的书名默写出来。以后有了空隙，便照单去善本书库一一查看。

金克木为什么如此急迫？因为：

"我很想知道，这些书中有什么奥妙值得他远道来借，这些互不相干的书之间有什么关系，对他正在校注的那些古书有什么用处。""我当时这样的行为纯粹出于少年好奇，连求知欲都算不上，完全没有想到要去当学者或文人。我自知才能和境遇都决不允许我立什么远大目标。我只是想对那些莫测高深的当时和未来的学者们暗暗测一测。我只想知道一点所不知道的，明白一点所不明白的，了解一下有学问的中国人、外国人、老年人、青年人是怎么想和怎么做的。"（金克木：《一点经历，一点希望》）

可以说，完全是由于超强的好奇心，金克木表现出与众不同的学习劲头和"书虫傻气"，而就是靠着这个，金克木后来成为中国顶尖的学者。这一点，真值得有心的读者好好学习。

金克木说过当图书馆职员的另一种收获，我觉得也是很重要的，录于此：

"我当图书馆职员,没学过,不会,只好逢人便学,还自己学到了不少的东西,又养成一种习惯,在书库架上迅速看书。书库里中文外文书任我翻阅,只是要快,不能久留。这对我以后大有好处。"(尹茗:《如是我闻——访金克木教授》)

金克木学外语

金克木只读过小学，掌握的外语却不少，有英语、法语、德语、梵语、拉丁语、印地语、俄语、乌尔都语，等等。

他学这些外语，可不像我们现在许多学生一样当苦差事干，而是乐乐呵呵，如同玩游戏探迷宫，在无穷的乐趣中不知不觉便获得了真知识。

是不是许多读者很羡慕他？您想知道其中的秘密吗？

好，让我们看看他是怎样学外语的。

"探宝"与激情——金克木学英语

金克木在家里时，只跟三哥学过一点点英文，估计是知道字母、音标和一些简单的单词，会查字典吧。所以，金克木后来说他刚到北平时还不会英文。（金克木：《末班车》）

他在免费图书馆看翻译过来的外文图书，如康德的《纯粹理性批判》、弗洛伊德的《精神分析学引论》等，读起来如入烟雾，不知所云。金克木意识到这不是原文的问题，而是翻译的问题，要想知道外语书的意思，就必须学会外语。金克木对学问有无穷的好奇心和激情，这便使他下决心学习外语。

他没有钱进补习班，当时还不知道可以去大学里旁听，正想办法的时候，偶尔看见有一家人家的大门上贴了一张红纸条，上写："私人教授英文。"进去一问，知道老师是一位30多岁的人，在家里教几个学生。课本由学生自己选，也可以从最简单的英文字母教起；学费不多，一个月4元。金克木马上报了名，开始学习英语。

金克木在西单商场书摊上，花两角钱买了一本英文版《少年维特之烦恼》，拿这个当课本让老师教。此书是德国作家歌德所写，金克木读过郭沫若翻译的中文本，并不知好在哪儿。他选课本时正好见到英文版，便想："歌德这书在当时德国和现在中国这样风靡一时，郭沫若都有介绍，可见其中定有奥妙，从汉译看不出来，德文的看不懂，英文译本总比中文译本更接近原文吧。"

出于"解密"的心理，英文版《少年维特之烦恼》成为金克木的第一本英语教材。

结果，刚上一节课，金克木便下了这样一个结论："英文并不难！"

他这样介绍："第二天去那人家里学英文。老师一见要念这个，他也没看过，愣了一下，也没说什么，就从头一句一句讲。青年A（即金克木本人）既看过中译本，又先查过生字，一听之下，觉得英文也并不难。学了几天，读了开头几封信，自认为自己查查字典也能看下去，而且觉得那英文不比郭沫若的中文好，还是看不出歌德的天才在哪里。想来只有读德文时再念原文了，便向老师提出。老师欣然同意，说，学英文当然要念英国人写的书，翻译总是不如原文，尤其是文学书。他认为英国诗没有一首能译成中文不走样，译得好也只能算是中国人重作的。"（金克木：《家庭大学》）

金克木希望老师给推荐一本英文教科书，老师推荐的是《阿狄生文报捃华》，认为这是英国散文的模范，值得精读。其实，这本书用的是英国古文，并不适合初学英语者学习。就像一个外国人学中文，一开始就教他学《史记》原文，他能学会吗？不过，金克木是不懂这些的，他只是一门心思地想办法破解书中的密码。所以，书中的文字越难，反而越激发出金克木的学习激情。他觉得："果然这本书和他所知道的和想象的都不一样。越读越觉得像中国古文。他那时还不知道这也是英国古文。那种英文句句都得揣摩，看起来容易，却越琢磨越难。明明是虚构的人物却活灵活现。又是当时的报纸文章，牵连时事和社会、风俗、人情、思想，又不直截了当地说，而是用一种中文里罕见的说法。他以为这大概就是英国的韩愈、欧阳修吧。"（金克木：《家庭大学》）

金克木此时好像进入一个巨大的迷宫，好奇心和激情推动着他全身心地往前走。而且，老师对他说："富兰克林学英文就是念的阿狄生。"这就更让他觉得自己进入一个富饶的迷宫，里面有无数的珍宝要他来开发。不仅如此，他还反客为主，无意中调动起老师的激情，与他共同解密。

"富兰克林学英文就是念的阿狄生。"老师这样一说，他更认为这个矿非开不可，越不懂越要钻。一看就懂的也得查究出不懂之处来发问。教学渐渐变成了讨论。讨论又发展为谈论。从文体风格、社会风俗到思想感情，从英国到中国，从18世纪到现代，越谈越起劲，最后竟由教学发展到了聊天，每次都超过了一小时。甚至他要走，老师还留他再谈一会儿。后来两人都成为阿狄生在《旁观者》报上创造的那位爵士的朋友，而且同样着迷于谈论。两人都自觉好像在和18世纪初年英国的绅士一起谈话。那位绅士，或则阿狄生，还有另一位编者斯蒂尔，也在旁边用写的文章参加。教学英文不是念语言文字而是跑到英文里去化为英国风的中国人了。

"这问题，假如是阿狄生，会怎样说呢？"

"爵士提起手杖，微笑着，说……"这爵士就是来学英文的青年学生。他把英文、中文混合起来乱讲，也不知是背诵书本，还是做练习，还是发了疯。

糊里糊涂一个月满了。他想想好像是从德国跑到英国兜了一圈仍然在中国，这样每月花四块钱来作不中不英亦中亦英的聊天不大合算，同时也想省钱，便告辞说下月不来了。

老师有点怅然。他说，以后不交学费，有问题也可以来问。一个月来已经成为朋友了，希望不要忘记他。他是大学英文系毕业以后教书，得了一场病，病好了家居休养，招几个学生在家教，却从未遇到过这样一个学生。据他说，不仅安慰了病后的寂寞，而且精神振奋，感觉到大学四年学的英国文学只是应付考试的表面文章和零星知识，学的都是死的，不是活的，以后要从头学起，真正研究英国文学。许多问题是从来没有想到的。

事实上，他不知不觉把自己在大学四年中所学的英文要点和心得给了这个学生，或则说被学生掏了腰包而自己还不知道。这不是他教出来的，可以说是学生学出来的，真正说来两者都不是，而是共同发生兴趣结伴探险得来的。（金克木：《家庭大学》）

由上可知，金克木的学习目的是为了"钻矿得宝"。

学习方式是找问题—发问—讨论—谈论—聊天。

学习状态是完全主动，完全着了迷，与老师一起在兴趣中结伴探险，痴迷到"疯狂"的状态。

达到的效果：在一个月的时间内，无意识地探到了老师在大学四年中所学的英文要点和心得。

这种效率不可谓不高，几乎是奇迹！

而奇迹的产生是建立在自身"激情"的精神状态之上。

李工真先生曾提到他与金克木先生的一段谈话，可作佐证：

他（金克木）又与我谈起作为学者应有的精神状态问题，我想起爱因斯坦1918年4月在柏林物理学会举行的马克斯·普朗克六十岁生日庆祝会上的讲话《探索的动机》，便背给他听："……促使人们去做这种工作的精神状态是同信仰宗教的人或谈恋爱的人的精神状态相类似的，他们每天的努力并非来自深思熟虑的意向或计划，而是直接来自激情……"这一次，对我用爱因斯坦的话作出的回答，他很满意，便笑了笑说道："是的，我这一生，最大的乐趣就是'发现的快乐'。"（李工真：《我所认识的金克木先生》）

还有一点很重要，金克木在学英语的过程中，将内容放在首位，是内容带着语言走。而大多数学生则是为学语言而学语言，根本不把内容当回事。这两个过程显然大不相同，在了解内容的过程中学习语言，乐趣无穷，激情也自然迸发，反过来则枯燥。

我想，这也是金克木之所以能在短时间学好英语的一大关键所在，可以为无数外语学习者提供重要启示。

金克木先生本人曾专门写过一篇《谈外语课本》，讲自己教学和学习的心得。他说：

> 看起来读书是从形式达到内容，其实往往是从内容达到形式。
>
> 学外语若没有文化内容（包括思想、知识）的准备，只学形式，往往事倍功半，半途而废。除非小孩子，可以形式内容两样同时学，因为他还没有"底"。硬背和模仿帮不了很久的忙。
>
> 若外国词语积累得多，又习惯于外语文化中的一些说法以至想法，学起外语来就会比较容易。
>
> 读书也是一样。学数学和理、工科的能看本行的几种外语的书不是什么大难事。也许除了文学作品较复杂以外，其他都可以先从本国语中学外语。据我看来，成人和青年学现代外语都最好在本国语言中学点现代外国文化，预作准备。

学好英语的另一大关键，就是不要太把学英语当回事。

此话怎讲？就是说，不要以为学好英语或什么其他语言就觉得了不起了，自满了。这样就无形中为自己加上了紧箍咒，无法进步。其实，英语就是一种工具而已。很重要，但也只是一种基础，不能说学会英语就走遍天下都不怕了。

金克木学英语的过程中也犯过毛病。有一次，记者尹茗采访金克木时，金克木说了一段意味深长的话："我从小跟哥哥学英文，到北京时还是不通。在德县,朋友订了一份英文报(天津出版的《华北明星》),他没工夫看,我看,所以后来会译英文电讯。在沙滩北大认识了沈仲章,他是北大物理系毕业……对学外国语有兴趣,英文从小就会,还学别的。他说自己现在头脑不行,只能学学外语,因为学外语不用脑筋。他这句话使我从天上落到了地下,才知道费脑筋的是语言学,不是学语言,从此我学外语再不用脑筋了,轻松愉快,不费力量。结果是要用什么,就学什么,用得着就会了,不用就忘了,再要用又捡起来。"(尹茗:《如是我闻——访金克木教授》)

金老先生的这些话都是金玉良言,笔者郑重推荐给正在学外语的读者。

希望之光——世界语学习者

现在的国际语言是英语,中国学生都在学英语,考高中、考大学,都必须学好英语。金克木年轻时所处的时代与现在不同,那时候,学世界语是潮流。

什么世界语?笔者没有见过,小时候顾名思义地认为:世界语就是世界通用的语言,学会它,到世界各个地方都可以用。这种理解显然有误。

我查阅1999年版《辞海》,其中对世界语的解释为:"国际辅助语的一种。波兰医生柴门霍甫于1887年创制,意为'希望者'。词汇材料取自欧洲的通用语言,有16条基础语法规则,文字采用拉丁字母,拼写与读音一一对应,简单易学。得到国际上较为广泛的承认,不少国家和地区建立了世界语协会的组织。"

2008年出版的《周有光百岁口述》中,语言学家周有光这样介绍:"拉丁化运动是1933年在中国开始的,由世界语协会介绍到中国。拉丁化运动发展,世界语反而很难发展。当时世界语也是一个新思潮,我们都学世界语,现在还有,没多大用处,当时看得很重要,结果没有真正变成是世界的语言。有了联合国以后,世界语就下落,联合国提倡五种工作语言,后来变成六种。世界语就没有作用了,在政治、科技、商业上不用,就没有多大用处。我起初搞世界语,后来就不搞了。"

既然如此，为什么还要专门介绍金克木学世界语的经过？因为世界语为金克木打开了一个新的世界。他学习世界语的经验可用于学习其他任何语言中，而他与他的世界语朋友们的友情与精神，其实也正是许多人想要却还没有获得的。

金克木初到北平，学习一个月英语后，继续在街上"巡视"，寻找"进修"的机会。有一天，他又来到了世界日报社的门口，习惯性地看小广告栏。一条小消息吸引了他："私人教授世界语。每月学费一元。宣武门外上斜街十五号。"金克木兴奋不已，他在家中时曾向上海世界语学会办的世界语函授学校交过一元钱，但学的是讲义之类的书面材料，却没有人教他如何发音。他靠国际音标无师自通的发音究竟对不对，总是没有机会验证。这次机会降临了，他能不赶快跑去学习吗？！

一见到老师，金克木便迫不及待地用世界语问候："日安。"他自己不知道对不对，正好向新老师验证。

新老师是40多岁的张佩苍，没料到新学生一见面就用世界语谈话，赶紧答复："日安！日安！先生！"然后问学生："先生学过世界语？"金克木便将曾经函授的情况告知老师。张佩苍马上说："我们是同志了！"世界语学习者把同学叫同志，表示同样的志向。既然是同志，张佩苍并没有问金克木要学费，两人成了朋友。隔了没多久，张佩苍对金克木说："你要继续学习世界语，我不能教你。这里有一位养病的同志，他才是精通世界语的，英文也好，有许多世界语书。约好哪一天我同你一起去见他。"（金克木：《家庭大学》）

在张佩苍的介绍下，金克木认识了蔡方选。蔡方选在南开大学毕业后当过教员，曾在匈牙利出版的刊物《世界语信使报》上发表过一些小文章，家中有不少世界语图书。按照蔡方选的指导，金克木从世界语创始人柴门霍甫的《文选》看起，一本一本地从蔡方选的书架上借回世界语版《安徒生童话全集》、《哈姆雷特》、《麦克白》、《神曲·地狱篇》、《塔杜施先生》、《人类的悲剧》等，津津有味地读完，他的世界语水平也便潜移默化地得到了提高。后来，金克木译出一篇世界语写的游记体小说，发表在《旅行杂志》上；还翻译过一本保加利亚作家写的小说，金克木翻译出来后由蔡方选校过，并在张佩苍办的北平世界语书店出版。金克木由此进入世界语的殿堂。

通过世界语学习，金克木还结识了杨克（即杨景梅）。杨克也是世界语的痴迷者，后来从世界语翻译过《柴门霍甫传》，是巴金给他出版的。通过杨克，金克木又认识了朝鲜世界语者安偶生（后化名为王爱平）。他们三人在一起的时候，只用世界语交流，在饭馆、街上、公寓，都一样。"连开玩笑都用世界语了。有些话用中文不便出口的，用世界语倒能讲出来。用世界语讲的话有时好比用古文的典故、成语，表达和暗示更加方便。不管说得对不对，好不好，反正对谁也不是本国话。说错了不要紧，每人都有错。这可比讲别的外国话有利多了。渐渐地，他们很熟了。虽不常见，见面就谈个不休。"（金克木：《家庭大学》）如果这不是一种好的学习方法，那还有比这种学习方法更有效的吗？

在学习和运用世界语的过程中，金克木渐渐意识到一个更高层次的学习，即："世界语原来是有个理想的。有共同理想的同志和单是讲一种理想语言的同志是不同的。仅仅把语言作为一种工具或手段的又不一样。"

当时，杨克正在自费出版他的世界语老师黄尊生的一部著作，著作的名称似乎是《中国问题综合研究》，内容分三部分：心中的中国，眼前的中国，理想的中国。文字间处处充满激情和理想。金克木对杨克说："黄先生是理想主义者。"杨克用世界语回答："我们都是希望者。"（金克木：《希望者》）杨克当时一心关注的不是自己的病体而是老师的事情，这种精神极大地感染和影响着金克木，使他意识到：学习不只是学习本身，更有理想！

学法语的浪漫之旅

1933年，一位世界语朋友把一本用英文写的法文自修书塞给金克木，金克木读完此书后就进入了法文的新天地，他买了一本邵可侣编的《近代法国文选》

接着读，这本书不好读懂，而且无法矫正发音，金克木很是着急。正好另一位朋友极力邀他一起去北京大学旁听，于是金克木便成为北大的旁听生。

金克木先去公共外语的法语班听课，授课老师正是邵可侣。几堂课后，金克木练习了发音。他还有许多问题急于求解，于是在一次课后的休息时间去找邵可侣请教。邵可侣当时正要穿外套出去，见金克木拿着他编的《近代法国文选》问问题，而这位奇怪的学生显然不会讲法语，而将就着用英语来问。这样的学生，邵可侣好像还没遇到过，对金克木很有好感。接着，在邵可侣的提议下，金克木去法文组听邵可侣所上的二年级的课。学第一篇课文《阿达拉》的时候，金克木只能一个字一个字地硬抠，准备好了再上课，很是困难。但在学卢梭的《一个孤独漫步者的遐想》时，金克木已经觉得容易多了。这种由难而易的过程肯定让金克木兴奋不已，他在法文的新天地里感觉到无穷的乐趣，与法国浪漫主义文人交流，连同屋朋友早晚吹口琴的乐声也打扰不了他读书了。

如醉如痴全身心地学习，金克木的法文水平自然提高得飞快。没过多久，从不跟他说话的女高才生邀他一起去上瑞士人斐安理教授的法文戏剧课，他问："我能听懂吗？"女生反问："你还能听不懂？"这位女生后来成为金克木一生的"保险朋友"，两人虽然不在一起，但通了一辈子信，是世间罕有的知心朋友。直到晚年，金克木还记得当年与这位女生（Z女士）一起上课的浪漫情形：

> 新教材是王尔德的《莎乐美》。……戏剧的教法是扮演角色，各读自己台词。不用说，莎乐美自然是Z女士。正式生自兼国王之类大人物。轮到我，只好当兵。兵的台词不多，听人家的，特别是莎乐美的长篇独白。到底是法国"嬷嬷"（修女）教出来的，音调语气都好，真像在演戏。她和我坐在后排两边，她念时，我偶尔转脸望望她，忽然觉得她眼角好像正在瞥看我。一次，又一次。我想，不必猜，一定是要我表示欣赏。于是我也照演戏式念兵的台词（起初还有点不好意思），并且在她念时点点头，让

她见我在注意听。《莎乐美》剧虽短，语言简单又漂亮，热情奔放。王尔德不愧是唯美派文人。念着，念着，我感到有点不对。为什么她一念到对约翰说话时就会瞥眼看我呢？我为什么要在她的或我的有激情的台词中去望她而看到她望我呢？她要把我像约翰那样砍下脑袋来吗？心想，决不再望她。可是一听到激动的台词又不由自主地投去一瞥。……念到《莎乐美》最后一场的那一堂，我去得早些，照例在后排侧面坐下。接着，Z进来了，一言不发就坐在我前面。她打开书包拿出一本印得很漂亮的大本《莎乐美》，翻开就是插图。我一眼看去，禁不住说出口："这是瑟亚词侣的画。"她背对着我轻轻笑出声来。有过叶灵凤的介绍和鲁迅的嘲笑，我一眼就看得出那奇异的黑白画风格。果然，不出我所料，她翻出莎乐美捧着约翰头颅的那一张。我轻声说："借我看看。"她头也不回，低低地说："就这么看。"这就是说要我从她的发际耳边去望她手中的书。太近了。本来就逼人的香气更浓了。我猛然一醒，直起身来。正在这时，老师进门了。（金克木：《保险朋友》）

金克木好学的天性得到了很多人的赏识。邵可侣便很欣赏金克木。有一天，当邵可侣得知这位穷学生不得不再次搬家时，立刻建议到自己的四合院里去住。不收房租，不管吃饭，要金克木在他假期旅游时替他看房子，有中文信件之类帮他处理。由此，金克木有更多的时间进入法文天地。他为邵可侣校对再版的《文选》校样，整理并校订邵可侣的讲义成为《大学初级法文》，由商务印书馆出版。由于金克木所做工作很多，邵可侣觉得金克木也称得上《大学初级法文》的作者，因此提议署名。但金克木认为不妥，说只要老师在法文序中提到他就可以了。他也没想到，这便是他当大学老师的敲门砖。（参见金克木：《末班车》）

金克木也参与到邵可侣的交际活动当中。当时，邵可侣与一些法国人，以及精通法语的中国教授、美国教授，经常互相请客，开茶会。大家都用法语闲谈，一起做游戏、朗诵诗歌、弹琴、唱歌，非常融洽。他们甚至排练过法文戏《青鸟》，建立起很好的友谊。金克木与邵可侣住在一起后，发通知联络的事就由他做。由此，金克木认识了一些与法文有关的中外老中青人士，他用法语和他们交流，法文水平不知不觉已达到了相当高的水平。

如果说，金克木学英语靠的是好奇心与激情，学世界语多了一种理想，那么，他学法语的过程则多了一份浪漫。

"问题"带来的收获——学习梵文、研究梵典

"不料知道的越多，问题越多。……于是我又犯了老毛病，由今溯古，追本求源。"（金克木：《梵竺因缘》）这便是金克木学习梵文、研究梵典的源头。

1941年，金克木在朋友周达夫的介绍下，到印度加尔各答的一家中文报纸当编辑。他与周达夫合租一间大屋子，周达夫为屋子起名为"梵文庐"。此时的金克木正在读希腊罗马原始文献，以解开欧洲史的真源，对梵文并不感兴趣。不料，精通梵文的周达夫颇感寂寞，一心想拉拢金克木一起学习梵文，同去钻研大堆大堆还多半在贝叶形式的抄本之中的梵典。为了达到自己的目的，周达夫不断从大学借书回来给金克木看。金克木起初只是笑笑，并不答理。周达夫便进一步请了一位印度朋友教金克木印度北方通行语——印度斯坦语或印地语。因生活在印度，为方便起见，这些语言也是应该学的，所以金克木不再拒绝。可这样一来，他就不自觉中被周达夫引入了梵文天地。

金克木学习语言的过程向来是主动的，即便起初被动，也能很快转化成主动。这是他的特点。所以，在学习印地语的过程中，金克木结合当地的环境，不断产生一些新问题。新问题越来越多，金克木不由自主地想去了解这些问题的答案。他到附近的帝国图书馆阅览室去借用英文讲解的梵文读本，一两天抄读一课，再听周达夫天天讲他来印度几年的见闻。最后得出这样的结论："'西天'真是广阔天地而且非常复杂。"（金克木：《梵竺因缘》）他决心深入"西天"

世界，解开胸中的无数疑团。

学习梵文时，金克木也没有正式去大学学习，而是到处探访名家。金克木由此认识了许多印度朋友，有汉学三博士师觉月教授、戈克雷教授和潘达迦教授，他们都是印度最博学的学者，分别到法国、德国、美国攻读汉学博士，但目的是为了利用汉译的佛教资料来研究印度本国。其中，潘达迦是孟买大学的第一个印度人梵文教授。金克木与他们熟识后，增加了不少对印度的知识，也使他对讲印度的现代书的疑问更多了。（金克木：《"汉学"三博士》）金克木还认识了许多宗教界人士，例如斯里兰卡的法光法师和德里佛教庙里的青年比丘，乃至被当地居民神化的鸟巢居士。通过这些人，金克木的天地变得更加宽广了。

1943年前后，金克木辞去工作，来到佛教圣地鹿野苑，"住香客房，与僧徒伍，食寺庙斋，披阅碛砂全藏"（金克木：《自撰火化铭》）。他慕名前往迦尸学院，向法喜老居士学习梵典。

第一次见面，法喜老居士只跟金克木说了两句话，第一句是："你找谁？这里的老师学生全在监狱里，只我一个人看门。"第二句是："过几天我就搬到鹿野苑去，我们在那里再见吧。"（金克木：《父与子》）说完便头也不回地匆匆离开。之后，法喜老居士向法光法师了解了金克木的情况，答应再一次见金克木。

第二次见面，是在法喜居士的住处。书架上是泰文字母的全部《大藏经》。像中国的弘一法师一样，法喜居士严格遵守过午不食的佛教戒律。他对金克木说："在这战争年月里，一个中国青年人到这冷僻的地方来学我们的古文，研究佛教，我应当帮助你。"（金克木：《父与子》）

学习梵典的过程也是非常有趣而具有传奇色彩的。金克木曾这样对记者尹茗讲述：

这时有两件事可以谈谈。

一是在鹿野苑跟在美国苏联教大学后退隐乡间的印度老人法喜居士学读古书。先是东一拳西一脚乱读，随后我提出一个问题引起他的兴趣。他便要我随他由浅追深，由点扩面，查索上下文，破译符号，排列符号网络，层层剥取意义。本来他只肯每天对我背诵几节诗，用咏唱调，然后口头上改成散文念，仿佛说话，接着便是谈论。我发现这就是许多佛典的文体，也是印度古书的常用体。改读他提议的经书，他的劲头大了，戴上老花镜，和我一同盘腿坐在大木床上，提出问题，追查究竟。他还要我去找一位老学究讲书，暗中比较传统与新创。他说，四十三年前，前世纪末，他来这古城读古书时就有这种问题和想法，一直没有机会实现，现在去了心上一块石头，照他的说法是还了债了。（尹茗：《如是我闻——访金克木教授》）

像金克木这样的学生着实少见。

能调动起老师如此积极性的学生，肯定是好学生。这句话对吗？

金克木还学过德语。

学习德语的过程，金克木语焉不详。只是说过，在1933年的时候，他曾到北京大学德文组听过一次洪涛生教授的课，内容是莱辛语言。教授自己到德文图书室去打字，打出了一页课文，并复印出来分发给学生。金克木是旁听生，洪涛生教授不认识，但一句话也没问，将复印的课文发给金克木。这是北大以前的好传统。

章启群读北大研究生的时候，常去拜访金克木。他有段文字可提供些参考：

这当中，让我最难忘的是关于学德语。研究生要学第二外国语，我打算学德语。金先生说，德语当然要学，不过应该再学点"有意思"的外语，比如拉丁文。他说他就是学了三个月的拉丁文，然后去了印度，把梵文学会了。然后颇自豪地说，别人是从西方进入印度，而他是由印度进入西方的。意思是，他获得的印度文化知识是原汁原味的。我问拿下德语大概要多长时间，回答说只要半年。我说半年拿不下来呢？他说那就拿不下来了。果真我学了半年德语没有拿下，至今还是门外汉。今天我才明白，研究西方学术，仅仅懂几门通用的英语、德语、法语是不够的，必须要学西方古典语言拉丁文和希腊文。如果时光倒流，我一定会向老人提出跟他学拉丁文。只要精诚所至，我想他也会答应教我的。（章启群：《散记金克木》）

至于金克木如何学习俄语，笔者还未见到这方面的资料，只知道他在1949年至1951年，集中时间读了马、恩、列、斯和毛泽东的著作，得了不少益处。想必学习俄文也是这一阶段的事，与整个国家的大形势有关。

像金克木这样的学习过程，学什么学不好呢？

他们是如何成为大学老师的

梁漱溟靠一篇文章成为北大讲席

1916年的一天，24岁的梁漱溟因为仰慕蔡元培先生的学问，特地通过他人介绍，前去拜访请教。

蔡元培，1868年出生，时年48岁。他是中国近现代史上功勋卓越的文化先驱，是民主革命家，是思想家、教育家。他的国学功底很深，为晚清进士，担任过翰林院编修；他对西学有全面而深入的了解，曾赴德国莱比锡大学研读哲学、文学、心理学、人类学、美术史等；1910年，他所著的《中国伦理学史》在商务印书馆出版；1912年，他出任南京临时政府教育总长；1915年，他与李石曾等人在法国组织勤工俭学，同年，其编译的《哲学大纲》一书由商务印书馆出版；1916年，他与吴玉章等人发起组织华法教育会；12月，蔡元培成为众望所归的北京大学校长，世人对他有厚望焉！

对于蔡元培这样的人物，年轻的梁漱溟自然仰慕得很。

可是，他没想到，第一次见面，名满天下的蔡元培便突然提出一个想法，即：请梁漱溟到北大当老师，讲印度哲学。这真是出乎意料！

对于印度哲学，梁漱溟自己尚有许多疑问，又如何当别人的老师。

蔡元培此举是否唐突？当时的北京大学，不只是具有一个大学的功能而已，更肩负着开国民之风气并以此来强国的重任。

蔡元培以前并未见过梁漱溟，只看过他写的一篇文章。文章的名字叫"究元决疑论"，发表在《东方杂志》，评论古今中外各种思想，而独推崇印度佛家思想。梁漱溟此次其实就是拿着这篇文章求教于蔡元培的,没料到蔡元培早已读过此文,并对文章给予了肯定。

蔡元培这样说:"我是喜爱哲学的。我此次来北大重点要办好文科。文科中又以哲学系为重点,你就来哲学系讲印度哲学好了。"

梁漱溟实事求是地对蔡元培说:"我何曾懂得什么印度哲学呢?印度宗派那么多,我只不过为解决自己在人生问题上的烦闷,钻研了一些佛典,领会一点佛家思想而已。要我教,我是没得教的呀!"

蔡元培回答:"你说你不懂印度哲学,但又有哪一个人真懂得呢?你能给我找一个吗?"

梁漱溟想了想:"我也找不到。"

蔡元培于是说:"谁都不过知道一星半点,横竖都差不多。我们寻不到人,就是你来吧!"

梁漱溟仍不敢冒昧承担。

蔡元培转而这样劝说:"你不是喜好哲学吗?我自己也喜好哲学。我们还有一些喜好哲学的朋友。我此番到北大,就想把这些朋友乃至未知中的朋友,都引来一起共同研究,彼此切磋。你怎可不来呢?你不要刻意当老师来教人,你当是来共同学习好了。"

蔡元培这几句话打动了梁漱溟,他应承下来,不久成为北大老师。

这件事如果放在现在,几乎每个人都会撇嘴,他——一个中学毕业的毛头小子,他懂什么?他到大学讲课,而且讲的是高深的印度哲学,这不是误人子弟吗?

难道是蔡元培错了?

梁漱溟的《究元决疑论》讲了些什么

蔡元培看好梁漱溟，最主要的原因就是认真阅读过梁漱溟所写的《究元决疑论》。此文写成于1916年，同年发表于《东方杂志》第五、六、七期。这篇文章在当时是很受关注的，在后来也很有影响，但梁漱溟本人却在1923年专门写《附记》，告诉世人："实则这篇东西现在看起来真是荒谬糊涂，足以误人，我自己早已十分后悔了。"又说：

> 此文在今日既已悔悟其非，便不当再印行流布。但我想我便不印，而外间终免不了有人传观，反不如径自印布，而将谬误处批注明白声叙知悔的好些。医学上有所谓"免疫性"，如某种传染病犯过一次之后便不可染疫，因此有利用轻度染疫以取得免疫性的，例如种牛痘便是这个意思。我现在办法，说句笑话便是要大家取得一种思想上的免疫性。以下我即将此文谬误各点指摘出来。

对待自己的文章，梁漱溟一点都不留情，用解剖刀一样的文字，将文中错误一一指出。

既然如此，我们不免在原有的疑问上再加疑问，蔡元培真是走眼了吗？

笔者也是带着这个疑问，到处找寻《究元决疑论》原文，然后又仔细阅读，一边读一边想，蔡元培在这篇文章中发现了什么可贵的东西？

此文旨在发挥印度出世思想，论述了人生唯一的大路乃在皈依佛法。

全文可分四部分。第一部分可称之为"前言"，概括介绍写作此文的背景、因缘、目的及内容；第二部分和第三部分是全文的主体。第二部分探讨宇宙人生之根本，标题为"究元第一　佛学如宝论"。第三部分则在第二部分的基础上提出解决世间疑难之道，标题为"决疑第二　佛学方便论"。最后一部分为"著者跋"，强调作者本人的意愿。

这篇文章并不好懂。文章涉猎很广，所涉佛学，有《起信论》、《楞严》、《般若》、《三无性论》、《佛性论》，等等；所涉西哲，有鲁滂、柏格森、康德、叔本华、斯宾塞、赫胥黎、达尔文、尼采，等等；此外，还涉及宋明理学，近代著述则主要是黄远庸（笔名远生）的《想影录》，如此，梁漱溟在论述自己的观点时，不时在古今中外的学说间跳跃，且言语精练，既用文言文，又以佛家用语，不免令人眼花缭乱，且往往在简短言语中含有深意，不仔细体悟不能明其意。

第一部分算是全文较容易理解的内容，概括介绍梁漱溟撰写此文乃是为了解除世人种种烦恼疑怖，远因乃是曾发愿说法以使世人得大安稳，近因乃是刚刚被刺杀的作者好友——著名记者黄远庸所写的《想影录》（内有黄远庸对人生之种种忏悔）。现录于其下（有兴趣的读者可以细细咂摸一下。当然也可略过不看，有空时再细读）：

  论曰，譬有亲族、戚党、友好，或乃陌路逢值之人，陷大忧恼病苦，则我等必思如何将以慰解而后即安。又若获大园林，清妙殊胜，则我等必思如何而将亲族、戚党、友好乃至逢值之人相共娱乐而后乃快。今举法喻人者，亦复如是。此世间者多忧、多恼、多病、多苦，而我所信唯法得解，则我面值于人而欲贡其诚款，唯有说法。又此世间有种忧恼病苦最大最烈，不以乏少财宝事物而致，亦非其所得解。此义云何？此世间是大秘密，是大怪异，我人遭处其间，恐怖犹疑不得安稳而住。以是故，有圣智者究宣其义，而示理法，或少或多，或似或非，我人怀次若有所主，得暂安稳。积渐此少多似非暴露省察，又滋恐怖；待更智人而示理法，如是常有嬗变。少慧之氓，蒙昧趋生，不识不知。有等聪慧之伦，善能疑议思量，于尔世理法轻蔑不取。于尔所时，旧执既失，胜义未获；忧惶烦恼，不得自拔。或生邪思邪见；或纵浪淫乐（远生《想影录》所谓苟为旦夕无聊之乐）；或成狂易；或取自经（《想影录》所谓精神病之增多缘此，自杀者亦多）。如此者非财宝事物之所得解，唯法得解。此忧恼狂易，论者身所经历（辛亥之冬壬子之冬两度几取自杀）；今我得解，如何面值其人而不为说法，使相悦以解，获大安稳？以是义故，我而面人，贡吾诚款，唯有说法。然此法者是殊胜法，是超绝法，不如世间诸法易得诠说。我常发愿造论曰"新发心论"，阅稔不曾得成。而面人时，尤恐仓卒出口，所明不逮所晦，以故怀抱笃念，终不宣吐；迨与违远，则中心恨恨如负歉疚（吾于远生君实深抱此恨者也）。积恨如山，亟思一偿，因杂取诸家之说，乃及旧篇，先集此论。而其结构略同"新发心论"之所拟度，所谓《佛学如宝论》与《佛学方便论》之二部。前者将以究宣元真，今命之曰"究元第一"。后者将以决行止之疑，今命曰"决疑第二"。世之所急，常在决疑。又智力劣故，不任究元，以是避讳玄谈，得少为足（如此者极多，民质君所译倭铿学亦其一）。且不论其所得为似为非。究理而先自书，如何得契宇宙之真？不异于立说之前，自暴其不足为据。欲得决疑，要先究元。述造论因缘竟。

简述因缘后，即入"究元篇"。梁漱溟乃先介绍了"性宗"、"相宗"两种途径，内容涉及西方哲学与印度哲学以及中国近代章炳麟学说等内容，然后得出见解："合前义言，所云周遍法界者，一切诸法同一无性之谓也。"如此，梁漱溟强调了东西方哲学的根本处乃在"无性"。在陈述完别人的学说后，梁漱溟陈述自己建立的三种义："一者不可思议义，一者自然（Nature）轨则不可得义，一者德行（Moral）轨则不可得义。"

什么是"不可思议义"？梁漱溟称：

> 不可思议义云何？谓所究元者以无性故，则百不是：非色，非空，非白，非他，非内，非外，非能，非所，非体，非用，非一，非异，非有，非无，非声，非灭，非断，非常，非来，非去，非因，非果。以周遍法界故，则莫不是：即色，即空，乃至即因，即果。夫莫不是而百不是斯真绝对者。世间凡百事物，皆为有对。盖"人心之思，历异始觉，故一言水必有非水者，一言风草木必有其非风非草非木者，与之为对，而后可言可思"（严译《穆勒名学》）。若果为无对者，"则其别既泯，其觉遂亡，觉且不能，何从思议？"（同上《名学》）以是故，如来常说不可思议，不可说，不可念，非邪见之所能思量，非凡情之所能计度。以是故，我常说凡夫究元，非藉正法（佛法）不得穷了。所以者何？亡其觉故，云何而得穷了？要待穷了，须得证得。世有勇猛大心之士，不应甘于劣小也。

> 此不可思议义，西士明哲颇复知之：如康德所谓现象可知，物如不可知。叔本华亦曰，形而上学家好问"何以"，"何从"，不知"何以"之义等于"以何因缘"，而空间时间之外安得有因果？人类智灵不离因果律，则此等超乎空间时间以外之事安得而知邪？斯宾塞亦有时间不可知，空间不可知，力不可知，物质不可知，流转不可知等。赫胥黎亦云，物之无对待而不可以根尘接者，本为思议所不可及。略举其例，似尚不止此。而有凡夫妄人于此最元以世间法相诘难。或云"无明无始，讵有终邪？阿赖邪含藏万有，无明亦在其中，岂突起可灭之物邪？一心具真如生灭二用，果能助甲绝乙邪？"或云"生灭由无明，然无明果何自起？"（陈独秀蓝公武之说如此，尚不止此二人。）"纵有谨严逻辑，终为无当。所以者何？其物皆不二而最初，无由推证其所以然。"（《穆勒名学》）"虽信之而无所以信者之可言。"（同上《名学》）非复名学所有事，是以十四邪问，佛则不答。

什么是"自然轨则不可得义"？梁漱溟认为：

自然轨则不可得义云何？谓无性者云何有法。世间不曾有轨则可得。所以者何？一切无性故。又者所究元不可思议，即宇宙不可思议。宇宙不可思议即一事一物皆是不可思议。不可思议，云何而可说有轨则？一是义故，我常说世间种种学术我不曾见其有可安立。

而"德行轨则不可得义"则被梁漱溟这样解释："德行唯是世间所有事，世间不真，如何而有其轨则可得？"

以上三层意思，层层推进，乃在从"所有东西哲学心理学德行家言"来探究人生宇宙之本元。

而梁漱溟最后的结论是："拨云雾而见青天，舍释迦之教其谁能？呜呼？希有！希有！"

有了"究元"这一基础，本文第二部分的"决疑篇"便好阐发了。梁漱溟说："无目的之行为俗所谓无意识之举动，无一毫之价值者，而即此号称最高最灵之人类数千年之所为者是矣！不亦哀哉！人生如是，间世如是。然则我当云何行？云何在？此所谓决疑也。于是略得两义：一者出世间义，一者随顺世间义。"接着，梁漱溟详细阐述了如何"出世"如何"顺世"，最后得出结论："出世间固无论，即使不然，能常亲正法，获闻了义，虽住世间亦得安稳而住。彼聪慧善疑之论，思而不得，则颠倒忧苦以为无能解决。自吾观之，唯是疑而不肯究讨。若不尔者，云何如来大法近在眼前，而不知求（《想影录》所译《新思想论》无一语及佛）。又或虽闻正法，方有疑沮，便尔违拒，甘于自弃，复何言焉（如蓝公武之流）。夫善疑者辨思所尚，然要在疑而勇于究讨，若徒疑焉，则亦终成绝物而已！东土学术，凡百晦塞，卓绝光明，唯在佛法。瞰彼西方，曾不足数，云何摩尼在怀，而行乞于远？论者获参胜义气，掬心披肝，唯将此以示人，不知其他，不见有他。"

纵观全文，虽然也有一些缺点。例如将鲁滂在《物质新论》里所说的"以太"来比附佛教中的如来藏，显然是不合适的。对西方哲学没有全面了解的情况下，就做出类似"唯法兰西人鲁滂博士之为说，仿佛似之"这样绝对的判断，显然也不合适。全文也出现一些不是很集中、东拉西扯的毛病。

但优点更为明显：梁漱溟是真正从学问中探求人生大道，并进而想要以此来为世人解惑的。其立意之高远就不必说了，其对佛教的了解也是有切身体悟和较为全面深入的。从学术角度来看，在那个时候，梁漱溟就能自觉地进行东西方哲学、思想的对比，并将心理学、物理学等新学科引入中国思想界，进而解决实际问题，成一家之言，可称得上开学术风气之先河，是中国学界术的一个突破。

尤为重要的是，梁漱溟在文章中透露出他独立思考的精神，由此敢于对任何权威提出挑战，敢于坚持真理，破旧立新。这是一位有成就的学者所应具备的根本素质。有此素质，其发展前途无量。新生的学术自由、兼容并包的北京大学需要这样的学者。

以上两点，或许就是蔡元培最看重梁漱溟的。

笔者翻阅蔡元培1910年在商务印书馆出版的《中国伦理学史》，读到有关王阳明的文字时，知蔡元培对王阳明非常推崇，在评价其学问时说："阳明以至敏之天才，至富之阅历，至深之研究，由博返约，直指本源，排斥一切拘牵文义区画阶级之习，发挥陆氏心理一致之义，而辅以知行合一之说。孔子所谓我欲仁斯仁至，孟子所谓人皆可以为尧舜焉者，得阳明之说而其理益明。虽其依违古书之文字，针对末学之弊习，所揭言说，不必尽合于论理，然彼所注意者，本不在是。苟寻其本义，则其所以矫朱学末流之弊，促思想之自由，而励实践之勇气者，其功固昭然不可掩也。"由此也可以看出蔡元培所看重的乃是"本源"，所追求的是"思想之自由"，而对细枝末节处的差错，却并不特别看重。既如此，梁漱溟的《究元决疑论》虽有缺陷乃至错误，蔡元培未必就看不出来，但他更看重的是此文蕴涵的思想及精神，看其整体及根本。有了这种观念，在蔡元培眼中，梁漱溟成为不可多得的人才，可以破格录用！

梁漱溟本人在《纪念蔡元培先生》一文中分析："当时蔡先生为什么引我到北大，且再三挽留我呢？我既不属新派（外间且有目我为陈、胡的反对派者），又无旧学,又非有科学专长的啊。此即上文所说蔡先生具有多方面的爱好,极广博的兴趣之故了。他或者感觉到我富于研究兴趣,算个好学深思的人,放在大学里总是好的。同时呢,他对于我讲的印度哲学、中国文化等等自亦颇感兴味,不存成见。这就是一种气度。这一气度完全由他富于哲学兴趣相应而俱来的。换言之,若胸怀意识太偏于实用,或有独断固执脾气的人,便不会如此了。这气度为大学校长所必要的;老实说,这于一个为政于国的人有时亦同属必要吧!"

这些话,值得我们好好反思。现在的社会,实在是太缺少蔡元培这样的伯乐了。

钱穆如何成为大学老师的

相比于梁漱溟，钱穆成为大学老师的经历没有那么突然。他先是由乡村小学教师转为中学教师，然后又由中学教师成为大学老师。

这似乎是一个循序渐进的过程。但"循序渐进"是一个表象，只要读者设身处地地想一想，便会知道这是多么不容易——十万分之一，或者百万分之一的概率？毕竟，钱穆连中学都未读完。

究其实，钱穆成为大学教师的经历，虽然是稳步前进，但实在是中国教育界少之又少的事情！

笔者分析，这显然与钱穆本人的学问最有关系，但也与周围的环境，特别与有真正赏识并愿意实实在在帮助他的学界名人有关。当然还有机遇等其他诸多因素。

还是先从他成为中学老师开始说起。

1922年的前半年，钱穆虽然还只是一名普通的小学老师，但由于多年毫不松懈地上下求索，所以在学问上已颇有建树。他既对"四书五经"等中国传统文化进行研读，也尽最大可能观察了解着学界的新思想、新变化。

1917年，钱穆写成了第一部著作《论语文解》，次年由上海商务印书馆出版。此书初步展现了钱穆在国学方面的水平。1921年，李石岑自欧洲留学回国，任上海《时势新报》副刊《学灯》的主编。钱穆撰《爱与欲》一文投稿，李石岑将此文以大一号字刊登在《学灯》最显眼的位置。钱穆接着又撰一文，议论希腊某哲人与中国道家思想的异同，此文同样以大一号字刊登在《学灯》最显眼位置。可见，李石岑非常赏识或者佩服钱穆的学问。但李石岑后来未能免俗。当钱穆在所寄第三篇文章后附上自己所在小学的地址后，李石岑得知钱穆只是一名小学教师，态度便大打折扣，再不用大一号字刊登，而只是改小一号字体刊登在青年论坛中。钱穆见李石岑如此，便也失去了投稿的兴趣。尽管如此，钱穆著作的发表使更多的人认识了他，为他铺好前进的大路。

1922年秋，钱穆突然接到厦门集美中学的聘书，这是他成为中学教师的开始。原来，有位名叫施之勉的无锡老乡曾读过钱穆发表在《学灯》上的作品，认为"文体独异"，非常精彩，于是牢牢记在心里。当施之勉出任集美中学教务长的时候，他要延聘优秀教师，便想到了钱穆。钱穆到中学任教后，在教学上不负所望，成为学生们钦服的优秀教师。其学问也进入了一片新的天地。1923年5月，集美中学发生学潮，钱穆的思想总体上倾向于学生，所以辞去学校下半年的聘请，回到了家乡无锡。

与此同时，钱穆又一次因发表一篇《与子泉宗长书》的文章，受到同族大学问家钱基博的推许。几个月后，在担任无锡省立第三师范资深教席的钱基博推荐下，钱穆到此校任教。无锡三师是江苏省一所四年制的中等学校，校内名师众多，天地更宽。钱穆主讲《论语》、《孟子》，他既有深厚的学问底子，又有自己的独立思想，喜欢创新并在课堂上讲出，深受学生敬重。他还编撰了《论语要略》，在上海商务印书馆出版；编写了《孟子要略》，在上海大华书局出版；又根据讲义完成了《国学概论》一书。他还经常与师友们畅谈周公、庄子等人的事迹与学问，所获甚多。

1927年，在无锡三师同事胡达人的推荐下，钱穆转入苏州省立中学任教。在长期积累和长期思索后，钱穆撰写早年最重要的著作《先秦诸子系年》。

此时，钱穆在苏州学界已小有名气。著名学者胡适到苏州后，从袖中取出请柬。请柬上赫然写着："君来苏州不可忘两事：其一为购书；其二莫忘见苏州中学之钱某。"钱某者，即为钱穆。

不久，名满天下的顾颉刚来到苏州。

顾颉刚是江苏苏州人，虽然只比钱穆大两岁，但早在1920年即在北京大学任教，更在1923年独立思考，积极讨论，继承中国历代学人中实事求是的优秀传统，同时引进西方最新的研究方法，以批判的态度重新审视中国传统文化，并对古史古籍进行考辨，去伪存真，进而发表了"层累地造成的中国古史"的学术观念，从而一跃而为现代古史辨学派的创始人。顾颉刚认为：第一，"时代愈后，传说中的古史期愈长"；第二，"时代愈后，传说中的中心人物愈放大"；第三，"我们在这上，即不能知道某一件事的真确的状况，至少可以知道某一件事在传说中的最早的状况"。（中国社会科学院历史研究所：《勤奋为学 终身以之——纪念顾颉刚先生110周年诞辰》）顾颉刚的这些学术观点成为新的学术研究的根基，对传统研究具备根本性的推翻与开拓，所以不仅在史学界发生了惊天动地的影响，而且在整个知识界引发了观念的革新，带动了学界的一场大辩论，有力地推动了古史研究的进展。其"疑古"精神则成为当时反封建思潮的一个侧面，影响面极大。不仅如此，顾颉刚也是中国历史地理学和民俗学的开创者。其地位在学术界、教育界举足轻重。

钱穆对顾颉刚的学说非常熟悉，当顾颉刚《古史辨》出版不久，钱穆即"手一册，在湖上，与之勉畅论之"。此次有机会见到顾颉刚，钱穆自然非常高兴。顾颉刚是在钱穆同事陈天一的陪同下，亲自到钱穆的住处见面的。二人一交谈，顾颉刚马上意识到钱穆的学识之高。他见钱穆桌上放着《先秦诸子系年》，非常感兴趣，便问钱穆："可否让我带走，以便详读。"钱穆当即答应。过了几天，顾颉刚对钱穆说："君之《系年》稿仅匆匆翻阅，君似不宜长在中学中教国文，宜去大学中教历史。"（钱穆：《师友杂忆》）接着告诉钱穆，广州中山大学副校长曾嘱托他物色新老师，他决定推荐钱穆前去。同时，嘱咐钱穆为他编辑的《燕京学报》撰稿。

过了没多久，钱穆接到广州中山大学电报，聘请他前去任教。钱穆本人当然愿意到大学任教，但由于苏州中学校长汪懋祖的盛情挽留，钱穆暂时留在苏州中学。

又过了一段时间，识才爱才的顾颉刚再次将钱穆推荐到燕京大学任教。钱穆北上，正式成为著名学府的老师。

对于教学而言，无论是小学教师、中学教师、大学教师，均为育人，当然没有高下之分。对于一个学生的成长而言，小学、中学的影响往往比大学更为重要。从这一角度看，钱穆担任大学老师，也算不得什么。不过，如果从学术研究和影响面考虑，钱穆进入大学，则打开了一片崭新而广阔的天地。如果没有这一进展，钱穆很难成为影响那么多中国人的文化大师。这是笔者愿意特别提出来的。

钱穆成为大学老师的经过，就这么简单。没有经过任何的考核，也不需要什么诸如研究生、博士等学历文凭，完全靠顾颉刚的推荐。而顾颉刚与他也不过是刚认识不久而已。两人只谈过一次话，道过一次别。顾颉刚只看过钱穆的一本书。仅此而已。

那么，顾颉刚此举是不是太草率了？

难道大学老师就可以这样被聘请吗？

钱穆的《先秦诸子系年》果真蕴藏了非常大的学问？

"钱穆被聘为大学教师的敲门砖"——《先秦诸子系年》

其实，钱穆本人成为大学老师纯属意外。他只是做自己的学问，丝毫没有拿自己著作做"敲门砖"的想法。

不过，从现在的某个角度看，钱穆的"草根论文"《先秦诸子系年》受到了顾颉刚的赏识，客观上成为其打开大学校门的"敲门砖"。

笔者现在的书桌上就摆着一本钱穆的《先秦诸子系年》，由商务印书馆出版，竖排繁体字版。

笔者以前读过《二十四史》，读过《老子》、《庄子》、《论语》、《大学》、《周易》诸书，读过许多历朝历代的笔记，读过《山海经》、《文心雕龙》等各式书籍，但没想到，在钱穆这本书面前，仍觉得吃力。

硬着头皮翻阅几次，静读之渐入佳境，大概了解了些内容，姑且简略谈谈。

此书是一部以史证子的力作。既继承传统，运用传统考据学中本证、旁证、理证、存疑等方法，全面而缜密地对先秦诸子的年代与行事进行考证，又敢于超越传统，打破既有的成见，独立而大胆地在多种叙说、多种版本的历史记载中进行科学的对比和分析，得出自己的创见。可谓既有广厚之根基，又能特立独出，一览众山小。

其主要内容分"先秦诸子系年考辨"、"先秦诸子系年通表目次"两大部分。"考辨"又分为四卷：卷一以"孔子生年考"开始，以"孔门传经辨"结束，共30个专题，全部为孔子及孔门的考辨文字。卷二以"墨子生卒考"开始，中有"子思生卒考"、"孟子生卒考"、"吴起传左氏春秋考"等，最后以"老子杂辨"结束，共42个专题，所涉范围兼及墨、儒、道等学说。卷三以"商鞅考"开始，中有"稷下通考"、"杨朱考"、"屈原生卒考"、"苏秦考"、"惠施考"等，最后以"屈原居汉北为三闾大夫"结束，共56个专题，涉及法家、阴阳家、纵横家、儒家、道家、名家等学说。卷四以"齐湣王在位十八年非四十年其元年为周赧王十五年非周显王四十六年辨"为开始，中间有"荀卿自齐适楚考"、"公孙龙说赵惠文王偃兵考"、"吕不韦著书考"等，最后为"尉缭辨"，共35个专题，涉及儒家、名家、法家、杂家、农家等学说。

"通表目次"分四个"通表"、四个"附表"。四个"通表"相当于四卷"考辨"，四个"附表"则分别为"列国世次数异同表"、"战国初中晚三期列国国势盛衰转移表"、"诸子生卒年世先后一览表"、"诸子生卒年世约数"。

看了上述介绍，从章节的标题上，读者也应该也可以看出这本书涉及面的深与广。

这当然还反映不出此书最大的贡献。

我们且从钱穆的"自序"看看此书的成书经历及其特点。

"自序"称：写《先秦诸子系年》这本书是从民国十二年（1923）秋天开始的。四五年下来，共写成考辨文章160余篇，30多万字。每写一篇文章，有的经过旬月，有的经过寒暑，三四次的改动算是少的，有的改动多达10余次，这样才最终定稿。这些创辟之言，如果没有十分的见识，是不敢轻易出示于人的。

这些文字可以看出钱穆撰写此书的严谨与细密。

下面来介绍钱穆此书是如何站在传统学术的制高点上有破有立地建立自己的一家之言。钱穆称："盖昔人考论诸子年世，率不免于三病。"就是说：以前的人考证论述先秦诸子的年世，多免不了有三种弊病：

第一，各治一家，未能贯通。

第二，详其显著，略其晦沉。

第三，依据史籍，不知辨误校勘。

因为有第一种弊病，所以研究墨家的不懂孟子，研究孟子的又不懂荀子。而《先秦诸子系年》则"上溯孔子生年，下逮李斯卒年，前后二百年，排比联络，一以贯之……以诸子之年证成一子，一子有错，诸子皆摇。用力较勤，所得较实"。这种把诸子放在一个整体环境中进行对比分析，应该是胜过前人的。

因为有第二种弊病，则关于孔墨孟荀的考论多，关于其他各子的往往嫌其疏略不实。而《先秦诸子系年》则对先秦学人，无不一一详考，如对魏文之诸贤、稷下学宫那些名姓在若存若亡之间的学士，无不为之"缉逸证坠，辨伪发复。参伍错综，曲畅旁达"，进而梳理出他们的生平出处、师友渊源、学术流变等踪迹，使其灿然条贯、秩然就绪。

因为有第三种弊病，所以前人为先秦诸子论年时，每每不加辨别地依据《史记·六国年表》，进而出现了许多误区。根据钱穆的多方印证，"《史记》实多错误，未可尽据"。这是在认真考证后对权威著作的纠正。

钱穆所依据的主要为《纪年》。这是在魏国人的坟墓中发现的竹书。此书全本在两宋时即不显于世，民国时见到的是后人对其内容的汇集本。有人因此对此书的真实性有所怀疑，钱穆本人也客观对待这个问题，指出《纪年》在记三代事及春秋史事时的荒谬说法，但同时指出《纪年》对战国史事的记载则是可以相信的。他举了一些例子，并介绍了著名学者王国维的成就及不足："为古本辑校，又为今本疏证，然后《纪年》之真伪，始划然明判。而尤惜其考证未详，古本《纪年》可信之价值，终亦未为大显于世也。"显然，钱穆是站在当时学术界顶尖人物王国维的肩膀之上，对《纪年》进行了更为详细缜密的考证。在此基础上，钱穆将《纪年》与诸子学术互证，又从《史记》记载中的自相矛盾处及后代注疏中的缺陷，指出《史记》及《史记》研究中存在的十大弊病。钱穆所说，均十分严密，不仅知其然，而且知其所以然，处处从根本处着眼，令人信服。而在具体考证某一问题的时候，钱穆依然保持细针密线般的严谨，每一点都不马虎，所以最见功力。但严谨不等于钻牛角尖。对于某些前人争论了两千年的问题，钱穆却不一定非要考证个"清清楚楚"。例如对孔子生年的争论，钱穆本着灵活的态度，认为："若孔子生年，殆亦将以后息者为胜（即争论双方中后死的一方。——引者注）。余兹姑取后说，至于详考确论，不徒不可能，抑且无所用。今谓孔子生前一年或后一年，此仅属孔子私人之年寿，与世运之升降，史迹之转换，人物之进退，学术之流变，无足轻重如毫发。而后人于此，月之日之，考论不厌其详。而他学者，如老庄，如杨墨，则人之有无，世之先后，年之夭寿，茫不加察，晦沦终古，是乌足当知人论世之实哉？"

至于此书的作用，钱穆在后记中有这样的话："诸子之年世不明，其学术思想之渊源递变，亦自无可确说也。"钱穆本人也确实在考证诸子年世的基础上，水到渠成地提出了自己的观点。他认为，开诸子先河的是孔子，与孔子对立并独树一帜的是墨家，并进一步以儒墨为轴心来梳理诸子百家，从而建立了以儒家为主的诸子学系统。由于有大量可信的考证为基础，所以其结论令人信服；同时由于不受前人成说限制，自有体系，所以《先秦诸子系年》又极具开创性。

由上可见，此书实为研究先秦诸子、先秦史乃至中国元典精神奠定一最为坚实的根基，根基一立，则种种研究即可由此而生，可谓意义深远。钱穆此时虽然只是一位中学老师，但胸襟之宽，目光之长远，视野之开阔，考证之细密，成绩之斐然，无不显出一代史学宗师的架势。

正因为如此。在顾颉刚之前，著名学者蒙文通首先读到此书时不由得夸赞道："君书体大思精，惟当于三百年前顾亭林诸老辈求其伦比。乾嘉以来，少其匹矣。"（钱穆：《师友杂忆》）

蒙文通早在1915年即撰《孔氏古文家》，辨别旧史与六经的区别，受到他的老师——国学大师廖季平的嘉许。1922年，蒙文通撰《经学导言》，时已偏瘫的廖季平以左手写数纸给蒙文通，称："文通文如桶底脱落，佩服佩服，将来必成大家。"（龚谨述：《蒙文通先生传略》）在阅读钱穆的《先秦诸子系年》时，蒙文通已是研究先秦学术的大行家了。

蒙文通非常重视《先秦诸子系年》，但因有事急着离开，所以征得钱穆同意，将还没看完的书稿带到南京。此稿由此又被蒙文通一位专门研究墨家的朋友看到，专门手抄其中有关墨家的文章，并刊登在南京某杂志上。

再往后，便是顾颉刚见到此书。就因为此书，顾颉刚将钱穆推荐到大学任教，使钱穆的人生历程发生重大变化。顾颉刚对此书的评价是："作得非常精练，民国以来战国史之第一部著作也。"

《先秦诸子系年》被陈寅恪看过后，这位被称为中国最博学的大师评论道："极精湛。时代全据《纪年》订《史记》之误，心得极多，至可佩服。"（杨树达：《积微翁回忆录》）他又向朱自清等人推荐此书："作教本最佳，其中前人诸说皆经提要收入，而新见亦多。最重要者说明《史记·六国表》但据《秦纪》，不可信。《竹书纪年》系魏史，与秦之不通于上国者不同。诸子与《纪年》合，而《史记》年代多误。谓纵横之说，以为当较晚于《史记》所载，此一大发明。"（朱自清：《朱自清日记》，《朱自清全集》第九卷）此外，陈寅恪还称："自王静安（王国维）后未见此等著作。"可见，向来以追求"自由之精神"的陈寅恪对此书是何等推崇。

由上可见，钱穆当时的水平到底够不够得上一位大学老师的水平了。

但假如遇不上顾颉刚，钱穆又怎能走进大学讲堂？

沈从文：从"自由撰稿人"到"大学老师"

1925年9月，沈从文前往松树胡同七号徐志摩家，拜访徐志摩。此前，沈从文因喜欢徐志摩的散文，通过信。这次见面相谈，二人结为好友。同年10月1日，徐志摩接编《晨报副刊》，在当天发表的《我为什么来办 我想怎么办》一文中，徐志摩将沈从文与胡适、闻一多、郁达夫等人一起列为约稿作者。

1928年，沈从文结识了胡适，并受到胡适的赏识。

1929年，沈从文虽然已经称得上一位名作家了，出版了许多作品，但光靠稿费很难维持生活，再加上出版商拖欠，使沈从文一家人常常处于困境。沈从文曾与别人一起办《红黑》与《人间》月刊，但不久即因经营不善、资金不足，不得不停刊。沈从文处境非常艰难，"没有伙食，一家人并一个久病在床的母亲也饿了一餐"（《沈从文年谱》）。沈从文经常捂着流血的鼻子坚持写作，内心里充满了苦痛。

在当时的环境下，想当"自由撰稿人"或者"职业作家"是不可能的。这一点沈从文非常清楚，他自己就有这样的文字："当时还少有人听说做'职业作家'，即鲁迅也得靠做事才能维持生活。记得郁达夫在北大和师大教书，有一月得三十六元薪水，还算是幸运。"（沈从文：《从文自传·我怎么就写起小说来》）那么，除了写作，沈从文还可以做什么呢？

他也可以像郁达夫那样在大学里教书吗？这是沈从文从来没有想过，也不敢想的。在他看来，自己一个小学毕业的学生，怎么有资格在大学里教书呢。

他压根儿没有想过。相反，他多次强烈地希望自己到大学里当一名学生，好好地进修。

徐志摩却一直有意为沈从文在大学里谋个教职，以解决他的生活问题。在徐志摩眼中，沈从文有能力当好一名大学老师。

这次，徐志摩见到自己的朋友又陷入生活的困境当中，马上向上海吴淞中国公学的校长胡适写信，力荐沈从文到大学当老师。

接着，沈从文本人也写信给胡适，表明自己的意愿：

适之先生：

　　昨为从文谋教书事，思之数日，果于学校方面不至于弄笑话，从文可试一学期。从文其所以不敢作此事，亦只为空虚无物，恐学生失望，先生亦难为情耳。从文意，在功课方面恐将来或只能给学生以趣味，不能给学生以多少知识，故范围较窄钱也不妨少点，且任何时学校感到从文无用时，不要从文也不甚要紧。可教的大致为改卷子与新兴文学各方面之考察，及个人对各作家之感想，关于各教学方法，若能得先生为示一二，实为幸事。事情在学校方面无问题以后，从文想即过吴淞租屋，因此间住于家母病人极不宜，且贵，眼前两月即感束手也。

　　专上敬颂教安。

　　　　　　　　沈从文上（吴世勇：《沈从文年谱》）

当时的社会，大学生虽然还少，但从沈从文刚来北京时他亲戚所说的话中，我们还是可以看出当时大学生们的处境。

他的亲戚这样说："嗐，读书。你有什么理想，怎么读书？你可知道，北京城目下就有一万大学生，毕业后无事可做，愁眉苦脸不知何以为计。"

到大学教书，是许多大学毕业生所可望而不可即的。想到大学当教师，显然有许多资格门槛卡着沈从文。光是小学毕业这一条，就够沈从文受了。

不过，按照当时教育部颁发的《大学教师资格条例》规定："凡于学术有特别研究而无学位者，经大学之评议会议决，可充大学助教或讲师。"（商金林：《新发现沈从文佚文〈男女谈〉》）这使沈从文有了一线希望。

这年 8 月，中国公学校长兼文学院院长胡适破格延聘沈从文为国文系讲师。

胡适之所以聘任沈从文，一方面虽然是看在徐志摩的面子上，但更重要的是，胡适正试图突破大学中文系呆滞的教学模式，他希望借沈从文的创作能力为中国公学中文系注入新鲜血液。这种思路可以从胡适后来在 1934 年 2 月 14 日的一篇日记中得到反映：

> 偶检北归路上所记纸片，有中公学生丘良任谈的中公学生近年常作文艺的人，有甘祠森（署名永柏，或雨纹），有何家槐、何德明、李辉英、何嘉、钟灵（番草）、孙佳汛、刘宇等。此风气皆是陆侃如、冯沅君、沈从文、白薇诸人所开。
>
> 北大国文系偏重考古，我在南方见侃如夫妇皆不看重学生试作文艺，始觉此风气之偏。从文在中公最受学生爱戴，久而不衰。
>
> 　大学之中国文学系当兼顾到三方面：历史的；欣赏与批评的；创作的。（吴世勇：《沈从文年谱》）

沈从文被中国公学聘为讲师，主要课程是主讲大学一年级的"新文学研究"和"小说习作"。这是他人生中的一件大事。

后来，沈从文在课堂上说："适之先生的最大的尝试并不是他的新诗《尝试集》。他把我这位没有上过学的无名小卒聘请到大学里来教书，这才是他最大胆的尝试！"（张友仁：《忆沈从文教授》）

的确，虽有教育部的特别规定，虽有胡适在教育界的地位，但无论如何，让沈从文当大学老师，是一种特别大胆的尝试，而事后的实践证明，沈从文没有辜负胡适的尝试，在大学教学中作出了许多突破，培养了许多人才。

对于沈从文个人而言，进大学教书显然不只是解决了生计问题，影响更深远的是他进入了知识分子的圈子，拓宽了各种新题材的尝试，对国家对社会有了更深刻的了解。

1949年，沈从文就任北京大学教授时回顾往事，称："二十五年前我来这个大城中想读点书，结果用文字写成的好书，我读得并不多，所阅览的依旧是那本用人事写成的大书。现在又派到我来教书了。说真话，若书本只限于用文字写成的一种，我的职业实近于对尊严学术的嘲讽。因国家人材即再缺少，也不宜于让一个不学之人，用文字以外写成的书来胡说八道。然而到这里来我倒并不为亵渎学术而难受。因为第一次送我到学校去的，就是北大主持者胡适之先生。民十八年左右，他在中国公学做校长时，就给了我这种难得的机会。这个大胆的尝试，也可说是适之先生尝试的第二集，因为不特影响到我此后的工作，更重要的还是影响我对工作的态度，以及这个态度推广到国内相熟或陌生师友同道方面去时，慢慢所引起的作用。这个作用便是'自由主义'在文学运动中的健康发展，及其成就。"

华罗庚成为清华教授的经过

破格入清华

在清华大学的教授中,华罗庚的经历是很独特的:他只是一个初中毕业生,没有丝毫背景,竟然成了中国最高学府清华大学的教授,并为清华的教学以及中国的教育作出杰出的贡献。从华罗庚进入清华大学的经历,可以看出老清华教学管理者的眼光和胸襟以及他们务实的作风。

那是在1931年,时任清华大学算学系主任的熊庆来教授在《科学》杂志上看到了华罗庚的一篇文章,题目为"苏家驹之代数的五次方程式解法不能成立之理由"。这篇文章是杨武之教授推荐他看的,文章虽然只有3页,但言简意赅、十分清晰地阐明了"不能成立"的理由,显示出不凡的数学才能;而且文风很好,诚恳而谦逊。熊庆来非常重视,觉得这位作者不简单,于是四处打听。熊庆来本以为华罗庚是个留洋学者,但很快从清华教员唐培经(华罗庚的小同乡)处得知:华是个失学青年,仅仅初中毕业;虽然上过黄炎培等人创办的"中华职业学校",但不久就因为家境贫寒而辍学。他只是凭着刻苦的自学,在数学领域中摸索着前进。

在熊庆来找到华罗庚的时候,华罗庚刚得过一场可怕的伤寒病。全家人到处借钱、典当,想尽办法为他求医看病,又幸得妻子日夜精心照料,使他终于摆脱病魔。即便如此,华罗庚仍落下瘸了一条腿的后遗症,其家境贫寒也是可想而知的。

熊庆来本人是科班出身，曾就读于云南省高等学堂，后在法国格诺大学、巴黎大学功读数学，获理科硕士学位。1934年，他用法文撰写的《关于无穷级整函数与亚纯函数》发表，获得法国数学界的交口赞誉，并以此获得法国国家博士学位。这篇论文中定义的"无穷级函数"，国际上称为"熊氏无穷数"，被载入世界数学史册。在当时乃至现在，中国向来不乏用高学历为自己脸上贴金而沾沾自喜、高高在上的，但熊庆来不是，他最重视具有真才实学的人才。他马上请唐培经写信，约华罗庚面谈。

1931年8月，清华大学，熊庆来热情地接待了满脸病容的华罗庚。交谈中，熊庆来更加坚信华罗庚的才华和潜力，这是"一匹典型的千里马"——中国急需的人才！

不久，华罗庚第一次被破格聘为清华大学算学系办公室助理员，每月工资为40大洋，并允许他旁听大学的课程，算学系的图书馆也由他管。有了这样难得的机会，华罗庚倍加珍惜。他从此立下了一个宏愿："以过人的努力，追求自己的成就。"他深知自己比别人所受教育少，所以加倍学习和工作，别人每天工作8小时，他必工作12小时才心安。而且，在长时间的工作和学习中，他的效率非常高，能抓住要点，能博中取精。他的大多数时间用来解决所选择的难题，其他时间则博览时文，并迅速获取其中的最新信息。他的学术水平渐渐被周围的同事所了解。熊庆来在备课中遇到难题时，总习惯地叫："华先生，请过来一下，看看这道题怎么做。"杨武之、郑桐荪等教授也对华罗庚刮目相看。第二年放暑假，华罗庚回家探亲。临别时，熊庆来害怕华罗庚不回来，特地叮嘱道："你可一定要回来呀！别嫌这儿的钱少，以后会给你加的。"

1933年，清华大学算学系第二次破格——破天荒地聘请只有初中文凭的华罗庚为助教并教授微积分。此事由郑桐荪教授提议，得到熊庆来、杨武之等系领导的支持，这自然会受到一些人的非议，但系领导顶住了压力。理学院院长叶企孙也起了至关重要的作用。叶企孙说："清华出了个华罗庚是一件好事，不要被资格所限定。"两年后，华罗庚升为清华教员。

华罗庚被破格提升为清华教员一事，从一个方面反映着当时清华的风气。

陈省身说："1931年他来清华大学的时候，只是初中毕业的学生。他的数学论文引起了大学的注意。清华是很例外的，不但招他到清华来，并且给他一个职位，这是当时大学里很少有的一件事。"（陈省身：《我与华罗庚》）

徐贤修说："当时清华聘人条件极严格，但华先生却能破格由'半时助理'直升教员，而正式开课教授学生。""这是学校对他不寻常的承认与鼓励，真是学术界的创举，更可见当时负责系务的熊、杨两先生（杨先生于熊先生赴法时代理系务）的大公无私、苦心孤诣和华先生独立奋斗所得的名至实归。这也是当时学术独立、不受强制死板规定约束的优良表现。一个真正从事教育的人必须时刻以为团体罗致杰出人才为职志，而蔚然成风，这才是最重要的。"（徐贤修：《不靠历史记载，不需权贵褒饰的伟人》）

念博士不免有些繁文缛节，太浪费时间了

在一流的学习环境中，在熊庆来、杨武之等教授的着力培养下，华罗庚更加刻苦钻研，展露出更多的才华，受到了包括外籍教授（法国巴黎大学的阿达马教授、美国麻省理工学院的维纳教授）的器重。阿达马的讲学内容涉及多个数学领域，开始时慕名听课的人很多，后来许多人听不懂，渐渐就不来了。华罗庚能坚持到底，而且在课堂上只有他一个人能与阿达马对答交流，并直接提出自己的看法。阿达马很喜欢华罗庚，有时会停下来说："华教授（他当然知道华罗庚这个年轻人根本不是教授），我看你又有什么话讲。"

在进修数学的同时，华罗庚在清华园里学会了英文、法文、德文。他得以在国外重要期刊上发表论文。

1934年，华罗庚发表了8篇论文，除2篇在国内发表外，其他6篇均在国外数学杂志上发表；1935年，华罗庚发表的7篇论文，除1篇在《清华大学理

科报告》上发表外，其他均发表在国外杂志上，其中有1篇还刊登在世界上最重要的数学杂志之一德国的《数学年鉴》上；1936年，华罗庚又发表了6篇数学论文，其中5篇发表在国外杂志上。这是非常突出的成果。当时，清华理学院的院长呼吁大家向国外优秀杂志投稿，而且对清华的教授们说："我已在某某物理杂志上发表了一篇文章，你们谁行？"他却不知道华罗庚已发表了那么多篇重要论文。

1936年到1938年，由清华大学推荐，华罗庚作为访问学者去英国剑桥大学深造。他非常务实，而不重虚名。著名数学家哈代（C.H.Hardy）告诉华罗庚："你的著作很多，完成一篇好的论文是没有问题的。如果你同意的话，我想你一年以内可以获得博士学位。"没想到华罗庚回答："谢谢你的好意。我只有两年的研究时间，自然要多写些有价值的文章，念博士不免有些繁文缛节。太浪费时间了。"哈代大感意外，说："东方来的人，不稀罕剑桥大学博士学位的，你还是第一人！"

此后，在剑桥的两年时间，华罗庚扎扎实实地发表了10多篇数论方面的论文，成就了"他在数学上有最深刻贡献的时候"。美国普渡大学教授徐贤修回顾："华先生留英期间，数学界发生一件大事，即苏联大数学家维诺格拉多夫证明了前面曾说过的哥氏对于奇数的臆测定理。华先生是一位极具毅力的人，这时他马上致力于哥氏定理推广到偶数问题的研究。直到今日，所有研究这个问题得到结论的人中，华先生还是最杰出的一位。在英国的两年中，他对数论热门研究的各个问题的贡献，深受国际上注意。"

越级聘为西南联大教授

华罗庚辗转回国时，中国已进入全面抗战时期，清华大学南迁，并与北京大学、南开大学一起组成国立西南联合大学，各校自聘教授，共同招生。华罗庚被聘为清华大学算学系教授，同时自然地成了西南联大算学系教授。按照当时教育部的规定，正教授必须由助教、讲师、副教授一级一级提升。但由于华罗庚在数学界的突出成就，清华大学第三次破格将华罗庚越级聘为正教授。

当时的情形是这样的：西南联大设有教授聘任委员会。凡聘请正、副教授，必须经过教授聘任委员会委员一致投票通过。著名物理学家吴有训原任清华大学理学院院长，现兼任西南联大理学院院长一职。他对华罗庚的情况进行了认真的了解后，开会时特地将华罗庚发表在国内外的论文带上，请大家一起讨论。时为清华大学算学系主任的杨武之非常清楚华罗庚取得的成就，他认为华罗庚在三角和估计与华林问题方面的贡献是非凡的，华罗庚的水平已进入世界前列，这在中国是少有的。对于这样的人才，清华大学理应破格升其为教授。最后，与会全体教授一致同意聘请华罗庚为教授。

据《国立西南联合大学校史》介绍：西南联大算学系由北京大学数学系、清华大学算学系和南开大学算学系合组而成。从1942年到1943年的统计看，西南联大算学系只有10名教授，其中来自清华的只有4人。由此不难看出，在1938年，在华罗庚只有28岁的时候就被聘为清华教授，这对学校来说，也绝对是了不起的创举。

华罗庚被清华大学三次破格提升，在短短7年内由初中毕业生成为清华大学的正教授，这是学界所独有的，被传为美谈。以后的事实证明，这样的破格录用人才是非常正确的。

周培源评论："罗庚同志于1938年从英国剑桥回到昆明后，任西南联合大学数学系教授。从清华到西南联大，先后只花了7年的时间。对他这样飞速成长，我们也必须注意到，除了他自己本人的才华与积极努力外，也和当时清华大学的校、系行政领导与教师对他的爱护、重视与关怀是分不开的。""当时的清华大学在一定程度上实现了今天我们正在积极提倡的'尊师，爱生，重教'的精神。"

金克木如何走上大学讲堂

在湖南大学教法文

1939年,湖南大学文学院急需法文教师,到处寻找,但这样的人才稀缺,找来找去,竟找不到一个。院领导正在着急的时候,英文老师陈世骧推荐:"我有个朋友,虽然没有上过大学,但法文水平很高,可以当法文老师。"

陈世骧推荐的是金克木。论学历,金克木只是个小学毕业生,但陈世骧说金克木中学里教过英文,从初一到高一四个班的课都由他教,教学效果非常好;他不仅英文好,而且法文水平也好,足以胜任大学教师。

为了证明自己的看法,陈世骧拿出北大外籍教授——法国人邵可侣所著的《大学初级法文》,翻开里面的法文序言,序言中赫然写着金克木对此书的贡献。

邵可侣是法国巴黎公社著名人物的后代,法语教学中的权威人士,而《大学初级法文》则是中国最高学府北京大学的教科书。既然邵可侣都认可金克木,金克木又亲自参与了教科书的编订,而湖南大学里实在找不出合适的人选,所以最终决定聘任金克木。

1930年,金克木18岁到北平求学时还不懂英语,靠着好奇心和钻劲,凭借几本英语工具书,又找了一位收学费不高的私人教师,便在很短的时间内看懂了英文原版书《少年维特之烦恼》《阿狄生文报捃华》,英语水平突飞猛进。也是同样的方式,金克木又在很短的时间内学会了世界语。1933年,金克木去北京大学旁听邵可侣的法文课,得到邵的赏识,学习效果非常好。之后,金克木整理并校订邵可侣的讲义成为《大学初级法文》,由商务印书馆出版。邵可侣在法文序中特地提到了金克木的贡献。金克木没想到,这便是他当大学老师的敲门砖。

金克木也参与到邵可侣组织的"法语圈"的交际活动中,并在一次聚会中认识了著名教授吴宓,相互间很谈得来。

金克木的这些经历,陈世骧虽然有个大概的了解,但无论如何,让一位只上过小学而半路出家学法语的年轻人去大学教法语,毕竟很不寻常。

紧接着,当陈世骧得知教学课本并不是邵可侣编的那本,而是用英文讲法文的外国书时,便更加紧张。

陈世骧生怕自己推荐的人无法称职,所以,在金克木上第一堂课时,他在外面听了半天。金克木一点也不知道,他只是顺顺利利地教好一堂又一堂课,其教学质量得到学校的认可和学生们的欢迎。这应该很富传奇色彩吧。就像金克木所说:"恐怕暗中听我的课的不止他一个。谁能相信一个没出过国的年轻人竟能对大学生用英语教法语做中国话解释呢?"(金克木:《教师应考》)

到武汉大学当哲学教授

1941年到1946年,金克木在印度工作和学习。他虽然没去哪个大学进修,但有缘到天竺释迦佛"初转法轮"处的鹿野苑,住香客房间,与僧徒为伍,在寺庙中饱读佛教典籍。他再一次进入一个全新的天地,对梵文和佛学产生浓厚的兴趣。他因此四处求学,最终得到已归隐的法喜老居士的真传。法喜老居士曾在印度的大学教书,后又被聘为哈佛大学教授、列宁格勒大学教授,他因为不适应严寒气候而回到印度。许多人慕名而来,向他学巴利语、学佛教,但从没有人找他学梵文。金克木是他的唯一的梵文学生,他倾全力将自己的学问传给了金克木。金克木曾在《父与子》一文中提到当时的教学:"熟悉了以后,白天也让我去,两人在大炕上盘腿坐着对话。他很少戴上老花眼镜查书。先是我念、我讲、我问，他接下去，随口背诵，讲解，引证，提出疑难，最后互相讨论。"在这样的学习中，金克木精通了梵文和佛典。当他1946年回国时，他其实已成为更多领域中的"稀缺人才"。

金克木一到上海，郑振铎就说推荐他到大学教梵文，但没能如愿。也许是因为金克木的低学历吧。

紧接着，曹未风告诉金克木，说吴宓先生在武汉，可跟他联系。金克木与吴宓很熟悉，吴宓很看重金克木，马上向武汉大学推荐。

吴宓当时是武汉大学外语系教授兼系主任，同时又是校务委员会委员，其学问及人品是学界普遍推崇的，所以，他的举荐很有分量。但吴宓也没想到，他推荐金克木到外文系教梵文，而文学院长刘永济却把金克木安排在哲学系教印度哲学。

原因跟金克木第一次当大学老师一样。当时武汉大学也找不到教印度哲学的合适人选，而这门课程又是必修课。金克木正好填补这一空缺。

推荐人吴宓不放心了。他十分认真对金克木说："你教语言文学，我有信心。到哲学系去，我不放心。"金克木回答："到哲学系对我更合适。因为我觉得，除汤用彤先生等几个人以外，不知道还有谁能应用直接资料讲佛教以外的印度哲学，而且能联系比较中国和欧洲的哲学，何况我刚在印度度过几年，多少了解一点本土及世界研究印度哲学的情况，又花过工夫翻阅汉译佛典，所以自以为有把握。"（金克木：《教师应考》）

吴宓仍不放心，于是也像陈世骧一样，在教室外听了金克木的第一堂课。

从此，金克木一直在大学里教书，从武汉大学到北京大学，跻身于中国最优秀的教授行列。

教学与讲学

梁漱溟：在北大执教时的讲学与著述

1916年，梁漱溟向蔡元培请教，不料蔡元培竟让他到北大当老师，教印度哲学。梁漱溟当时虽然应聘，但由于他尚在司法部任秘书，一时无法脱身，便推荐许季上代他授课。

1917年后半年，许季上大病，自暑假后开学便未上课。而梁漱溟也因政局变动不再是公务员了。蔡元培于是催促梁漱溟到北大就职，梁正式成为北京大学讲师。应聘之前，梁漱溟对北大校长蔡元培、北大文学院院长陈独秀说："我此番到北大，实怀抱一种意志一种愿望，即是为孔子为释迦说个明白，出一口气。"（梁漱溟：《自述》）

为什么这么说？

当时正是新文化运动兴起之时，陈独秀、胡适等人宣传西方文化，提倡科学与民主，主张全盘西化，同时贬抑东方文化。北京大学中有很多讲旧学的教授，他们虽然对西方文化不屑一顾，自己的研究却完全脱离现实。所以，当《新青年》杂志发表文章质问他们旧学的价值何在时，他们说不出个道理。梁漱溟感觉到这是一个需要中国人急切解决的大问题。他说："盖自鸦片战争以来，随帝国主义势力之入侵，西方文化传入，中国传统文化价值受到怀疑，似中国之有今日全由于我们的文化。这明明是逼着中国人讨一个解决。试想，如果中国传统文化果真不能与西方文化并存，而要根本绝弃，我们应赶快自觉改革，不要与它同归于尽；如果中国传统文化受西方文化压迫，并不足虑，而中国文化终有翻身之日，那也应积极去做，不要再做梦发呆；又如果确如一些人所说，东西文化可以融通调和，那也应弄清调和之必要及调和之道，绝不应消极等待。谁说问题不严重而且急迫！"（梁漱溟：《值得感念的岁月》）

梁漱溟当时有这种认识，便要一步步解决问题。而解决这些问题的过程，与他的讲学内容、思想变化及时局变化有很大的关系。

他既然受北大聘请，为学生讲授印度哲学，首先必须负责任地讲好这门课程。刚讲学时，他用的是许季上原有的讲义，并作了些增订。许季上的讲义是"参酌取材于日本人书三四种、西洋人两三种而成"（梁漱溟：《印度哲学概论·第三版自序》）。梁漱溟在讲课的过程中，察觉到其中的缺点，即与学生的思想隔得太远。老师讲是讲了，学生听是听了，但讲和听都比较勉强。学生只是听到了现成的说法，好像懂了又好像不懂，勉强记诵，效果自然不好。梁漱溟这个凡事"较真"的人，当然容不得这种现象，于是决定自己来写讲义。一年之后，梁漱溟写出了《印度哲学概论》，其特点是："取问题为本，先了解问题，则彼其一言一句咸可得味矣。既以问题分讲，则各宗略史不能不别为记述。故先于第一篇叙之，并稍说对于印度哲学大体之观察。"（梁漱溟：《印度哲学概论·序》）如此一来，老师是带着问题来讲，学生是带着问题来学，老师对问题解答时又建立在切近的观察、思考与消化之后，所以便能将这门深奥的哲学讲得尽可能浅显，调动了学生的积极性。更为重要的是，梁漱溟此时不仅是印度哲学的讲授者，而且是身体力行者。从1911年到1920年前，是梁漱溟"志切出家入山之时，虽以老父在，未即出家，而已守佛戒茹素不婚"（梁漱溟：《早年思想之再转再变》）。像这样的老师，实属罕见，自然吸引了不少学生。所以，在梁漱溟的记忆中，"此课自非哲学系重点，但听课者似仍不少"（梁漱溟：《值得感念的岁月》）。

此时的梁漱溟虽过着佛教徒的生活，但关心国事、凡事认真的生活态度没有改变。他的意思："不到大学则已，如果要到大学做学术一方面的事情，就不能随便做个教员便了，一定要对于释迦孔子两家的学术至少负一个讲明的责任。"（梁漱溟：《东西文化及其哲学·绪论》）面对中国掀起的学习西学摈弃旧学的潮流，梁漱溟保持着一贯的独立思考的态度。他不轻易肯定，也不轻易否定，他觉得只有真正了解情况后、真正有了自己切实的判断后才能够有发言权。

1918年，梁漱溟在北京大学刊登一个广告，征求研究东方学的人。他在广告上写道："据我的看法，东方化和西方化都是世界的文化，中国为东方文化之发源地；北京大学复为中国最高之学府；故对于东方文化不能不有贡献，如北京大学不能有贡献，谁则负贡献之责者？"（梁漱溟：《东西文化及其哲学·绪论》）在这个时候，梁漱溟自身的生命状态及思想也在发生着巨大的变化。

当时，他的寡欲生活与生命自然成长所产生的情欲，两者之间形成巨大的冲突，使梁漱溟出现思虑呆滞、非常难受的状态。他的思想上出现困惑，而外界的刺激又促使他翻阅以前根本不愿去看的孔孟之书。而一翻开《论语》，梁漱溟即发现了孔子的真价值："特使我思想上有新感受者是在《论语》。全部《论语》通体不见一苦字。相反地，劈头就出现悦乐字样。其后，乐之一字随在而见，语气自然，神情和易，缕指难计其数，不能不引起我的思寻研味。卒之，纠正了过去对于人生某些错误看法，而逐渐有其正确认识。"

梁漱溟以前极端认同"人生本苦"的观念。但看了儒家经典后，他的身心为之大变，生命和思想均得到了升华：

> 我觉悟到欲望之本，信在此身，但吾心则是卓越乎其身而能为之主宰的。从而吾人非定然要堕陷纠缠在欲望里……
>
> 人非定纠缠于欲望，则亦非恒在苦中而已耳。儒家之乐又何自来乎？前说"所欲得遂则乐，所欲不遂则苦"者，应知是片面之见，未尽得其真际。苦乐真际视乎生命之流畅与否。一言以尽之：生命流畅则乐，反之，顿滞一处则苦。说苦乐之视乎其所欲遂不遂也，盖就一般人恒系乎外

来刺激之变换以助其生命流畅者言之耳。外在条件长时不变，其乐即转为苦矣；此不难取验于日常生活事实者。人们欲望所以层出不穷，逐有增高者，正为此也。有道之士——得乎生命自然流畅之道者——更不须待外来刺激，固可以无时而不乐。（梁漱溟：《早年思想之再转再变》）

有了这些觉悟，梁漱溟的生命进入了新的阶段，受益无穷。他有了切身的感受，就更不会苟同于别人菲薄孔孟的言论。

当然，他也要认真了解那些新言论，看是否有可取处。他翻开《科学与人生观之论战》，一读之下，发现了不少毛病："科学派说反科学派所持见解不过如何如何，其实并不如此。因为他们自己头脑简单，却说人家头脑简单；人家并不如此粗浅，如此不通，而他看成人家是这样。他以为你们总不出乎此。于是他就从这里来下批评攻击。可以说是有意无意的栽赃。"（梁漱溟：《如何成为今天的我》）这样一来，梁漱溟更下定决心，要解决中国急需解决的文化问题，于是他开始研究并讲解东西方文化及现实问题，边讲课边写出了《东西方文化及其哲学》一书。

梁漱溟所讲的，非常有针对性。针对的是中国当时面临的最大最急切的问题。他从自己的研究态度入手，本着认真负责的态度，指出当时流行的种种说法的优缺点，对陈独秀、李大钊、胡适、梁启超等人的学说"有一说一"，都是他深思熟虑后的真见解。

在解决中国问题的学说中，梁漱溟不容许有私人情谊的干扰。师友归师友，在学术上则毫不客气。

梁漱溟因此指出陈独秀、李大钊探到中国最需解决的根本问题的重要性，认为："陈独秀他们几位先生的意思，要想将种种枝叶抛开，直截了当去求最后的根本。所谓根本就是整个的西方文化——是整个文化不相同的问题。如果单采用此种政治制度是不成功的，须根本的通盘换过才可。……经他们几位提倡了四五年，将风气开辟，于是大家都以为现在最要紧的是思想之改革——文化运动——不是政治的问题。"但也指出李大钊的矛盾处："李君所说虽然很急迫，而其文章之归结还是希望调和融通，而怎样融通，他也没说出来，仍就俟诸未来，此点差不多是李君自己的矛盾。我以为这种事业虽然要在未来成就，而问题却不在未来，实在是目前很急迫的问题。"

对于如日中天的胡适，梁漱溟更是毫不留情地指出他在讲学及著述中的缺点。梁漱溟先引用胡适在《中国哲学史大纲》中的观点："（东方哲学与西洋哲学）这两大支的哲学互相接触互相影响，五十年后一百年后或竟能发生一种世界的哲学也未可知。"然后即批驳："胡先生这样将东方与西洋两派哲学相提并论，同样尊重的说话，实在太客套了！我们试看中国的哲学，是否已经经过西洋哲学的那样的批评呢？照胡先生所讲的中国古代哲学，在今日哲学界可有什么价值呢？恐怕仅只做古董看着好玩而已！虽然《中国哲学史大纲》的后半部还没有作出来，而胡先生的论调却是略闻一二的。像这种堂皇冠冕的话恐怕还是故相揶揄呢！所以大家一般人所说精神方面比较西方有长处的手法，实在是很含混不清，极糊涂、无辨别的观念，没有存在的余地！"

对于自己非常尊重的梁启超，梁漱溟的批评也毫不含糊，认为梁启超在《欧游心影录》中种种否定"西方化"褒扬"中国化"的说法，"没有一个是对的！""他所说的中国古话，西洋人也会说，假使中国的东西仅只同西方化一样便算可贵，则仍是不及人家，毫无可贵！中国化如有可贵，必在其特别之点，必须有特别之点才能见长！他们总觉得旁人对我称赞的，我们与人家相同的，就是可宝贵的；这样的对于中国人文化的推尊，适见中国文明的不济，完全是糊涂的、不通的！我们断然不能这样糊糊涂涂的就算了事，非要真下一个比较解决不可！"（梁漱溟：《东西文化及其哲学》）

梁漱溟所讲的，当然也是他的一家之言，未必全对。但他指出的中国最需要急切解决的根本问题，他一一剖析广受关注的种种观点的深入性和创造性，使他本人的观点迅速受到世人的关注。人们奔走相告，怀着极大的兴趣来听梁漱溟的讲说。

刘子钦回忆:"有这么几天,看见校园内人们匆匆来去,在几个教室门前窗口,都挤满人群,上前打听,方知一个教室是胡适在讲学,而另一个教室,则是梁漱溟先生的讲坛。好奇心驱使,我也挤入人群,听先生讲道,中心问题是提倡发扬中国固有文化。当时有些人奔走相告,说是胡、梁在唱对台戏,其实胡适的中国哲学史,也是阐述中国古代文化的,尽管他当时以提倡白话文、打倒孔家店为己任。"(刘子钦:《回忆梁漱溟先生二三事》)

梁漱溟不仅在北大讲课,也被邀请去济南等地讲演。不仅推崇他的人来听他的课,那些反对他的人也来听课。这些讲课内容被梁漱溟的学生记录下来,整理成《东西文化及其哲学》,由商务印书馆出版。

梁漱溟称:"在《东西文化及其哲学》一书中,我将西方、中国、印度三种文化加以比较,各给予人类文化发展史上以适当位置,并指出世界最近未来将是中国文化之复兴。"所以,他的讲学内容涉及古今中外各种学说,其中也包括佛学。这时候,还出现了一次很有趣的事情:

> 佛学不属旧学之列,却亦不合于新思潮,因此难免遭非议。此时,于学生纷纷建立之种种社团中,更有"反宗教大同盟"之成立。顾名思义其宗旨自是反宗教。该"同盟"曾组织讲演会,邀请对宗教问题持不同观点者发表意见。我研究佛学、讲佛学,自是被邀对象。我应邀作了题为"宗教问题"的讲演,地点在三院南河沿室内操场,可容千人左右。记得当时以我到得早些,便由我先讲。从早八点多开始,讲了一上午,意犹未尽,下午又继续讲,待结束时竟日落西山。原安排在同一日的另一讲演人李石曾先生(国民党四大元老之一,当时倡导无政府主义),在台下自早听到晚,最后竟无时间供他发言。听讲者众多,且有耐心,可见对讲演内容感到有兴味。但须知对主讲人观点持反对态度者亦大有人在,如我讲"儒家哲学"时,有学生对旁人说:"我倒要听听他荒谬到什么程度!"(梁漱

溟：《值得感念的岁月》）

这次讲演的内容，也收入《东西文化及其哲学》当中。

梁漱溟这个阶段的讲学及著述，使他不知不觉中成为一名具有国际声誉的学问家。《东西文化及其哲学》中国出版后，不仅在国内产生巨大影响，1921年印刷第1版，1927年即印刷第8版，而且日本也迅速予以出版。这本书是梁漱溟的一部重要著作，被蒋百里称之为"震古烁今的著作"，直到现在仍是备受推崇的经典学术著作。

1923年，梁漱溟在北大哲学系讲授"孔家思想史"，将儒家思想归纳了13条14种态度：（一）乐；（二）仁；（三）讷言敏行；（四）看自己；（五）看当下；（六）反宗教；（七）非功利；（八）非刑罚；（九）孝弟；（十）命；（十一）礼；（十二）不迁怒，不贰过；（十三）毋意、毋必、毋固、毋我。深入浅出地讲清楚儒家的真面目，并引领他的学生迈向正确的人生道路。当时有几位四川师友王平叔、钟伯良、刘念僧等人读过《东西文化及哲学》之后，仰慕梁漱溟的为人及哲学思想，先后到北大听梁漱溟讲学，并作记录，以油印本传播。1988年，梁漱溟逝世。跟随他数十年之久的李渊庭也双目失明，但每想到身边珍藏的油印本，任其湮没，心中很是不安。他的老伴阎秉华知道后，提议由她逐字逐句念，然后共同加以修订。这项工作从1989年春天开始一直到1990年6月23日，历时一年半完成修订此书。事后又由梁漱溟长子梁培宽加以复核。这些内容收入《梁漱溟全集》中，后来还成为《梁漱溟先生讲孔孟》一书的主要内容，先后由上海三联书店、商务印书馆、中华书局出版。

在北大执教期间，梁漱溟在北京高等师范学校讲"合理的人生态度"；到山东曹州中学讲演，提出"农村立国"的话；在山西讲"东西人的教育之不同"；应邀到武昌师大讲"孔子人生哲学大要"……他还发表了《这便是我的人生观》等文章，并收集1915年至1922年发表的19篇文章，汇编成8万多字的《漱溟卅前文录》，由商务印书馆印行。

1924年暑假，为更好地实践自己对教育的认识和设想，谋求把讲学与社会生活打成一片，梁漱溟辞去北京大学教席，转赴山东办学，之后更是投身于乡村建设运动，成为知行合一的大儒。

梁漱溟对7年的北大生涯很有感情，认为："这七年之间，我从蔡先生和诸同事、同学所获益处，直接间接，有形无形，说之不尽。论年龄，蔡先生长我近三十岁，我至多只能算个学生，其他同事也都比我年长。所以我说北京大学培养了我，绝非是谦词。"（梁漱溟：《纪念蔡元培先生》）

钱穆：从小学讲台到大学讲堂

小学教育中的探索者

教学相长

从 1912 年任教三兼小学起，钱穆先后在荡口鸿模小学、无锡县立第四高等小学、后宅镇泰伯第一初级小学、无锡县立第一高等小学教书，时间达 10 年之久，也留下不少佳话。

1914 年，钱穆任教于无锡县立四小，并在鸿模小学兼课。有一天深夜醒来，发现自己的一足触到蚊帐外的墙壁上，又见到自己的手臂，不由得想到"壁"与"臂"二字都是形声字。它们都有"辟"的部分，而"辟"的发音可以体现二字的发音，但"壁"是在室旁，"臂"是在身旁。如此，则许多以"辟"为声旁的字，似乎都有"旁边"的意思。例如，"璧"，可想到"玉悬身旁"；"嬖"，是指女侍在旁；"譬"，乃是"以旁言喻正义"；"癖"，表示的是"旁疾"而非正病；"躄"，指腿瘸，两足不正常，分开两旁，盘散而行；"劈"，也是指用刀将物分两旁。如此推演，凡"辟"声皆有含义，这不就是宋人利用形声字探求音义关系的"右文"吗？北宋科学家沈括著《梦溪笔谈》，其中就写道："王圣美治字学，演其义为'右文'。"想到这些，钱穆兴奋不已，再也无法入睡，干脆继续思考，想到形声字十数例。到第二天上第一堂国文课时，钱穆也不讲课文，而是讲述自己晚上的收获。正好县中有位督学前来视察，听到钱穆讲课，被深深吸引住了，一直站着听完。回去后，督学将钱穆所讲进行整理，写了一篇详细的笔记报导，刊登在县署发布的月刊上。这篇报导，不仅受到无锡县同人的重视，还被邻县南通小学教师界传诵。一时之间，钱穆之名已传播到外县了。

"为人师表"的含义就是：作为老师者必能为学生起表率作用，如果自己都做不到，又怎么能教育学生？这一点，钱穆担任小学老师时也深深地意识到了。有一天上课，课文中教育学生不可吸烟。而当时钱穆已有烟瘾，所以他在讲课时就说："余已染此习，已无奈何。诸生年幼，当力戒。"（钱穆：《师友杂忆·私立鸿模小学与无锡县立第四高等小学》）小学生们对钱穆很尊敬，当然也没有什么异议。但钱穆心中很不舒服。下课后，他反省自身，觉得这次上课实在太无聊，作为老师都以"无奈何"自诿，又怎么可以教育学生呢？于是下决心戒烟。由于钱穆在府中学堂读书时即有烟瘾，戒起来也很困难，以至于钱穆在梦中也限制自己抽烟。最后，他终于达到目的，此后数十年再不抽烟。

在小学任教过程中，钱穆有很多"教学相长"的经验。一年暑假，钱穆应鸿模小学管事沛若请求，为六七位在校学生及以前的老学生开了一个月的暑期班。讲授的是《庄子·内篇》七篇。先由钱穆来讲，然后由学生发问。学生们非常认真，逐段逐节不肯放过。钱穆自己也受益很多，在讲解的过程中，知道自己也有许多无法解答的问题，于是深入研究，为以后撰写《庄子纂笺》等著作打下了很好的基础。

综观钱穆在小学任教的经历，出任后宅镇泰伯第一初级小学校长的三年时间是最重要的。他在那儿进行教育实验、独立教育行政，不仅造福乡里，也为他本人成为教育家奠定了坚实的基础。

"实验"教学

出任后宅初小之前，钱穆正担任无锡县立第四高等小学高级班的课程。按照常理，老师水平越高，所教年级越高。但钱穆却主动提出到后宅初小任教，是因为他想自主地作一些实验，实现一种理想。1919年，美国哲学家、教育学家杜威应胡适邀请，到中国讲学，历时两年多，其演讲内容常见于报端，流行于中国。杜威提倡"实验主义"，"主张观念必须在实验中锻炼；只有经过实验证明，在实践上能解决实际问题的观念，才是'有价值的观念'。它不是'只论目的，不择手段'。相反的，它是为达成解决实际问题，于实验中选择正当而有效的手段"（《胡适口述自传》中唐德刚的注释）。钱穆看后，觉得杜威的思想与古籍中记载的中国古人的教育思想有"大相违异处"，很想亲身作一番实验。杜威认为教育即生活，学校即社会，应让儿童"从做中学"，主张从儿童身上发现有实际意义的内容。钱穆因此也极想去初级小学与幼童接触。

另一方面，当时社会上都提倡白话文，初级小学课本全改成白话文体。钱穆在1918年曾出版《论语文解》，专门为学生讲解作文、造句、谋篇的基本条件，所以也想到初小试试，看看幼童初学白话文的利弊得失。有了这些想法，正好泰伯市督学想找一人出任后宅初小校长，钱穆便主动请缨。对方很是高兴。钱穆提出条件："学校行政及课程编排，我当有绝对自由，您不得干预。如果上面或外界有非议或斥责，您肯与我同担责任。"督学当即同意。

1919年秋，钱穆正式到后宅初小上任。一开始，他即对两位同事安若泰、蔡英章说："余有一理想，当使一切规章课程尽融在学生之生活中，务使课程规章生活化，而学生生活亦课程规章化，使两者融归一体，勿令学生作分别观。若使彼等心中只分出一部分生活来服从学校之规章课程，另保留一部分生活由其私下活动，此决非佳事。"又说："欲求课程生活化，先当改变课程，如体操唱歌，明是一种生活，但排定为课程，则学生亦以课程视之。今当废去此两课，每日上下午必有体操唱歌，全体学生必同时参加，余等三人亦当参加，使成为学校一全体活动，由英章任指导。"（钱穆：《师友杂忆·后宅初级小学》）两位同事均点头赞同。由此，钱穆开始了一项又一项的"实验"教学。

教育"问题学生"

钱穆的办学观念非常先进。如果能实施好，则学生不复有被动学习的压力，更不必受填鸭式教育的苦头，而是将学习和生活融合在一起，变被动为主动，不知不觉中完成学习任务。既提高学习效率，又延长了学习时间，最重要的是养成了学习的习惯，提高了学生的素质，这当然是很高明的。但在很多人眼中，观念归观念，却似乎更是一种难以实现的理想。

钱穆在实现这一理想的过程中，便遇到了一些难题。

例如，钱穆的两位同事都很佩服钱穆，也很支持钱穆"课程生活化"的理想，同意钱穆将体操唱歌成为学生生活而非课程的教学改革，但对钱穆废除体罚的意图不表赞同。他们认为，以当时的学生情况，钱穆废除体罚是不顾经验的一种空想。这未尝不是当时人的普遍观念。在这种情况下，光靠语言是无法说服对方的，钱穆必须靠自己的成功实践来推动。

一天，钱穆在学校里贴出布告：下课后，学生们都必须到操场里活动，不要逗留在教室里。

贴出布告的当天，钱穆巡视各个教室。他发现别的学生都到操场了，只有一位名叫杨锡麟的学生独坐教室，问他话时他也不回答，显得又倔强又落寞。班长告诉钱穆："杨锡麟曾犯过校规，前任校长命令他，到校后除大小便之外不许离开教室。"钱穆马上对班长说："前任校长已经离开，他的命令也就不存在了。你现在带杨锡麟去操场吧。"处理完此事，钱穆回到办公室。但刚过了没多久，便听到吵闹声。一群学生围拥着杨锡麟来到办公室，还有人提着一只死青蛙，来向钱穆告状，说："杨锡麟在操场旁的水沟里捕捉青蛙，还将青蛙撕成两半。"钱穆显然教育过学生，要心存慈善，不要虐待动物。但是此时他感觉到，如果僵硬地用以前的方法教育杨锡麟，势必会使这位"问题学生"陷入更加孤立的状态。所以，他转而对其他学生说："杨锡麟因为久坐在教室中，不和你们在一起，所以，你们知道的道理，他并不清楚。如今，他和你们一起在外面活动,你们所知道的,他也会渐渐地学到。作为他的同学,你们应该随时随地对他好好劝告,而不要大惊小怪。他刚犯一个小错误,你们就一起来告发,不是做同学的样子。以后如果再这样,我罚的是你们,不是杨锡麟。"学生们听校长如此说,一个个默默离开。

　　钱穆有心让杨锡麟和其他学生正常交往,然而,由于杨锡麟长期与众同学隔阂,所以同学们虽听从钱穆的教诲不再揭发他,但仍旧像以往一样歧视他。钱穆下决心教育好这位"问题学生",并帮助他融入正常的学生生活当中。在授课测验中,钱穆发现杨锡麟记性很好,推想其听力也佳。某天傍晚放学时,钱穆单独把杨锡麟留下。钱穆弹琴,令杨锡麟跟着琴声唱歌。弹唱一次后,效果很好,杨锡麟温雅有致,音节声调都和谐祥和。钱穆弹第二次,中途突然停止,而杨锡麟能继续唱歌,且歌声动听。钱穆很高兴,当面表扬,并问:"明天唱歌,你能一人在班上起立独唱吗?"受到鼓励的杨锡麟马上点头。第二天,当钱穆问谁愿意起立独唱时,杨锡麟举手起立。他和往日判若两人,在琴声中崭露头角。可以想到,其他的学生是如何惊讶,他们纷纷鼓掌,从此对杨锡麟刮目相看。之后,在钱穆的指导下,由蔡英章教杨锡麟唱《老渔翁歌》,使其在游艺会上大展风采。这样,学生们对杨锡麟的态度发生巨大变化,杨锡麟的自信心也被强烈地激发起来,气质发生变化,成为后宅小学中的杰出人才。

　　钱穆致力于学问,而且擅长将学问与教学结合起来,巧妙教育学生。

　　后宅小学有两位姓邹的学生,是钱穆的亲戚。家长亲自将兄弟二人送到钱穆身边。家长离开后,钱穆让两兄弟到操场玩。没多久,一群学生拉着弟弟来到钱穆的办公室,那位兄长跟在后面。学生们告发弟弟随手打人。钱穆就说:"他的年龄比你们小,你们何必怕他?如果他再打人,你们可以回手打他,我将不惩罚你们。"学生们高兴地离开。那位兄长却大哭起来,说:"我弟弟将被人打,如何承受得住?"钱穆劝导说:"你不用担心。你弟弟不先打人,别人也不会来打他。你只要好好地在一旁看好他,不要让他再随手打人了。"事实果然如钱穆所料,兄弟俩与同学们相处得很融洽。

学校里还有一位姓邹的学生，是一寡妇的儿子。他的学习成绩很好，但在校外不守规矩，其寡母虽然贤良，但对儿子没有办法。泰伯市长邹茂如将这位学生的情况告诉了钱穆，引起钱穆的注意。一年年假后，校役汇报："有两位学生在假期中私进学校，故意违反校规。"这两位中就有邹姓学生。钱穆于是决定好好教育一番。而在教育过程中，钱穆运用了巧妙的方法。

他记起《汉书》中诸名臣治郡的故事，打算把旧故事活学活用到他的教育当中。

他先把与邹生一起犯校规的另外一位学生叫来，严问其私入学校事。这位同学不敢有隐讳，承认了错误。钱穆对他说："你经常与邹生在一起，凡知道他有不守规矩的地方，就来告诉我。这件事绝不可以让邹生知道。如果你能办到，你违反校规的事可以不深究。"这位同学高兴地答应了。

隔一天后，这位同学告诉钱穆："邹生有一开猪肉铺的叔叔。每天清晨上课前，邹生都要在柜台上替叔叔收钱登账，等叔叔到了以后，邹生再到学校上学。邹生每天都要偷偷地拿一些钱，这些钱不入账，他的叔叔也不知道此事。"

又说："昨天我和邹生一起到一糖果铺买糖果，铺主人回身取货时，邹生乘机私取一小包糖果。铺主人也不知道。"

听完这位学生的话，钱穆说："你听从了我的命令，你所犯私进学校罪，可仅记一小过，不再深究。"

学生正高兴时，钱穆话音一转，教育道："我因恐邹生不能像你一样直认其罪，所以令你私下告发，以便从其他罪名处加深处罚，也可免除你当面作证。他如果能够屈服，直认其罪，可减轻惩罚，也是你已助了他一臂之力。"

钱穆对"学生打小报告"显然也是反对的，此次不得已用之，用完之后即告诫这位学生："此后，你当遵守老师的教诲，做一名好学生。你也应该珍惜友谊，不要轻易说人过错。你回去后好好想想。"此学生连声称是，欣然离去。

紧接着，钱穆将邹姓学生叫到办公室，问他是否私入学校。果然如前预料，邹生矢口否认。

钱穆连声责问道："只要已莫为，莫谓人不知。你每天私取你叔叔柜上钱，有没有此事？你昨天私取糖果铺上一小包糖果，有没有此事？"

这些话大出邹姓学生意料，顿时惊骇失色，一句话都不敢说。

钱穆见达到了效果，便说："你还有许多不守规矩的事。因你在学校功课好，所以暂时不追究。想不到你竟然不知改过。"

邹姓学生听了，更感惶恐。

钱穆继续说："你也不要以为你叔叔不知道你的事。你赶紧向你叔叔承认错误，并告诉他一定悔改，你叔叔肯定会赞赏你。你私入学校的事，也可以仅记一小过，不深究。如果你不听我的话，将受重罚，你不要后悔。"

到了此时，平日里自以为是的邹生对钱穆心服口服，不再狡辩，连连应承。

离开学校后，他马上找到叔叔当面道歉。

他马上向叔叔道歉。叔叔对他说："我早知道这件事了。你今天能悔改，真是好孩子。"此后，叔叔每个月都会给他一些工作费，比他私自取得还多。

邹姓学生从此毛病大改，可谓脱胎换骨。他的母亲特地到学校，告诉钱穆："孩子近日大变常态，能知孝道。不知是什么缘故？我特来谢谢老师！"

几件事下来，钱穆不主张体罚的教学原则早被同事们接受，学校校风大变，全镇人交相称誉。

将作文课生活化

钱穆在后宅小学开设作文课，是他教学生涯中很特别的有益尝试。这段教学经验，可以为现在的语文教师作参考，也可对那些害怕作文的学生有大益处。

有许多学生，讲起话来头头是道，甚至于讲起故事来也是娓娓动听。但一写起作文就头疼不已，觉得无话可说。钱穆对症下药，告诉学生："出口为言，下笔为文。作文就像说话，口中如何说，笔下就如何写。这便是作文。"他让他的学生把想要说的话如实写出来就行。某天下午第一堂课，钱穆出的作文题为《今天的午饭》。学生们刚吃完午饭,直接写出来就行。不过,同样的午饭,同样的环境,写出来的作文却不相同。钱穆挑选好的范文讲解。那篇文章除写了吃红烧猪肉外,还写味道很好,但有一转折,说"可惜咸了些"。钱穆就抓住这一点,告诉学生,说话须有曲折,就像这句话一样。"文似看山不喜平",有了曲折,作文就有了意思。

具备了有话可讲的基本功后,作文与说话的区别在于,作文更讲究遣词造句要恰当精练。为了达到这个目的,有一次上课,钱穆选了林琴南所著《技击余闻》中的一个故事,由他口述,命学生记下。他讲这个故事时,说了五句话,但林琴南原文中只用了简短的一句话便说得很清楚。钱穆将那句话抄在黑板上,告诉学生:"如此写,只一语可尽,你们却写了五句,便太啰唆了。"教导学生们,作文要力求简洁。

钱穆注意激发学生们作文的兴趣,有意识地组织他们到外面活动,常常边游览边作文,并互相讨论。有一天,钱穆带众学生到郊外一古墓处,只见近百株苍松掩映出一片阴凉世界,十分清幽。钱穆让学生们择地而坐,认真观察周围景色,然后就所观所想写出文章。写完后,钱穆命大家围坐一起,分别表述。在互相对比和讨论中,大家感到无穷乐趣,发言踊跃,又很容易发现自己的欠缺,哪些地方被忽略了,哪些地方被遗忘了,哪位学生写得轻重倒置,哪位同学写得前后失次……在这样美好的氛围中,学生们不知不觉有了很大的收获。

钱穆还引导学生们观察平日里容易疏忽的事物。例如,头上的风声与穿过松针的风有什么不同?黄梅雨与其他雨有什么不同?诸如此类。观察之后撰写成文,然后照例点评,气氛热烈。大家都有参与感,积极性高,讨论中发现了作文的奥妙,长进很快。

总而言之,钱穆将作文课生活化,这是很好的语文教学经验。

在钱穆的主持下,后宅初小的成绩为后宅四乡13所小学之最。

只可惜周围的环境不行。当钱穆了解到自己呕心沥血培养出来的学生,大多数毕业后不再继续读书,而是留在家中做小买卖,心里很不是滋味。于是下决心离开教育实验达三年之久的后宅初小。

之后，他在无锡县立第一高等小学短暂任教后，即受厦门集美学校聘请，开始了中学教育生涯。

在中学任教的经历

第一堂课

从1922年秋至1930年秋，钱穆先后在厦门集美学校、无锡第三师范学校、苏州省立中学担任国文老师，这就是他的中学任教生涯。八年当中，三校之间，可表述事很多，现择其重要者分别介绍。

钱穆从小学到中学任教，是人生的一个转折。介绍人为集美学校教务长施之勉。

施之勉是钱穆的同乡人，曾在常州府中学堂读书，是钱穆的低班同学，钱穆知道施之勉的名字，但二人并不认识。钱穆后来不再升学，而施之勉则就读于国立南京高等师范学校，毕业后到集美学校任教。钱穆在后宅小学的同事安若泰与施之勉是中学同学，时相过往。有一次，二人纵论当时著名学人，施之勉竟提到钱穆，说：“《学灯》上见到此人发表的文章，文体独异。可惜不知道他的资历，也不知道他现在哪里。”安若泰马上告知钱穆的情况。施之勉听后，对安若泰说：“我回去后，必定向集美学校推荐钱穆。”但施之勉的推荐并未马上被集美学校的校长接受，也许是因为钱穆学历低所致。不过，到1922年的时候，集美校长遇到一个难题，不好解决，这才重新想起钱穆。

集美学校由著名侨商陈嘉庚先生出资兴办，是一所规模宏大、颇负盛名的中学，既有高中部，也有师范部。与钱穆当时所教的小学生相比，集美的学生有主见、有见识，对老师的学识也非常挑剔。

钱穆被聘担任高中部、师范部三年级同届毕业的两班国文课。在此之前，这两班的国文课分别由一老一少两位老师担任。年老者已经50多岁，是一位老名士，但观念新，总是西装革履，并讲授白话文。年少者的观念则相当守旧，只有30岁左右，却穿长袍，讲文言文。二人观念不同，各自受到班上同学的推崇。两班风气也因此大相径庭。1923年，两人有事，均辞职而去，为校长留了一大难题——到哪儿找一位同时能被两班同学接受的国文老师？找来找去，找不到合适的人选，于是想到了钱穆。

校长征询施之勉的意见："前一段时间，你推荐的那个人，他能胜任此职吗？"

施之勉对钱穆很有信心，拍着胸脯说："岂止是特别胜任，而且必定有出色过人处。"

施之勉为人极好，儒雅忠厚，在集美很有威信。校长见施之勉如此推崇，这才下决心"破格"聘请钱穆。即便如此，仍旧连日不安，生怕出事。

钱穆并不知晓这些事情。他也并不知道，他在集美上的第一堂课，可能会面临巨大的风险——或新或旧，都可能遭到学生们激烈的抵触。而校长也正徘徊于课堂之外，等着钱穆授课的效果。

钱穆为两班所上的第一堂课，都讲授曹操的《述志令》一文，讲述自己治中国文学史的新收获。

曹操是历史上的争议人物，是一位大政治家、大军事家，也是一位文豪。但世人所知，多集中在他对诗歌的贡献上。世人所传诵的也多是像《短歌行》之类的诗歌，却不知他在其他文体上的贡献。钱穆好学深思，他在研究中国文学史时，发现汉末建安时期，不仅五言诗兴起，而且散文也与以前大不相同。曹氏父子对此有大贡献，而曹操的《述志令》乃是这一时期最杰出的作品之一。

《述志令》又名《让县自明本志令》，曹操56岁时所作，是一篇带有自传性质的重要文章。此文文笔朴素，但胸襟阔大，于平静中含雷霆，于低调中隐大志，是不可多得的千古佳作。然而，不知何种原因，此文长期被文化界所忽视。《文选》中没有此文，《三国志》中也不录，裴松之注《三国志·武帝纪》时把此文加上，但也没有引起多少注意。所以，集美的学生们更不知有此文。而钱穆一旦将此文娓娓道来，顿时激起学生们的兴趣。无论守旧者还是求新者，无不对钱穆推崇佩服。

几堂课下来，校长大喜过望，特地以盛宴款待钱穆。施之勉也可以把实情告诉钱穆了。

在无锡三师

1923年，钱穆回无锡，被江苏省第三师范学校（简称"无锡三师"）聘任为国文教师。无锡三师也是江苏名校，第一任校长为顾述之，规划设计了很好的制度和办学方针，并定下校训为"弘毅"二字，教育学生："士不可以不弘毅，任重而道远。"学校的大礼堂、博物馆、图书馆均有相当规模，给师生们很好的学习环境。学校非常注重培养学生独立思考、独立研究的能力。"功课虽然紧，学生还于课余作自己的研究。……高班三年级学生常常在《时事新报》的'学灯'投稿，其中袁家骅、顾绶昌两同学，更与北大教授朱谦之讨论美学问题。"（徐铸成：《徐铸成回忆录》）学校内名师不少，国文教师尤其突出。担任四年级国文教师的钱基博，在国学界已享盛名，钱穆就是他推荐来的。沈颖若则是柳亚子在南社的诗友，名震诗坛。

刚到无锡三师时，钱穆被聘为一年级国文教师。由于二年级国文教师没有合适人选，也由钱穆兼任。无锡三师要求每一国文教师，随班递升。除讲授国文正课外，每年还要兼开一课，讲义由国文教师自己编写。钱穆在无锡三师四年，一年级时上"文字学"，二年级时讲《论语》，三年级讲《孟子》，四年级讲《国学概论》。他也因此有了四本讲义，分别为《文字学大意》、《论语要略》、《孟子要略》、《国学概论》。其中，《文字学大意》后来遗失，直到钱穆晚年写《师友杂忆》时仍遗憾，称："不知往日三师旧学生中，亦仍有藏此讲义者否。今僻在海外，亦无可访求矣。"《论语要略》讲义，由商务印书馆于1925年出版。《孟子要略》讲义，由上海大华书局于1926年出版，上海开明书店又在1948年印行，改名为《孟子研究》。《国学概论》讲义，大部分是钱穆在无锡三师完成，小部分在苏州省立中学完成。

钱穆讲课，多有创意。因讲授内容都是他经过仔细研究的，所以能讲得清晰透彻，学生们很容易理解，又能激发他们的兴趣，促使他们向更"深"的知识海洋探索。后来成为新闻学家的徐铸成，就是钱穆当时的学生。他这样回忆：

> 到三师时，钱先生学问已很成熟，能融会贯通。他常说做学问要自己跳出来，提倡创新。钱先生平时给人印象桀骜不驯，但学生和他接触时，很和蔼可亲。他住在三师。在钱先生教我的一年里，学生们经常到他寝室里去，我也常去。当时三师的教师，都住在学校的宿舍里，一人一间，数钱先生最清简。他作风简朴，刷牙用牙粉，满桌都是书。钱先生早晨、午间练字，直到练麻了手才止。一看，就知钱先生完全是搞学问的。三师国文课特别重要，一周五天有国文课，还有几小时读经课。我就听了钱先生一年课，这一年，他教《论语》、《孟子》。他教的与别人不同。钱先生在学问上，喜创新，喜突破别人做过的结论，总是要自己想，执着自己见解。学生们对他很钦佩。（徐铸成：《难忘的老师——追念钱宾四先生》）

在无锡三师的四年，钱穆本人收获颇丰。他称："三师风气纯良，师生如家人，四年未遭风波。"（钱穆：《师友杂忆》）在稳定而向上的整体环境中，除授课外，钱穆与同事、学友们互相切磋，增长学问。图书馆里藏书丰富，并陈列各种最新的报刊新书，如《胡适文存》、《独秀文存》、《学衡》、《科学》、《申报》等无不全备，钱穆由此熟知学术界最新思想及动态，使其境界又上一层。

编写四讲义

钱穆在无锡三师四年，一年级时上"文字学"，二年级时讲《论语》，三年级讲《孟子》，四年级讲《国学概论》。由于讲义由国文老师自己编写，钱穆因此有了四本讲义，分别为《文字学大意》、《论语要略》、《孟子要略》、《国学概论》。对于"文字学"，钱穆早在教小学时就倍感兴趣，并有过美好的回忆。无锡三师中重新教"文字学"，他决心作一很好的研究，并以此阐述六书大义，使学生们了解中国古人造字之精妙，且从中国文字学推阐出中国传统文化之由来。这些讲义非常重要，钱穆将讲义油印几十份发给学生，可惜自己所留的却在后来的战乱中遗失了，直到晚年还很感遗憾。幸运的是，笔者于今年的《中华读书报》上读到张京华先生所写《钱穆先生的一种集外佚著》，知道这本重要的《文字学大意》尚留人间。据张先生讲：

笔者于数年前在镇江旧书店获见钱穆先生这部文字学讲义，题名《文字学大意》。讲义为宣纸油印线装，近60页120面。封面、目录及书口三处都印有书名，但书口中间部分若干页印作"文字源流"。目录一页，书名下题"无锡钱穆编"，署有编定日期"十三·六·十九"。内容共三章六节，三章的标题由"生成期"、"发达期"、"完成期"构成，六节的标题分别为：文字之发生——六书中之象形、文字之成立——六书中之指事、图绘文之变进——六书中之会意、符号文之变进——六书中之形声、字义之归纳——六书中之转注、文义之演绎——六书中之假借。可知这部讲义的主线确实是讲六书大义，而其最大的特点是将六书置于进化论的框架之下，分别以六书代表文字演进的三个阶段。这一点在民国初期的文字学著作中少见。

讲义在第四节形声部分讨论了右文问题，共26面篇幅，举出"辟"字等共51例。

讲义的字迹规整，书写风格不似钱穆先生，应该是由学校的教务部门统一写刻的。另据钱穆先生所述，无锡三师4个年级共有约200名学生，一个年级平均有50人，这部讲义书口页码下印有"新二"字样，大概代表年级。因此估计讲义印了50份或者稍多一点，应该说确属难得。

而笔者所获这部讲义最后一节有不少误刻，讲义上则以铅笔改补勾乙，如原书说："文字有一义而数字者，亦有一字而数义者，一义而数字者谓之假借。"后一句铅笔增补为："一义而数字者谓之转注，一字而数义者谓之假借。"这些增补为繁体，可判断为规矩幼嫩的学生体，推测或许即"往日三师旧学生"中之一人，当时在任课教师指导下作此修正，故可以间接视同钱穆本人的修改，尤其具有特殊的价值。

钱穆先生中年以后治学即明显具有理学、经学家的趋向，晚年尤甚，他回忆并且惋惜早年这部文字学讲义，同时也是他唯一的文字学著作，是否有意将其纳入小学、辅经的序列，完全不得而知，但他年届八十而有此一番回忆，并且点醒从中国文字学推阐中国文化之由来一层深意，与陈寅恪"解释一字即是作一部文化史"的见解如出一辙，已足使后人钦重铭记了。（《中华读书报》2011年02月16日13版）

担任无锡三师二年级国文教师时，钱穆讲授《论语》，并编讲义《论语要略》。对于《论语》，钱穆是再熟悉不过了，他在梅村县四高小任教时即写成《论语文解》，但并不固步自封，而是要求自己吸收新鲜的养料，产生新的见解。有位名叫郭瑞秋的同事，就住在钱穆的隔壁。此人是钱穆中学时的同学，后留学日本，所以屋里书架上放着不少日本书。其中，林泰辅的《周公传》，蟹江义丸的《孔子研究》，钱穆非常喜欢。他记得梁启超曾说过："自修日本文，不两月，即能读日本书。"于是开始自学日文，不到一个月，即开始读《周公传》和《孔子研究》。他试着翻译了一部分《周公传》。而《孔子研究》的内容，则为他编写《论语要略》提供了新的参考。此讲义出版后受到学术界的关注。所以，钱穆在1930年到北京见到冯友兰教授时，冯友兰开口就说："从来讲孔子思想绝少提及其'直'字，君所著《论语要略》特提此字，极新鲜又有理。我为哲学史，已特加采录。"（钱穆：《师友杂忆》）

1925年，钱穆讲授《孟子》，并编《孟子要略》讲义。这个讲义介绍了孟子的主要思想，并总结出孟子对后世的三大贡献：第一，发明了"性善"大义，这一大义，成为中国传统政教纲领，也成为中国传统文化精神的基础。第二，孟子言"养气"，"养浩然正气"。第三，孟子讲尽心知性，尽性知天，此为孟子心学，是中国古人天人合一、性道合一的宇宙观。

1926 年，钱穆担任四年级国文教师，讲《国学概论》，并随讲随录。1927 年秋，钱穆转校，但继续完成了讲义。《国学概论》已初见钱穆博大的学识和涵养。这是一部讲述中国两千年学术思想发展演变的讲义，由钱穆自成体例，讲述孔子与六经、先秦诸子、两汉经生今古文之争、宋明理学等，其上起春秋，下至民国，内容繁多，而表述极为明了，可以作为中国学术思想史的入门书。此书出版后广为流传，深受读者青睐。而对于钱穆本人来说，此书成为他"以通驭专"的开端。他一生注重并提倡通史，认为即便治专门史，也应该有通史的知识。也可以说，此时的钱穆，虽然还在打基础阶段，但已具备通儒的雏形。

在苏州省立中学

1927 年秋，钱穆 33 岁。由无锡三师同事胡达人推荐，转入苏州省立中学，担任最高班的国文教师兼班主任，也是全校国文课主任教席。

苏州中学建立于前清紫阳书院旧址，环境清幽，有山林之美。文化底蕴丰厚，校内名师辈出。国学大师王国维等人曾在此执教，吴梅、吕叔湘等国内一流学者曾在此与钱穆一起任教，国内学界名流受邀到此讲学的有章太炎、胡适等人，培养出的人才有博古、顾颉刚、胡绳等人。校园附近有孔子庙、南园遗址，城内有旧书摊，富有文化气息。

钱穆在此，仍是教学相长。对学生而言，听课是一种教育；而老师的言谈举止、志趣爱好，则有模范作用，似乎更为重要，启发引导着学生。

在学生胡嘉的记忆中：

钱先生身躯不高,常穿布大褂,戴金丝眼镜,头发偏分,面露笑容,口才很好。讲解古文,巧譬善导,旁征博引。他的"国语尽皆吴音",但音吐明白,娓娓动人。有时还高声朗诵,抑扬顿挫,余音绕梁。他教国文和学术文两课程,其实学术文也是选读从古到今代表每一时代学术思想的文章,例如先秦时代,他选司马谈《论六家要旨》。讲课同时,他又讲当时学术思想的发展演变,还教学生做笔记。我因记录详细,并参考各书引证,受到钱先生的赞赏。(胡嘉:《钱师音容如在——读〈八十忆双亲 师友杂忆〉琐记》)

钱穆的侄儿钱伟长听取了钱穆的意见,此时考到苏州中学就读。他也成为钱穆的学生,耳濡目染,深受四叔的影响。他曾深情地回忆当时情景:

我到苏州中学读书,学费书杂费、生活开支全由四叔负担。他在苏州任教时,朝迎启明、夜伴繁星的苦读,经、史、子、集无不精读,时而吟咏,时而沉思,时而豁然开朗。我看他读书的滋味,简直胜过任何美餐。与当年一样,我仍从旁伴读。有时还听四叔讲文学,从《诗经》、《史记》、六朝文赋讲到唐诗宋词,从元曲讲到桐城学派、晚清小学,脉络清楚,人物故事有情有节,有典故,有比喻,妙语连珠,扣人心弦。就这样,我和他朝夕相处,耳濡目染,学到了不少东西。记得我考清华大学时,考卷中有一道题,问《二十四史》的作者、注者和卷数,许多考生觉得很出人意料,被考住了,而我却做了完满的回答,得了满分。这些都是从四叔平时闲谈中获得的知识。(倪平:《钱伟长谈四叔》)

钱穆的许多学生都有同样的感觉:认为在课外所受教益,甚至超过课堂上的正式讲学。如李埏、余英时等人都有类似的表述。这正能见出师表对学生的影响之大。

在苏州中学,除完成《国学概论》外,钱穆还撰写《墨子》、《王守仁》二书。又应苏州青年会学术演讲会邀请，讲《易经研究》一题，此讲义后收入钱穆的《中国学术思想论丛》第一编中。还有一件更大的事情，就是撰写《先秦诸子系年》。此项工作前期准备已花费数年时间，钱穆立志花大工夫完成此著作。当时国内学界大谈先秦诸子，钱穆所持观点与报刊上的观点不同。为避免争论使自己忙于答辩而浪费时间，钱穆没有急于发表自己的观点，而是潜下心来著述《先秦诸子系年》。

苏州中学虽为一中学，但学术气氛好，又广邀大学教授来此交流，使钱穆的视野和交际圈扩大，为其进一步发展奠定了很好的基础。笔者行文至此，不由得对当时苏常地区的学风羡慕不已。正如严耕望讲："清末民初之际，江南苏常地区中小学教师多能新旧兼学，造诣深厚，今日大学教授，当多愧不如。"（严耕望：《钱穆先生与我》）

在大学的教学经历

在燕京大学

1930年秋，36岁的钱穆北上北平，担任燕京大学讲师，为大一、大二学生讲授国文。当时没有统一教材，钱穆选用曾国藩《经史百家杂钞》一书，但讲课过程非常灵活，学生可以在听课时临时申请老师来讲某文。这样做，无疑是对老师的考验，没有扎实的功底和广博的学问，无法这样教学。同时，这种讲法调动了学生的积极性，增强了他们对国文的兴趣。

钱穆讲课，精妙绝伦，既能由浅入深，旁征博引，又能庄谐并作，妙趣横生。将知识与乐趣巧妙地结合在一起，又能在讲述国文的同时贯彻自己的精神，启发学生的兴趣和独立思考的能力。他在燕京大学的讲课时间不到一年，却为学生打开一扇智慧的大门，给他们留下很深的印象。当年在国文系就读的李素回忆："宾四先生精研国学，又是一位渊博多才、著作等身的好老师，采用旧式教授法，最高兴讲书，往往庄谐并作，精彩百出，时有妙语，逗得同学们哄堂大笑。"她还回忆钱穆在燕京讲台上的风采："宾师是恂恂儒者，步履安详，四平八稳，从容自在，跟他终年穿着的宽袍博袖出奇地相称。他脸色红润，精神奕奕，在课堂里讲起书来，总是兴致勃勃的，声调柔和，态度闲适，左手执书本，右手握粉笔，一边讲，一边从讲台的这端踱到那端，周而复始。他讲到得意处突然止步，含笑而对众徒，眼光四射，仿佛有飞星闪烁，音符跳跃。那神情似乎显示他期待诸生加入他所了解的境界，分享他的快乐。他并不太严肃，更不是孔家店里的偶像那么道貌岸然，而是和蔼可亲。谈吐风趣，颇具幽默感，常有轻松的妙语、警语，使听众不禁失声大笑。所以宾师上课时总是气氛热烈，兴味盎然，没有人会打瞌睡的。而且他确是一位擅长诱导和鼓励学生的好老师。"（关国煊：《国学大师钱穆先生传》）

当时，20岁出头的杨绛从苏州前往北京清华大学读书时，曾与在燕京大学教书的钱穆结伴同行，也受到了一次特别的"教育"，可以印证钱穆此时的讲学特点。杨绛的回忆文字如下：

> 车过蚌埠后，窗外一片荒凉，没有山，没有水，没有树，没有庄稼，没有房屋，只是绵延起伏的大土墩子。火车走了好久好久，窗外景色不改。我叹气说："这段路最乏味了。"宾四先生说："此古战场也。"经他这么一说，历史给地理染上了颜色，眼前的景物顿时改观。我对绵延多少里的土墩子发生了很大的兴趣。宾四先生对我讲，哪里可以安营（忘了是高处还是低处），哪里可以冲杀。尽管战死的老百姓朽骨已枯、磷火都晒干了，我还不免油然起了吊古之情，直到"蔚然而深秀"的琅琊山在望，才离开这片辽阔的"古战场"。（转引自刘仰东：《钱穆的精神资本》）

对此，刘仰东先生认为："我们也可以将这段记忆看作杨绛随机给钱穆抽出的一道题，即这不是一个孤证，只不过火车开到这儿了。它还印证了钱穆说过的一句话：'游历如读史、尤其如读一部活历史。'"

学生们喜欢钱穆老师，钱穆老师也非常爱护学生。在第一次月终考试中，钱穆按照在中学教书时的习惯给学生批分数。他的观念是："分数无明确标准，仅以分成绩优劣。成绩分优劣，亦寓教育意义。优者以寓鼓励，但不宜过优，故余批高分数过八十即止，极少在八十五分以上者。劣者以寓督劝，故余在一班分数中必有低于六十分者，以为分数不及格只补考一次即可，然常不在五十分之下。"（钱穆：《师友杂忆》）按照这一观念，学生中自然有不及格的。然而，他很快被学生告知，新生月考不及格就要被学校退学。他因此知道学校的标准和自己的观念不同，如果自己不重新批分数，将有学生受其伤害。他马上与校方交涉，也不管是否因此得罪主事的领导，也不管是否因此坏了燕京大学的规矩，总而言之，他最终坚持到能够另批分数，使得全班没有一个学生退学。

钱穆喜欢奖掖后进。他发现女生李素英《燕京大学赋》一文写得好，特加称赏。不仅写了密密麻麻的评语，而且当作范文在课堂上仔细分析。李素英之名，因此传播在燕大和清华两校之间。李素英后来改名为李素。钱穆在香港创办新亚书院时，李素服务于书院图书馆，专门负责编英文书目。她在钱穆60寿辰时，又写《由祝寿想起》一文，回忆起老师燕大讲学时的情景：

> 提起宾四先生，我首先会想到他蔼然的目光，经常透露着深邃的智慧和热诚；和讲书讲得起劲时，那张涨得通红的日字脸，焕发着"自得其乐"的光辉。他讲授国文，在替古人说话之外，常常加上自己的新意，这就是一种吸引力，使我们这班学生不能不聚精会神去倾听的。他批改文卷也是那么精心细致，因势启发，诱导谆谆，我对于文学固然已有爱好的倾向，但我之敢于多所尝试，从事习作，宾四师也曾经给我以很大的鼓励。尤其是其中每一句批语，至今铭记不忘，它给予我无限的勇气与自信，这对于我的人生有着极大的裨益。

对于钱穆来说，到燕京大学任教，是他职业上的一大转机。他在这里收获丰厚，在环境优美的郎润园完成了《先秦诸子系年》的写作，并写出《周官著作时代考》、《周初地理考》等学术长文。在此期间，他的《墨子》、《王守仁》二书出版，《刘向歆父子年谱》在《燕京学报》第7期发表，他开始在北平这一大的学术平台迈出坚实的步伐，使自己的人生有了新的拓展。他也给燕京大学留下了很美好的痕迹。在他的直言下，原来的"M"楼改名为"穆"楼，"S"楼改名为"适"楼，"贝公楼"改名为"办公楼"……如今，当我们来到北京大学（北京大学原在沙滩，后与燕京大学合并，移至燕园），徜徉在湖光塔影的燕园时，不要忘了，"未名湖"的名称也有钱穆的一大功劳。

在北大任教

钱穆的印象中，燕京大学上课，学生最遵守纪律，绝对不缺课，而且勤于笔记。清华大学的学生也不缺课，然而记笔记方面不及燕大学生。北京大学的学生是最自由的，选读此课者可以不来听讲，而课外来旁听者又特别多。

1931年夏，钱穆转任北京大学史学系副教授，不久成为教授，先后讲授过"中国上古史"、"秦汉史"、"中国近三百年学术史"、"中国政治制度史"、"中国通史"等课程。同时，他又受邀在清华大学、北平师范大学兼课，深受学生敬重。

不过，北大自蔡元培主校以来，"学术自由"的风气已深入人心。从另一个角度，也可以说，北大的师生向来是不怎么好对付的。钱穆自称："余自入北大，即如入了一是非场中。自知所言触处有忤，然亦无自奈何。"

钱穆讲"中国上古史"，有人就来信，挑衅地说："君不通龟甲文，奈何觍颜讲上古史。"钱穆上课时，把这封信的内容公开。对学生们讲："你们应该知道，龟甲文之外，尚有上古史可讲。你们试着听一听，怎么样？"说过此话后，钱穆继续讲课，学生们听得很是认真。

有一次，钱穆讲着讲着，即兴发挥道："事有可疑，不专在古，古亦多无可疑者。如某姓钱，此钱姓即属古，无可疑。余确信有父有祖，乃至高曾以上三十几代前，为五代吴越国王钱镠。以上仍有钱姓。近乃有人不姓钱，改姓疑古，此何理？"（钱穆：《师友杂忆·北京大学》）

课后，有人就来问钱穆："你怎么这么大胆？你可知道，听你讲课的学生中也有钱玄同之子吗？"

钱玄同是北京大学的名教授，按照资历，称得上钱穆的前辈。他又是新文化运动的重要人物，以提倡文字改革著称。钱穆所讲"近乃有人不姓钱，改姓疑古"，似乎即专指钱玄同。所以有人便来提醒钱穆，少给自己惹是非。钱穆回答："我讲的是上古史课，如果我也疑古，将无法讲课。"

不久，一次宴会上，钱穆正好与钱玄同挨着，于是引来一段对话。

钱玄同问钱穆："你知道我有一子在你班上否？"

钱穆回答："知道。"

钱玄同告诉钱穆："你上课时所讲的一言一句，我儿子必定详细记录。"

钱穆应酬着："他这样勤奋好学，很是难得。"

钱玄同又说："他所记录的笔记，我也过目，一字不遗。"

钱穆很是警觉，恐因此在这种场合与钱玄同发生争执，就不再说话。

结果，反而是钱玄同说："他非常信奉您所讲的，却不遵从我的说法。"

钱穆连称："是，是。"却不便多言。

钱玄同见此，改了话题。

紧接着，钱穆又因为学术观点与深受北大学生爱戴的胡适教授不同，而"风波"不断。

一天，有人责问钱穆："你怎么这么无情。你知道胡适之先生近日患病住院了吗？"

钱穆回答："我刚刚知道。"

来人就说："适之先生对您尊重有加。有人问他有关先秦诸子的问题，他说可以问您，不必再问他。现在，他病了，探访者挤满屋子。您怎么可以不去呢？"

钱穆回答:"你说的是两码事。你如果非要把这两种事情合在一起看,你让我如何为人?"

过了一段时间,有一新学生告诉钱穆:"同学们告诉我,当用心听适之老师和您的课,因为你们在课堂上所讲的正好相反。不知道你们是否当面讨论过,能否合为一种观念?"钱穆回答:"不同处正可以体现出学问之需要。你正应该从这些地方思考,自己有所觉悟。如果别人都把答案告诉你了,你又何必多学多问?"

钱穆和胡适私交很好,但学术观点不同。钱穆与胡适曾多次讨论"老子年代问题",但没有结果。关于"孟子"等先秦哲学问题,两人也多意见不同。学生们对此非常关注,甚至在报纸上推波助澜。胡适有时候虽不高兴,但对钱穆仍是非常看重。当商务印书馆请胡适编中学国文教本时,他也马上想到了钱穆,打算与钱穆合作完成。钱穆认为不好完成,便实话实说:"对中国文学上的观点,我们两人非常不同。如果各编一部,使国人对比着读,将会很有益处。但如果我们两人合编,这事却不容易。会让读者没有办法看到真正的观点。"此事只好作罢。

最有意思的是,钱穆与胡适讲课内容不同一事,还被北大同事的夫人们所关注。她们也到钱穆和胡适的课堂上旁听,听完以后,便有了谈资。由此也可知道,钱穆上课时的盛况。

钱穆的讲义也被学生们"热追"。以前,梁启超曾讲授"中国近三百年学术史"。钱穆的观点与梁启超不同,因此特开此课程,并自编讲义。一天,有人打电话过来,询问一个细节。钱穆很惊讶,问:"这些内容我还没讲。我的讲义已交付北大讲义室,等下周上课时才领取分发,你怎么会知道这些内容?"对方在电话中哈哈大笑,说:"您的讲义,人人都可以向讲义室预定。先看到的已经群相讨论了,您竟然不知道?"可见,钱穆的被关注程度。

然而,到了第二年,当钱穆改开"中国政治制度史"一课时,却差点被打入"冷宫"。系主任竟然不同意钱穆开此课,认为:"中国秦以下政治,只是君主专制。今已改为民国，以前的政治制度可以不再研究。"钱穆不以为然，辩驳道："现在治历史，也应该大略知道以前究竟如何专制呀。怎么可以全部不问？"多次争执，不被同意。最后，钱穆说："我来北大任课时，就已约定，上古史秦汉史由学校规定，剩余一课可以由我自由开讲。按照这个约定，如果我想上此课，不论选课学生有多少，学校也不应该阻拦。"这么一说，系主任无话可说了。不过，当钱穆坚持上此课后，他发现自己所在的文学院，竟然没有一位学生来选课。好在，当时法学院院长周炳霖知道钱穆开此课，告诉法学院政治系主任："我院的学生，只知道西洋政治，却不知晓中国政治，这是欠缺。听说文学院开此课，当令学生前往听课。"北大校内，学生们选课自由。所以出现了一个怪现象。钱穆在文学院历史系讲课，却是政治系全班同学听讲。过了一段时间，历史系的学生们终于也耐不住了，都来听课。上课的学生越来越多，讲课地点不得不一再调换，由小教室换到大讲堂。

1961 年，钱穆应香港某学术机构邀请作了 8 次讲演，在以"如何研究中国政治史"的讲演中，提到了此事："忆起三十多年前，本人在北京大学历史学系开讲中国政治制度史一选修课，当时史学系学生多不愿修习此课。彼辈认为此刻已是民主时代，开这门课，对时代讲来没有意义。后来还是北大法学院同学，受了该院院长及政治系主任的忠告，劝他们说，你们学的都是西方的政治制度，不妨也知道一些中国以往的，来作比较。因此他们倒有许多人来选修此课。开讲既久，文学院历史系学生也多来旁听，挤满了一讲堂。"（钱穆：《中国历史研究法》）

再往后，钱穆开讲难度更大的"中国通史"课程。在以前，中国通史一课，由北大分别聘请北平史学界精通某时代的专家，分门别类地讲解。钱穆却有自己的独特见解，并在讲堂上对学生们讲："我们的通史一课实大不通。我今天在此讲，不知前一堂何人在此讲些什么，又不知下一堂又来何人在此讲些什么。不论所讲谁是谁非，但彼此实无一条线通贯而下。诸位听此一年课，将感头绪纷繁，摸不到要领。故通史一课，实增诸位之不通，恐无其他可得。"

钱穆的这番议论，得到很多人的共鸣。但有人提出疑问："通史一课，虽然不应当分别由多人担任。可是，求一人独立承担，不是一件容易事呀。"接着提出建议："如果由钱穆教前半部分，由陈寅恪教后半部分，两人合任，说不定就可行。"陈寅恪是大家公认的最博学的教授。但钱穆仍持自己一贯的独立态度，说："余自问一人可独任全部，不待与别人分任。"（《师友杂忆·北京大学》）最后，学校决定由钱穆一人上中国通史课。有人认为钱穆很是狂妄，其实不然，当钱穆把全部精力投入到这一艰巨的项目中时，他本人在学问上获益很多，他的学生们受益更多。

任继愈回忆："我大学一年级时听他讲中国通史，这是文科、法科的共同必修课，听讲者甚众，在二院大礼堂上课，座无虚席，初听时，不大适应他的无锡口音，听了几次，习惯了，很感兴趣。钱先生讲课生动活泼，感情充沛，声音洪亮，听者忘倦。他善于利用地下考古材料，结合文献，开头讲上古殷商史，利用王国维甲骨文研究成果，内容显得十分充实而有说服力。"（任继愈：《钱穆先生》，出自《念旧企新——任继愈自述》）

詹耳有类似的记忆，而且还道出了学生们对钱穆的亲切之情。他说：

> 当我在北京大学上一年级的时候，宾四先生已是名闻遐迩的名教授了。他那时所授课程"中国通史"，差不多和胡适之先生的"中国思想史"同样叫座。当时北大文学院着重基本课程的训练，所有中西洋通史，哲学史，大一英文、国文，都由学养有素的学者专家讲授。宾四先生给我的第一个印象，是小小个子，可是讲起中国历史来，见解新颖，史实的援引，尤左右逢源，历历如数家珍。每当下课后，同学间总不约而同地问："那小家伙是怎样的？"语气之间，是赞叹他对中国历史知识的渊博，游夏之徒，实在不能赞一辞。讲到课堂上授课的情形，宾四先生总是越说越有劲，思想兼带着史实，如江河之下泻，一路下来，两小时便不知不觉过去了。（詹耳：《宾四先生二三事》）

钱穆讲课，感染力强，因为他的爱国情浓，所以也将这种感情和精神贯透到讲学中，教育着青年学子。正如余行迈所说：

> 钱先生讲这门课，并非面面俱到，而是根据他研究所得，自成体系，既无枯燥的史实铺陈，又非刻板的理论说教；而是如同一首有血有肉的长篇史诗，引人入胜，感人肺腑，发人深思，可以说是把通史讲"活"了。……记得他讲唐、宋这段历史时，正是日本军国主义者加紧进行侵略华北的阴谋活动，指使其浪人在北平无端寻衅，到处捣乱的多事之秋。那些浪人闯进国民党军事委员会北平分会所在地中南海，如入无人之境，吵闹叫骂，并随处大小便，无恶不作，却无人敢出面；军分会主任何应钦躲了起来，最后被迫悄然南归。面对这股妖氛，钱先生在课堂上攘臂大讲唐代出现的与此惊人相似的事件……如此等等暴行之得逞，乃是当时唐朝统治者软弱退让之结果。同样钱先生讲到北宋末年金兵进攻汴京时……钱先生抚今追昔，痛述国难惨史，言者惊心，听者动魄，均有这不是"历史"，而是"现实"的切肤痛感，从而加强了同仇敌忾、救亡图存的爱国民族意识。钱先生就是这样把历史感与现实感很好地结合起来讲授中国通史的，所以能使学者既获得系统的基础知识，又受到深刻的爱国主义教育，可以说是通史教学的典范，在当时是不可多得的。(余行迈：《回忆钱穆先生抗战前在北大任教往事片段》)

曾在北大旁听的刘祖春也有切身体会："我俨然像一个正牌的北大学生拿一个笔记本一支钢笔到北大理学院（现在是人民教育出版社地点）大课堂听钱穆讲中国通史。钱穆是个刻苦自学成为中国历史学方面的名家，声誉很好，课也讲得很好，能激发青年人的民族自强自尊心。"(刘祖春：《忧伤的遐思——怀念沈从文》)

不知不觉中，钱穆已进入最受北大学生喜欢的名师行列。钱穆、汤用彤、蒙文通三人，被称为"岁寒三友"。"钱先生的高明，汤先生的沉潜，蒙先生

的汪洋恣睢，都是了不起的大学问家。"（李埏：《昔年从游之乐，今日终天之痛——敬悼先师钱宾四先生》）

后来，严耕望在《治史答问》中专门有"我对于中国通史讲授的几点意见"一章，从专业角度论及讲授"中国通史"的难度，称：

一般而言，讲"中国通史"应顾及中国历史的各方面，但极其难讲。因为若面面俱到，平铺述说，必将与高中历史课相重复，或无大差别，学生不会有兴趣。我听说好些讲通史的人摆脱全面讲述的方式，而采取因时代不同的重点方式进行，这也是不得已的办法。但此又容易落到近乎专题讲演的毛病，不成其为通史。所以又必须折中于重点与全面之间，并能上下脉络连贯一气，与断代史有别，与专史也有别。因为有此种种考虑，所以大学"中国通史"可说是所有历史系课程中最难讲的一门课。

过去大学"中国通史"课教得最成功的，我想应数钱穆宾四先生为最，因为他学力、才气兼备，加以擅长讲演，又富于民族感情，所以他在北京大学讲"中国通史"，据说极一时之盛。此外就我所知，没有一个人能兼备这四项条件，所以也就不能有他那样的卓越表现。虽然我当时尚在南方读中学，不能聆听钱先生的通史课程，但后来抗日战争期间，他到武汉大学讲学一个月，我听了他几次通论性讲演，并读到他的《国史大纲》，章节编制与一般通史迥异，内容尤多警拔独到处，往往能以几句话笼罩全局，精悍绝伦。想象他在北京大学讲通史时，正当四十余岁的盛年，精力充沛，驱之以民族感情，发之为锋利讲辞，其能动人心弦，激发青年爱国情操，可以想见。若讲通史皆能如此，必能增加青年们对于国史文化的向心力，进而有助于民族感情的凝聚，与青年爱国精神的提升。只可惜，这是件不可能的事，因为难找到很多能讲好"中国通史"的人才。

在北平师范大学兼课

在北大授课的同时，钱穆又受邀在清华大学、燕京大学兼课，非常忙碌。北平师范大学历史系主任也慕名前来，请钱穆兼秦汉历史课。来人既是史学界前辈，又言辞恳切，有坚求必允之意。钱穆婉转地拒绝："我现在是北大的老师，按照北大校规，校外兼课只许四个小时。现在我已经在清华、燕大兼课，时间正好是四个小时。两个学校的课已经开始，无法中断。如果再去师大兼课，势必会违反北大校规，这是我不愿意也不可以的。"来者见此，只好离去。然而，过了几天后，对方又来了，说已经做通了北大校方的工作，钱穆去师大兼课，北大绝不过问。钱穆见此，只好答应。他却不知，此行其实是有些风险的。

钱穆回忆上第一堂课的情景时，称："及登堂，听众特多，系主任亦在窗外徘徊。"

系主任何以如此担心？

钱穆道出原委，称："第二周课毕，系主任邀余赴其办公室。告余，真大佳事。此课本请某君担任，上堂后，学生问，中国封建社会系秦前结束，抑秦后开始，又或秦前秦后一体直下无变。某君所答，听者不满，争论不已，终至哄堂而散。某君遂决不再来。别请某君，复如是，仍哄堂而散。某君遂亦决不来。恐直言相告，先生决不愿来。今幸两堂过，学生竟不发此问。并闻对先生深致满意。真大佳事。"（钱穆：《师友杂忆·北京大学》）

如此看来，北师大的学生对老师的要求也是非常高的。而钱穆从 1934 年到 1937 年兼课期间，一直受到北师大学生的拥护和爱戴。

李埏有些回忆文字，能反映当时的真实情形：

1936 年，我在北京师范大学历史系上学。这年的下半年，学校聘请钱宾四先生来系兼课，讲授秦汉史。宾四先生是北大的名教授，同学们早就想望风采，希望得亲炙受业。因此，课程表一公布，大家便奔走相告，莫不雀跃。始业前夕，一位高年级同学对我说："明天上秦汉史，咱们可得早点儿去，否则就没有座位了。"第二天，我们提前半小时进了教室，但前十几排座位已无虚席了。那时，北师大文学院在石驸马大街，最大的一个教室只能容二百人。而听讲者除本校学生外，别校一些学生也闻风而来，所以把教室挤得水泄不通。这种状况，直到学期末、课程结束时犹然。

宾四先生讲课，从未请过一次假，也没有过迟到、早退。每上课，铃声犹未落，便开始讲，没有一句题外话。特别给学生们感受最深的是，他一登上讲坛，便全神贯注，滔滔不绝地讲。以炽热的情感和令人心折的评议，把听讲者带入所讲述的历史环境中，如见其人，如闻其语，永远留在我们的脑海中。我在中学时，已阅读过《通鉴》、《史记》和《汉书》；在读私塾时代，还背诵过《史记菁华录》以及《古文观止》中所选的秦汉文章，如《过秦论》、《治安策》、《贵粟疏》，等等。因此，初上课时，还自以为有点基础，并非毫无所知。不料，听了几次课后，我便不禁爽然自失。我简直是一张白纸啊！过去的读书，那算是什么读书呢。过去知道的东西，不过是一小堆杂乱无章的故事而已。我私自庆幸有机会遇到这样一位良师，闻所未闻，茅塞顿开，能多听一句教言也好。（李埏：《昔年从游之乐，今日终天之痛——敬悼先师钱宾四先生》）

钱穆对学生们的影响还不只在课内。对于有心的学生来说，钱穆在课外给他们的益处更大，甚至可以影响他们的一生。

且看李埏下面这些文字：

每当下课，一些高年级同学陪着先生边走边质疑、请益，我也跟在后面侧耳而听。在这种时候，先生不仅解答疑难，而且还常常教人以读书治学之方。我觉得这比之课堂所讲，得到的益处有过之而无不及，真是难得的机会。

一天下课后，质疑的人不多，我便鼓起勇气，上前求教。先生诲人不倦，而且能导人使言，所以走到校门，意犹未尽。平常，先生一出校门便雇车回寓。这天，因话未讲完，便不雇车，徒步沿林荫道边谈边走，一直走到西单。在西单，先生踌躇了一下，问我："你下面有课吗？"我回答："没有。"于是先生说："那我们到中山公园去坐片刻吧。"到了中山公园，在来今雨轩坐下，先生平易地教导我说："你过去念过的书，也不能说是白念。以后再念，也不是一遍便足。有些书，像史汉通鉴，要反复读，读熟，一两遍是不行的。你现在觉得过去读书是白读，这是一大进境。可是后之视今，亦犹今之视昔。古人说，学然后知不足，教然后知困，学无止境呀！现在你应该着力的，一是立志，二是用功。学者贵自得师，只要能立志、能用功，何患乎无师。我就没有什么师承呀！……"这番教言，真可谓金玉良言。去今虽五十多年，但每忆及，仿佛还在耳际。我自愧未能如先生的期许，成为栋梁之材，所幸也未曾违背师教，成为不可雕的朽木。先生的教导，真使我一生受用不尽啊。(李埏：《昔年从游之乐，今日终天之痛——敬悼先师钱宾四先生》)

为了受到钱穆更多的指导，李埏决心转学北大，并为转学考试作了充分的准备。他虽然因战争缘故未能转学北大，却意外地在西南联大再次见到了钱穆，成就了师生间的一段佳话。

在西南联合大学

1937年卢沟桥事变发生后不久，北平、天津即告陷落。1937年8月，奉教育部令：国立北京大学、国立清华大学、私立南开大学在长沙组成国立长沙临时大学；随后，长沙联合大学又西迁云南，于1938年4月抵达昆明，并按照教育部命令改名为国立西南联合大学（简称西南联大）。西南联大在极艰苦的环境中，汇集了中国第一流的师生，坚持学术独立、思想民主的办学方针，硕果累累，创造出中国学术史上空前绝后的奇迹。作为西南联大的名师，钱穆亦为之作出卓越贡献。

钱穆执教西南联大时，除讲学外，有一重大的著述任务——撰写《国史大纲》。此事由同事陈梦家提议。

有一天晚上，钱穆与陈梦家在卧室近处的一个空旷地聊天。陈梦家也是一位博通古今的名教授。他曾在燕京大学听过钱穆的课，深为佩服。此时，他劝钱穆为中国通史写一教科书。

钱穆回答："材料太多，所知有限。他日当仿赵瓯北《二十二史札记》体裁，就所知各造长篇畅论之。所知不详者，则付阙如。"

钱穆这样回答，是本着作为学者的严谨作风。认为自己还没有完全具备为中国通史写教科书的学识。特别是自己不熟悉的，不应该随便下手。

陈梦家郑重提醒钱穆："此乃先生为一己学术地位计。有志治史学者，当受益不浅。但先生未为全国大学青年计，亦未为时代急迫需要计。先成一教科书，国内受益者其数岂可衡量。"

陈梦家此语打动了钱穆。钱穆向来对时代、对国家、对学生，有一种使命感。于是不再坚持自己的主张，说："容我再想想。"

第二天晚上，天朗气清，繁星点点。陈梦家又与钱穆长谈，旧话重提："前夜提议，先生以为如何？"

钱穆回答："此事体大，我们又在流亡中，恐不容易找机会。等他日平安返回北平后当试着写写。"

陈梦家再次劝说："这样恐怕不好。如平安返回故都，先生的兴趣广，门路多，不知又有多少题材涌上心头。到那时，哪肯抛弃那些题材而专写一教科书？反而是现在生活不安定，书籍不丰富，先生您只按照平时课堂所讲内容，随时书写，岂不驾轻就熟，而读者也容易受益。"

钱穆听着有理，点头道："你说得很有道理，我当改变主意，先试着写一体例。体例一定，如你所说，在此再留两年，也许可以仓促成书。"

陈梦家大喜，说："如此，我当为全国大学青年先祝贺，其他受益人也当不可计算。希望先生不要改变今晚的承诺。"

就这样，钱穆开始撰写著名的《国史大纲》。为此，他特意在昆明不远处的宜良，找一清净住所。每周有一半时间写作，一半时间到昆明上课。经过十三四个月的时间，经典史学名著《国史大纲》终于写就。在全书未出版之前，钱穆先把该书"引论"在报端发表，迅速在师生中传播开来。大学者陈寅恪对张晓峰说："我近日在报端看到一篇大文章，君必一读。"其所指即为《国史大纲·引论》。

钱穆在"引论"中提倡国民对国家及其历史要有"深厚的爱情"和"深厚的认识"。他认为：

若一民族对其已往历史无所了知，此必为无文化之民族。此民族中之分子，对其民族，必无甚深之爱，必不能为其民族真奋斗而牺牲，此民族终将无争存于并世之力量。今国人方蔑弃其本国已往之历史，以为无足重视；既已对其民族已往文化，懵无所知，而犹空呼爱国。此其为爱，仅当于一种商业之爱，如农人之爱其牛。彼仅知彼之身家地位有所赖于是，彼岂复于其国家有逾此以往之深爱乎！凡今之断头决胸而不顾，以效死于前敌者，彼则尚于其国家民族以往历史，有其一段真诚之深爱；彼固以为我神州华裔之生存食息于天壤之间，实自有其不可侮者在也。

故欲其国民对国家有深厚之爱情，必先使其国民对国家以往历史有深厚的认识。欲其国民对国家当前有真实之改进，必先使其国民对国家已往历史有真实之了解。我人今日所需之历史智识，其要在此。（钱穆：《国史大纲》）

《国史大纲》于1940年6月在上海商务印书馆首次出版，作为教育部指定的大学用书。钱穆更是在书的第一页阐发自己的信念，称："凡读本书请先具下列诸信念：一、当信任何一国之国民，尤其是自称知识在水平线以上之国民，对其本国已往历史，应该略有所知。二、所谓对其本国已往历史略有所知者，尤必附随一种对其本国已往历史之温情与敬意。三、所谓对其本国以往历史有一种温情与敬意者，至少不会对其本国以往历史抱一种偏激的虚无主义，亦至少不会感到现在我们是站在已往历史最高之顶点，而将我们当身种种罪恶与弱点，一切诿卸于古人。四、当信每一个国家必待其国民具备上列诸条件者比数渐多，其国家乃再有向前发展之希望。"

钱穆在书中所阐述的情感和信念，也体现在他的讲课中。

李埏曾深情地回忆钱穆上课的细节，也曾特别提到钱穆所上的第一堂课：

当时教授们讲课，例有所谓"开场白"，就是，头一次课不讲课程内容，而讲一些与这门课程有关的问题，如本课程的重要性和教学计划，教本及参考书，作业与考试……宾四先生所讲有异于是。他主要讲：祖国历史有其独特之处；作为一个中国人，应感到它是可敬可爱的；大家读史、治史应取的正确态度（不应当以古非今，也不宜厚今薄古；不可崇洋，也不可自大……）；应认识统一和光明是中国历史的主流，分裂和黑暗只是中国历史的逆流（若非如此，中国历史岂能绵延数千载而不绝）……回忆先生作此讲演时，感情是那样的奔放，声音是那样的强劲而有力，道理是那样深切着明。那时正是国难方殷，中原陷没，学校播迁甫定，师生们皆万分悲愤之际。因此，先生的讲演，更能感人动人，异乎寻常。两个小时的课，自始至终，人皆屏息而听，以致偌大一个教室，人挤得满满的，却好象无一人似的。从先生的讲授中，学生们不唯大大增加了国史的知识和兴趣，而且强化了爱国主义思想和民族自信心。有的人受历史虚无主义和全盘西化等思想的影响，对国史不甚重视，听后也有转变而大异往昔。这样的课堂讲授，岂止授业解惑而已。（李埏：《昔年从游之乐，今日终天之

痛——敬悼先师钱宾四先生》)

关于钱穆在西南联大的讲课情形，姚渠芳的回忆可作印证：

回忆1938年11月至1939年6月，我们在昆明联大一年级时，钱师在昆华中学大课堂里讲中国通史的情景，虽时隔近50年而我们至今记忆犹新。那时一般是晚上上课，吾师精神饱满，疾步按时来到课堂，从未点过名，但同学们都自动踊跃参加，还有一些人旁听。听课前，课堂里早已挤满了200多人，座无虚席，迟到的人只得挤在室外窗台旁或大门口听讲。钱师当年正在40多岁壮年时期，讲课声音洪亮，结构性、逻辑性严谨，趣味性浓，哲理性强，节节有独到之处，引人思考入胜。课堂内除老师的声音外（间或有记笔记的微音），大家都全神贯注，鸦雀无声。

联系到伟大的抗日战争，钱师要求我们艰苦奋斗，克服生活上学习上的一切困难，积累知识和才能，以便听从祖国的召唤，为抗战建国贡献力量。那时我们大家一般都有强烈的爱国主义思想，这同钱穆先生和联大其他老师的谆谆教诲是分不开的。(姚渠芳：《怀念在台湾的钱穆老师》)

当然，西南联大向来以学术自由著称。由于观点相异，钱穆在受到很多人尊崇的同时，也使不少人反感乃至排斥。鼎鼎大名的傅斯年声称："向不读钱某书文一字。"毛子水先生读过《国史大纲·引论》后，愤慨不已；在西南联大享有崇高声誉的闻一多先生，曾与钱穆共同探讨学问，但后来公开在报纸上骂钱穆"冥顽不灵"……按照钱穆自己的说法："凡联大'左倾'诸教授，几无不视余为公敌。"(钱穆：《师友杂忆·昆明五华书院及无锡江南大学》)不过，无论是什么人，都承认钱穆在治史方面的水平和能力。

钱穆的几位学生

1939年暑假,钱穆正准备回苏州探亲时,顾颉刚邀请他担任流徙成都的齐鲁大学国学研究所研究教授。钱穆接受了顾颉刚的邀请,但等他回到苏州后,颇感战乱中家人团聚不易,而自己又不忍马上离开多病的老母,于是向齐鲁大学请假一年。顾颉刚不仅答应了钱穆的请求,而且在复函中告知,薪水可照发,请开始着手编《齐鲁学报》。钱穆在苏州侍母一年,撰《〈史记〉地名考》一书。同时自学英语,读英文版《大人国与小人国》、《世界史》,最初进展缓慢,后来竟能通读《世界史》无遗。钱穆乃感觉大愉快,觉得这是自己中学以后读书一新境界。1940年秋,钱穆到达成都,赴齐鲁国学研究所就任。从1940年秋至1949年秋,钱穆先后在齐鲁大学、武汉大学、浙江大学、华西大学、四川大学、昆明五华学院、云南大学、江南大学、河南大学、私立华侨大学等校任教、讲学。之后,赴香港创办新亚书院、新亚研究所,十余年成就生平一大事业;1967年迁居台北,又在台湾讲学直至92岁高龄。钱穆足迹所至,授业解惑,使无数学子受益。现以几位学生为例,讲讲钱穆与学生的关系。

与李埏的师生情

李埏是钱穆在北师大和西南联大的学生。前文中已有部分介绍。钱穆的学问与师德感召着李埏,李埏的敏而好学、尊师重道的精神同样受到了钱穆的尊重与好感。师生间情谊非同寻常。这样,就使得李埏不仅在课堂内受到钱穆的教育,更在课堂外深得老师的言传身教。

在西南联大的时候,李埏曾陪同钱穆游滇中山水。由李埏接送、导游,分三天时间,游览了石林、芝云洞、大叠水瀑布等胜景。连上路途时间,前后有五日。此时,钱穆刚写完《国史大纲·引论》。他一见到在宜良迎候的李埏,就把《引论》的原稿拿出,递给李埏,说:"此稿前二日写完,是我南来后最用力之作。等从石林回来,我便要送昆明《中央日报》去发表。你可在此数日内先读一读。"李埏一听,大喜过望,当天晚上便挑灯快读一遍,中途又细诵一遍。《引论》的主要内容,钱穆曾在课堂上讲述。但课堂上受时间限制,只能简要地讲一讲,李埏领会得也有限。此次跟老师在一起,自己又成为这篇大作的第一位读者,李埏"口而诵,心而维,认识乃有所加深,有所加广"。同时,一旦有问题马上请教,问题便迎刃而解,涣然冰释,李埏的学业因此大进一步。钱穆是一位很会因势利导的良师,他抓住合适的时机,将最重要的心得面授李埏:"治史须识大体、观大局、明大义,可以着重某一断代或某一专史,但不应密闭自封其中,不问其他。要通与专并重,以专求通,那才有大成就。晚近世尚专,轻视通史之学,对青年甚有害。滇中史学同仁不少,但愿为青年撰写中国通史读本者,唯张荫麟先生与我,所以我们时相过从,话很投机。你有志治宋史,但通史也决不可忽。若不知有汉,无论魏晋,那就不好,勉之勉之!"(李埏:《昔年从游之乐,今日终天之痛——敬悼先师钱宾四先生》)这些教导,李埏将之作为座右铭,受益终生。

《国史大纲·引论》公开发表后,大家都讨论这篇文章,赞成者有之,反对者有之,有的人赞成其中一部分内容而反对另一部分内容……讨论之激烈,反应之强烈,实属罕见。钱穆对李埏说:"一篇文章引起如此轩然大波,是大佳事。若人们不屑一顾,无所可否,那就不好了。至于毁誉,我从来不问。孔子说得好:不如其善者好之,其不善者恶之。说到毁誉,不妨取王荆公《与杜醇书》一读。"李埏于是到图书馆借到了王安石的这篇文章,理解了老师做事原则是看是否合乎义,而不在乎世人的毁誉。这样的风范修养当然影响着李埏。

钱穆离开西南联大之后,师生间虽然不在一起,但书信不断。李埏向远在苏州的钱穆写信求教,钱穆回信以"埏弟"相称,述及自己的近况,并继续教李埏如何治史。例如1939年8月26日的信中,钱穆告诉学生:"师友间夹辅虽为学者要事,要之有志者自能寻向上去。望弟好自努力,益励勿懈!"1940年1月8日的信中,钱穆又说:"惟有志者能自树立为贵,虽此隔绝,精神自相流贯,甚望弟之好自磨砺也!张荫麟先生年来专治宋史,弟论文经其指导,殊佳!"信中还夹有钱穆在上海时所摄照片,足见师生间的情谊。

1940年秋,李埏与王玉哲同时考入北京大学文科研究所。入学后,二人共同写信告知已在齐鲁大学的钱穆,钱穆很是欣慰,写长信给两位学生,除表达欣慰之情,介绍自己的近况外,特别在治学上鼓励学生,并针对二人的不同情况给予指导:

> 埏弟有志治宋史,极佳。所需《续资治通鉴长编》,当代访觅。惟此间旧籍,在最近一年来已颇难见,恐不必得耳。又,私意治宋史必通宋儒学术;有志于国史之深造者,更不当不究心先秦及宋、明之儒学。拙著《国史大纲》,对此两章着墨虽不多,然所见颇与当世名流违异,窃愿两弟平心一熟讨之。哲弟治吉金古文字学,深恐从此走入狭径,则无大成之望。惟时时自矫其偏,则专精仍不妨博涉也。(李埏:《昔年从游之乐,今日终天之痛——敬悼先师钱宾四先生》)

钱穆治学,向来注重博采众长。每每著作问世,他便很注重来自各界的反馈意见,以便进一步修正和提高。他是真心如此,不掩盖对自己著作的自信心,但也特别注意批评意见。对自己的学生,他也希望能得到好的意见,所以在信中专门提到:

> "史纲"成之太草促,然实穆积年心血所在,幸两弟常细心玩索之。遇有意见,并盼随时直告,俾可改定,渐就完密。最近一年内,拟加插地图,并增注出处及参考书要目,以后并随时增订。近人治史,群趋杂碎,以考核相尚,而忽其大节;否则空言史观,游谈无根。穆之此书,窃欲追步古人,重明中华史学,所谓通天人之故,究古今之变,以成一家之言者。本不愿急切成书,特以国难怅触,不自抑制耳。相知者当知此意。其

中难免疏误，故望弟等亦当留心指出，可渐改正也。李埏：《昔年从游之乐，今日终天之痛——敬悼先师钱宾四先生》）

李埏读过此信后，当真用心研究"宋儒学术"，同时一方面认真阅读《国史大纲》，另一方面遵照钱穆意思，在信中直言其欠缺处，并问了一些问题。1941年，正在武汉大学讲学的钱穆给李埏回信，称："弟论《国史大纲》几点皆甚有见地。书中于唐、宋以下西南开发及海上交通，拟加广记述。其他如宋以下社会变迁，所以异于古代者，尚拟专章发之，使读者可以了然于古今之际。至问立国精神之衰颓于何维系防止，此事体大，吾书未有畅发，的是一憾。然此书只有鼓励兴发，此层当别为一端论之也。鄙意拟于一两年来，再为《国史新论》一书，分题七八篇，于宗教、政治、文学、艺术各门略有阐述。此刻胸中未有全稿，尚不愿下笔也。"（李埏：《昔年从游之乐，今日终天之痛——敬悼先师钱宾四先生》）

在这封信中，钱穆不忘记随时指导李埏这位高徒："弟能研讨宋儒学术，此大佳事。鄙意不徒治宋史必通宋学，实为治国史必通知本国文化精意，而此事必于研精学术思想入门，弟正可自宋代发其端也。欧、范两家皆关重要。惟论学术方面，欧集包孕较广。弟天资不甚迟，私意即欧集亦可泛览大意。不如于宋学初期，在周、程以前，作一包括之探究。大体以全氏《学案》安定、泰山、高平、庐陵四家为主，或可下及荆公、温公。先从大处着手，心胸识趣较可盘旋，庶使活泼不落狭小。此层可再与汤先生商之。"这里的汤先生，是指汤用彤先生。

李埏在学术上的成绩，多与钱穆有关，他对钱穆有着最浓厚的感情。所以，当他在遵义的浙江大学任教，有一天突然知道钱穆应邀来此讲学一月时，心中的喜悦，无以言表。

那是在1943年，师生间分别已三年半了。此次相见后，李埏每天必见钱穆至少三次，有时甚至整天陪侍在钱穆左右。李埏遵钱穆嘱托，在钱穆讲课时作详细的笔记。等钱穆讲完五周后，李埏将所作笔记交给钱穆，对其日后撰写《中国文化史导论》起了很大的作用。

钱穆到浙大的第三天，浙大特为钱穆举行盛大的欢迎会。竺可桢校长主持，并致欢迎词，盛赞钱穆的学术成就和治学精神。接着，便邀请钱穆讲演。钱穆讲了大约一个半小时，内容是中国传统文化的特点。李埏注意到：老师的讲演，没有一句致谢之类的客套话。

在这段时间里，李埏经常陪钱穆散步游玩，并在轻松惬意的环境中得到老师的指导。他回忆："先生喜欢散步。每晨早餐后，由我陪从，沿着湘江西岸顺流南行；大约走一小时，再沿着去时的岸边小道回老城。这样的散步，除天雨外，没有一天间断过。先生总是提着一根棕竹手杖，边走边谈。先生说，他很爱山水，尤爱流水，因为流水活泼，水声悦耳，可以清思虑，除烦恼，怡情养性。沿湘江散步便有此乐。"钱穆对这段美妙时光也是记忆深刻，并在《师友杂忆》中有大段文字加以描述：

> 余尤爱遵义之山水。李埏适自昆明转来浙大任教，每日必来余室，陪余出游。每出必半日，亦有尽日始返者。时方春季，遍山皆花，花已落地成茵，而树上群花仍蔽天日。余与李埏卧山中草地花茵之上，仰望仍在群花之下。如是每移时。余尤爱燕子，幼时读《论语》朱注学而时习之，习，鸟数飞也。每观雏燕飞庭中，以为雏燕之数飞，即可为吾师。自去北平，燕子少见。遵义近郊有一山，一溪绕其下，一桥临其上。环溪多树，群燕飞翔天空可百数。盘旋不去。余尤流连不忍去。

朝夕相处，李埏对钱穆老师有了另一层的认识。有一天，李埏对钱穆说："当初在北平初听先生讲课，惊叹您的学识渊博。同学们都认为先生必定是整天埋头书斋，要不然怎么能如此渊博。到了昆明，您惜时如金，我们就更认为是这样了，所以常恨自己不能勤学。但现在先生长日出游，让我意想不到。想不到您喜好出游,也是我们比不了的。我开始发现先生生活的另一面了。"钱穆听了,笑了笑,然后因势利导地告诉李埏:"读书时应当一意在书,游山水时应当一意在山水。乘兴所至,心无旁及。所以《论语》一开始就说,学而时习之,不亦乐乎。关键是一个乐趣。"又说:"读书游山,用功都在一心。能知道读书也就像游山一样愉悦,则读书自有大乐趣,所读之人自有大进步。否则,如果认为读书就是吃苦,游山就是享受,那就'两失'了。"一番话之后,李埏高兴地说:"今日从师游山读书,真是生平第一大乐事。"(钱穆:《师友杂忆》)

钱穆非常重视在学习目的和学习动力上开导学生,他认为一个学生如果明确了学习目的,提高了学习兴趣进而形成志趣,那么这个学生就是真正教育好了。他一再强调"学史致用"的重要性,说:"学史致用有两方面,一是为己,二是为人。为己的意思,是自己受用。若不能受用,对自己的修养毫无作用,那何必学呢?为人就是为国家、社会。倘若所学对国家、社会毫无益处,那是玩物丧志,与博弈没有什么不同。"

应李埏邀请,钱穆讲述了家世与生平。钱穆刻苦自学的经历深深地感染着李埏,他不由自主地说:"'若夫豪杰之士,虽无文王犹兴',先生可以当之了。"三年后,李埏把钱穆的生平事迹写成文章,发表在昆明的《民意日报》,鼓舞了许多学子。

在交谈中,钱穆也能从李埏处获取养料。有一次,钱穆问李埏近日读什么书。李埏回答:"刚看完一本克鲁泡特金的《我的自传》。克氏是安那其主义巨子,我虽不赞成那种主义,但对克氏其人甚感兴趣。"钱穆一听,便向李埏借读此书。读了以后,也是很感兴趣。他让李埏为他找一些关于安那其主义的书,然后边看边对李埏说:"安那其主义与中国先秦道家思想,有可比较之处。"此后,钱穆就这方面的比较,连续给李埏讲了两三个早晨,并写了《道家与安那其主义》一文,发表在《思想与时代》杂志上。李埏又一次感受到老师随时学习随时进步的精神,也将思路进一步地拓展开来。

短短一月,李埏受益何其多哉!浙大的学生也是获益很多,他们舍不得钱穆离开。校长竺可桢殷勤劝说钱穆长期留任，但钱穆以主持齐鲁研究所的缘故不能不离开。离开前，钱穆特书写杜甫的一首诗赠送李埏：

> 当代论才子，如公复几人。
> 骅骝开道路，鹰隼出风尘。
> 行色秋将晚，交情老更亲。
> 天涯喜相见，披豁对吾真。

师生二人惺惺惜别。

又过了三年，到1946年的时候，此时抗战已胜利，战时迁往昆明的西南联大等校北返，昆明的最高学府变得少之又少。云南大学、私立五华学院痛感缺少名师，试图多方延聘。他们知道已转至云南大学任教的李埏与钱穆交情甚厚，所以托李埏代为邀请。最后，云南大学、私立五华学院两校合聘钱穆。钱穆担任五华学院文史研究所所长，讲"中国思想史"，同时兼任云南大学教授，讲"中国文化史"。如此一来，钱穆、李埏师生又聚在一处。

此时钱穆身体不适，患了胃病。李埏见钱穆病得不轻，赶紧请中西医大夫医治。医生说，要治好此病，首要的是注意饮食起居。李埏因此决定请老师与自家住在一起，好时时服侍。为了使老师有一个好的环境，李埏四处奔波，最后租了唐家花园中一小院房屋。租金虽贵，但环境清幽。平屋三间，李埏夫妇及其一幼子一幼女住在左边的房子，钱穆单独住右边的房子，中间为食堂。钱穆在此享受着"家中老人"的待遇，由李埏的妻子亲自烹调，胃病得以缓解。唐家花园是唐继尧的故居，山水佳木，曲径通幽，是个修养的好地方。园中有唐家专门的藏书之所，向来不对外开放。管理人员知钱穆大名，特地开放供其使用。只可惜时间未能太长，因为唐继尧的儿子从香港回来，决定雨季后收回出租的三院房屋，重修后作为他用。同时，钱穆老家无锡正创办江南大学，并一再托人聘请钱穆。又有人告诉钱穆："老年必倍喜乡食，这也许是肠胃习惯的缘故。您现在的病,正适宜乡食。"钱穆最终决定离开昆明,回乡担任江南大学文学院院长。1947年9月至11月,钱穆又应云南大学及五华书院所请,在昆明作短期讲学。他再次乘飞机离开昆明时,李埏送至机场。二人握手告别,不料此一别竟成永诀!

李埏写文章纪念老师钱穆,文末称:"1949年春,先生应聘赴广州华侨大学讲学,不久随校迁香港。到广州后,尚有一手示寄我。抵港后,音问遂绝。四十年来,相见唯梦寐中。先生归道山,亦不得执拂尽礼。终天之恨,竟成了终天之痛,伤已!"(李埏:《昔年从游之乐,今日终天之痛——敬悼先师钱宾四先生》)

李埏后来也成为中国著名的历史学家和教育家。他治学严谨,不轻信,不盲从,不自大,不自小。"治史明义"、"通史致用"是他治学的两大特点。他是中国土地所有制研究的重要代表,在货币经济史、唐宋经济史、云南地方经济史等领域均有重要成就。他尤其是一位令人尊重的好老师,正如他总结钱穆时说:"我们这些授业者,对他的崇敬则尚有另一方面——同等重要的一个方面,那就是他首先是一位人师,一位好老师。"李埏也是这样做的。他执教60余年,尤其注重言传身教,注重因材施教、因势利导,培养了许多杰出的人才。他还多次应邀到复旦大学、厦门大学等国内高校以及剑桥大学、牛津大学、伦敦大学等海外名校作学术讲学,促进了中西文化的交流。2008年5月12日,李埏病逝于昆明。

与严耕望

严耕望(1916—1996),是胡适、杨联陞一致称许的史学大家,被余英时誉之为中国史学界的朴实楷模。他也是钱穆最欣赏的学生。

1940年,武汉大学历史系学生深感本校师资力量较弱,请求校方设法聘请一些名教授来校任教。钱穆因此得到武大校长的信函,他虽没有答应长期任教，但应允讲学一月。1941年三四月间，钱穆为武大学生讲授"中国政治制度史导论"和"秦汉史"两课。其一大收获，就是发现和培养了像严耕望这样的学生。

钱穆讲课，擅长启发学生，把重要的心得讲给学生，让学生了解治学的门径。他在武大上的第一堂课上，就说："历史学有两只脚，一只脚是历史地理，一只脚是制度。"为什么这么说？因为中国历史内容丰富，各个时期都有大量的人物和事件可讲，而讲的人常常可以按照自己的才智自由发挥。唯有制度与地理，这两门学问都很专门，而且具体，不能随便讲。这两门学问却是历史学的骨干。如果真正将这两门学问弄懂了，也就为史学研究打下了坚固的基础。

严耕望听到钱穆这样的开场白，兴奋无比，坚定了自己主要的治学方向。他说："因为我当时正对于这两门学问发生浓厚兴趣。那时大学毕业要写论文，我的论文题目是《秦汉地方行政制度》，已写成若干章。至于地理更是自小学时代就培养起来的兴趣，所以上一年（1940）元旦已写成《楚置汉中郡地望考》，更前一年的十一月写成《中国军事地理形势之今昔》。此刻听到先生这番话，自然增加了我研究这两门学问的信心，所以我后来几十年的努力，坚定不移的偏向这两方面发展。"（严耕望：《钱穆宾四先生与我》）

除在武汉大学讲学外，钱穆还接受一些校外团体的邀请作公开讲座。4月28日，钱穆在江苏省同乡会讲"我所提倡的一种读书方法"，严耕望也去听讲。他记住了钱穆所讲的主要内容："通人之学尤其重要。做通人的读书方法，要读全书，不可割裂破碎……要能欣赏领会，与作者精神互起共鸣；要读各方面高标准的书，不要随便乱读。……最后主要一点，读一书，不要预存功利心，久了自然有益。"在武大讲学结束后，历史系师生为钱穆开茶会欢送，钱穆勉励学生要眼光远大，要有整个30年50年的大计划，不可只作3年5年的打算。这两次讲话，对严耕望后来的治学都有不小的影响。

在武汉大学的学生中，钱穆对钱树棠、严耕望印象最好。他在《师友杂忆》

中称:"晚无电,两生常来伴余,问学甚勤。钱生(指钱树棠)学业为全班第一人……严生(即严耕望)居第二名。……钱生博览多通,并能论断。严生专精一两途,遇所疑必商之钱生,得其一言而定。然钱生终不自知其性向所好,屡变其学,无所止。后余在无锡江南大学,钱生又来问学,仍无定向。及余来台,再见严生,已学有专精。而钱生留大陆三十年来音讯未得,亦每念之。"

武汉大学毕业后,严耕望到钱穆所在的齐鲁研究所当助理员,继续跟着钱穆就读。第二年春天,钱树棠也到研究所报到。论才气天资,钱树棠远超于严耕望。例如,钱树棠在研究汉代的历史地理时,几乎可以背诵《汉书·地理志》中的郡县名称,但他的兴趣点不断转移,最后反而没多大成就。严耕望踏踏实实地沿着自己的主要方向做学问,虽然走的是"二流路线",但最终有了"一流的成就"。

为什么讲"二流路线"和"一流成就"呢?

1942年9月28日,钱穆与严耕望、钱树棠等学生数人,徒步旅行。途中,钱穆谈了很多,其中涉及不少治学的原则和方法。严耕望认真听讲并在当晚写了两千多字的日记,其中有钱穆这样一段颇具深意的话:

> 我们读书人,立志总要远大,要成为领导社会、移风易俗的大师,这才是第一流学者!专守一隅,做得再好,也只是第二流。现在一般青年都无计划的混日子,你们有意读书,已是高人一等,但是气魄不够。例如你们两人(手指向树棠与我)现在都研究汉代,一个致力于制度,一个致力于地理,以后向下发展,以你们读书毅力与已有的根柢,将有成就,自无问题,但结果仍只能做一个二等学者。纵然在近代算是第一流的成就,但在历史上仍然要退居第二流。我希望你们还要扩大范围,增加勇往迈进的气魄!(严耕望:《钱穆宾四先生与我》)

显然,钱穆对严耕望有厚望焉!后来,严耕望虽然未能像老师一样成为移风易俗的大师，但他在研究人文地理和政治制度史的时候，能尽最大可能地汲取相关知识，运用或创造新的研究方法，使其成为这两项研究的集大成者，在国际学术界占有一席之地。

钱穆对严耕望的指导和帮助，体现在很多方面。其中，1955年的一次谈话，对严耕望后来的治学方向有决定性的影响。严耕望在撰述《唐仆尚丞郎表》的过程中，深感《新唐书》和《旧唐书》各有优劣，因此想对《唐书》作一彻底整理。这是填补学术空白并对学林有贡献的工程，但由于唐籍浩繁，如要有大收获，势必将毕生精力和时间都投入进去。与此同时，严耕望对"唐代人文地理"亦有很大兴趣，并在资料搜集方面做了很多工作。他打算从地理观点研究隋唐五代人文各方面的情况，而这项工程并不比前项工程小。鱼与熊掌，二者势难兼顾，但又难取舍，严耕望陷入徘徊。等写完《唐仆尚丞郎表》后，严耕望向钱穆请教。钱穆略作思考，对严耕望说：

> 你已花去数年的时间完成这部精审的大著作。以你的精勤，再追下去，将两部《唐书》彻底整理一番，必将是一部不朽的著作，其功将过于王先谦之于两《汉书》。但把一生精力专注于史籍的补罅考订，工作实太枯燥，心灵也将僵滞，失去活泼生机。不如讲人文地理，可从多方面看问题，发挥自己心得，这样较为灵活有意义。（严耕望：《钱穆宾四先生与我》）

这短短的几句话，使严耕望的疑虑顿时冰释。他马上决定放弃两《唐书》的整理计划，专心研究历史人文地理。直到钱穆去世后，严耕望还庆幸这一正确的选择。

书信中，钱穆也总是对严耕望多加指点，劝导他向学问的更高境界迈进。例如1972年2月23日信中，钱穆以大格局、高境界的眼光，告诉高徒："学问贵会通。若只就画论画，就艺术论艺术，亦如就经论经，就文史论文史，凡所窥见，先自限于一隅，不能有通方之见。"钱穆的一再劝导，对严耕望影响很大。他在《治学经验谈》中，第一章专门讲述"原则性的基本方法"，第一条就郑重强调：治学要"专精"，也要相当"博通"。

有时候，钱穆会就自己的著作，让严耕望提意见。严耕望直言不讳，指出其优点、缺点，提出修改意见。例如，他在 1952 年就对老师的《国史大纲》提出意见："深感此书虽然极有创获，但写作草率，仍存讲义形式，宜当加工，增补修饰，臻于完整。"而 20 年后又读《国史大纲》，严耕望乃对老师的才识更加敬佩，并在日记中写道："此次校阅，比较仔细地看了一遍，得益不少，益惊佩宾师思考敏锐，识力过人。早年我即钦服宾师境界之高，识力之卓，当上追史迁，非君实所能及，再读此书，此信益坚。惜当时未能好好的写，只将讲义草草改就付印，不能算是真正的史著！……然即此讲义，已非近代学人所写几十部通史所能望其项背，诚以学力才识殊难兼及！"（严耕望：《钱穆宾四先生与我》）他在给学生作讲座的时候，也说："例如《国史大纲》，有人说只是根据二十四史而已。这话诚然不错，然而他（钱穆）能从人人能读得到的正史中提出那样多精悍的好看法，几十年来那样多写通史的人，不但没有一个能与比拟，而且真正是望尘莫及，才气学力的差距真是不可以道里计，这些处才能见出本事！"（严耕望：《治史经验谈》）

严耕望深以自己是钱穆的弟子而荣，也处处提醒自己要自重，以维护老师的尊严。1945 年，严耕望受傅斯年之聘到"中央研究院"史学所工作。史学所的高级研究人员，除了极少数是钱穆的同辈学人外，绝大多数都是傅斯年的学生。这些人已晋升到副研究员、专任研究员，而严耕望起初只是个助理员，与他们地位悬殊，年龄也比他们小很多。按照常理，严耕望应该以后辈自处，但他考虑到钱穆与傅斯年是同辈学人，自己当然与周围许多同事都是同辈。所以，他虽然客气礼让，但名分上总是以同辈看待，以免对老师钱穆有所伤害。

钱穆到香港后，筚路蓝缕，创办经营新亚书院，许多工夫花在了行政上。当新亚书院由小变大，声誉日增时，新亚书院的院长也越来越为更多的学人所仰慕。但严耕望有自己坚定的看法，他竟然劝老师不要再担任院长之职。认为："兴学育才虽有功教育文化于一时，但那只要中人之资即可胜任。先生（钱穆）奇才浪掷，对于今后学术界是一项不可弥补的损失。"他为自己的老师而深感惋惜，于是给老师写信，直言："新亚既已办上轨道，有了基础，宜可摆脱，仍回到教研工作的老岗位，期能有更好的成就。"后来钱穆辞去新亚书院院长职位后，果然有《朱子新学案》等鸿著问世，为学术界作出大贡献。

钱穆与严耕望达到了无话不谈的地步。师生间情谊非常人可比。但就是这位高徒，也曾违背过钱穆的意愿。

在齐鲁研究所的时候，师生间日夕相处了三年，一直很融洽。只有一次钱穆命严耕望与钱树棠做某事时，两位学生没有及时应命。事后，严耕望很后悔，又得知老师很生气，便约了钱树棠去向老师请罪。钱树棠不敢去，严耕望说："自己老师，无论如何，都不能不去。"结果，见面后，钱穆竟起立，笑容满面地迎接这两位学生。二人深表悔意。钱穆这才语重心长地教诲道："我平日自知脾气很坏，昨日不愿当面呵责，恐气势太盛，使你们精神感到压迫，伤了你们锐气。但昨日之事实不可谅。你们努力为学，平日为人也很好，所以我希望你们能有大的成就，但此亦不仅在读书，为人更重要，应该分些精神、时间，留意人事。为人总要热情，勇于助人，不可专为自己着想！"两位学生听了，心悦诚服。

1953年，钱穆在香港所办新亚书院，得到美国雅礼协会的协助，可以谋求进一步的发展。钱穆因此到台湾物色教师。严耕望是他心目中最合适的人选之一。严耕望当时的生活条件很艰难，一家五口，每顿饭只有一两碗蔬菜佐膳，于情于理，他都应该遵从钱穆的意旨到新亚工作。严耕望却令人意外地拒绝了老师的聘请。他说："我所以要做那样不合寻常情理的决定，主要的是自己觉得学术基础尚未稳固，一到新亚，可能为先生所重用，不能再埋头做研究工作。当时先生可能尚有些不快，其实正是笃实先生教诲，以极大的定力，一心向学，不为任何外力所动摇！十年之后我才来香港任教，先生倒欣赏我的坚持，不止一次地拿我为例勉励青年！"（严耕望：《钱穆宾四先生与我》）由此可见，钱穆所希望学生的，不是他们唯自己是从，而是希望他们能坐得住冷板凳，能坚持自己的独立判断，能为学术尽力！

钱穆的另一位高徒余英时对此也深有体会，他在《中国史学界的朴实楷模——敬悼严耕望学长》中写道：

> 哈佛和耶鲁（指美国哈佛大学和耶鲁大学）两度共学，我亲切地体认到耕望是将全副生命献给学问的人，真正达到了造次必于是，颠沛必于是的境界。这是一种宗教性的奉献，即以学问的追求为人生的最后目的，而不是实现其他目标的手段，宾四师对他知之最深，1973年6月给他的一封信上写："大陆流亡海外学术界，二十余年来，真能潜心学术，有著作问世者，几乎无从屈指。唯老弟能淡泊自甘，寂寞自守，庶不使人有秦无人之叹！"

钱穆、余英时都是能理解严耕望的人。而严耕望也客观地意识到："我虽然受到宾四师的影响极大，私人感情似也最密切，但在学术上，却不能算是先生的最主要的传人！因为先生的学问，从子学出发，研究重心是学术思想史，从而贯通全史，所以重要著作除《国史大纲》外，如《刘向歆父子年谱》、《先秦诸子系年》、《近三百年学术史》、《庄子纂笺》、《朱子新学案》都关乎学术思想，晚年自编文集，也以学术思想史论文为最多。至于制度与历史地理只是先生学术的旁支，所以这两方面的著作不多，也不很精。拿先生自己的话说，这两项学问只是他治史的两只脚，借以站稳而已，不是主体。我在学术研究上，虽然极想达到通识境界，进而贯通全史，但始终只以制度史与历史地理见长；经济、社会与民族亦较注意；至于学术思想，不但非我所长，而且是我最弱的一环。先生门人长于学术思想史、各有贡献者甚多，余英时最突出，我只是先生学术的一个旁支而已。"（严耕望：《钱穆宾四先生与我》）

与余英时

余英时现在已是蜚声海内外的文化大师了。他于1950年到1955年师从钱穆，就读于香港新亚书院及新亚研究所。1956年至1961年，就读于哈佛大学。2006年，获美国国会图书馆颁发的有"人文诺贝尔奖"之称的克鲁格人文与社会终身成就奖。现任普林斯顿大学讲座教授，台湾"中央研究院"院士。

余英时眼中的钱穆，与李埏、严耕望有许多不同。余英时与钱穆的情谊是在患难中建立起来的。

1949年春，钱穆南下广州，任教于私立华侨大学。秋，随校迁往香港。10月10日，创办亚洲文商学院（夜校），任校长。1950年秋，亚洲文商学院改名新亚书院，钱穆担任常务董事、院长。此时的钱穆虽然名为院长，其实处境非常艰难。学院一切均为初办，人员、设备、资金均十分欠缺。钱穆不得不事事操心，一一筹备。余英时就是在这个时候见到钱穆的，他在《犹记风吹水上鳞》一文中回忆：

> 我第一次见到钱先生是1950年的春天，我刚刚从北京到香港，那时我正在北京的燕京大学历史系读书。我最初从北京到香港，自以为只是短期探亲，很快就会回去的。但是到了香港以后，父亲告诉我钱先生刚刚在这里创办了新亚书院，要我去跟钱先生念书。我还清楚地记得父亲带我去新亚的情形。钱先生虽然在中国是望重一时的学者，而且我早就读过他的《国史大纲》和《中国近三百年学术史》，也曾在燕大图书馆中参考过《先秦诸子系年》，但是他在香港却没有很大的号召力。当时新亚书院初创，学生一共不超过20人，而且绝大多数是从大陆来的难民子弟，九龙桂林街时代的新亚更谈不上是"大学"的规模，校舍简陋得不成样子，图书馆则根本不存在。整个学校的办公室只是一个很小的房间，一张长桌已占满了

全部空间。……钱先生给我的第一个印象是个子虽小，但神定气足，尤其是双目炯炯，好像把你的心都照亮了。同时还有一个感觉，就是他是一个十分严肃、不苟言笑的人。但是这个感觉是完全错误的，不过等到我发现这个错误，那已是一两年以后的事了。

钱穆见到余英时，了解到他愿意放弃燕京大学的学业而转到新亚，便询问他的读书情况。然后说："新亚初创，只有一年级。你转学便算从二年级的下学期开始。但必须经过一次考试。"第二天，余英时按照钱穆的要求来考试。钱穆亲自主持，没有给余英时考卷，只叫他用中英文各写一篇读书的经历和志愿之类的文字。余英时写完后交卷，见钱穆当场看他的答卷。不仅看中文的，还看英文的。他很纳闷：钱先生是自学成才的，并没有受过完整的现代教育。怎么还懂英文？后来才知道，钱穆的英语也是自学的，因此多了一份敬佩之情。阅卷后，钱穆面带笑容，录取了余英时。

余英时目睹了钱穆在最艰苦环境下的办学经历，所以不仅在治学上多所收益，而且在做事为人上受到更多的教育。有一次看一场关于亲子之情的电影，总是能够以理智驾驭感情的钱穆，眼睛湿润了，他思念留在大陆的子女。一年暑假，患了严重胃溃疡的钱穆，一个人孤零零地躺在一间空教室的地上养病。余英时问老师有什么事可以让他做，才知道此时的钱穆，内心里渴望读王阳明文集，他要余英时去商务印书馆给他买一部。最令余英时敬佩的是，钱穆无论在任何情况下都能无形地拥有自己的尊严。这份尊严，是内在修养形成的。钱穆20世纪50年代初在香港连饭都吃不饱的情况下，他有这份人格尊严；在余英时已与钱穆很熟，并达到无话不谈甚至可以彼此幽默的情况下，钱穆的尊严仍然永远在那里，使他不可能有一分钟忘记。而在钱穆社会地位遽然上升的时候，钱穆同样没有改变，没有虚架子，而是一如既往地保持着师道尊严。钱穆"虽居乡僻，未尝敢一日废学。虽经乱离困厄，未尝敢一日颓其志。虽或名利当前，未尝敢动其心。虽或毁誉横生，未尝敢馁其气"，这样的精神更是激励着余英时。

余英时是钱穆最得意的弟子，在治学方面深得钱穆真传，对钱穆的思想也有深层的理解。他认为：钱先生一生都在为故国招魂。钱穆生于乱世，"16岁萌发爱国思想与民族文化意识，深入中国史"，"希望更深入地在中国史上寻找中国不会亡的根据"。"他一生为中国招魂虽然没有得到预期的效果，但是无论是世界的思潮或中国的知识气候都和五四时代大不相同了。钱先生所追求的从来不是中国旧魂原封不动地还阳，而是旧魂引生新魂。今天已有更多的人会同意这个看法。他曾说：'古来大伟人，其身虽死，其骨虽朽，其魂气当已散失于天壤之间，不再能搏聚凝结。然其生前之志气德行、事业文章，依然在此世间发生莫大之作用。则其人虽死如未死，其魂虽散如未散，故亦谓之神。'（钱穆：《灵魂与心》）这段话完全可以用之于钱先生个人，但是也未尝不能适用于中国这一集体。在这意义上，我们应该承当起钱先生的未竟之业，继续为中国招魂。"（余英时：《一生为故国招魂——敬悼钱宾四师》）

钱穆一生对中国传统文化保持着温情和敬意，因此有人认为他很守旧，其实不然。余英时便深刻地感受到自己的老师是"开放型的现代学人，承认史学的多元性，但同时又择善固执，坚持自己的路向"。他在读钱穆《国史大纲》时，曾摘录其中精要向钱穆请教。钱穆说："你做这种笔记的工夫是一种训练，但是你最好在笔记本上留下一半空页，将来读到别人的史著而见解有不同时，可以写在空页上，以备比较和进一步的研究。"此后，余英时不断就《国史大纲》中的具体论断向钱穆请教，请钱穆说明为什么要这样说，而不是那样说。钱穆一一回答。余英时渐渐明白："原来老师多年在北大等校讲授中国通史的过程中，读遍了同时史学专家在一切重大关键问题上的研究文字，然后根据他自己的通史观点而判断其异同取舍。"这一重要的治学方法给余英时很大的启发。钱穆"以通驭专"、"先有整体的认识再去走专家的道路"，"一方面破除门户之见，一方面又尊重现代的专业"，诸如此类，都给余英时重要的引导和启示。在新亚期间，余英时受到严格而正规的教育，使其成为品学兼优的学者。

他说："在新亚的五年中，钱先生的生命进入了我的生命，从而发生了塑造的巨大作用。"

1955年秋，余英时有机会以新亚书院助教的名义到哈佛大学学习，师从著名华人学者杨联陞教授，进入一个新的天地。但是，即便在这样世界一流的大学深造和工作，余英时仍然经常向钱穆请教，钱穆也在信中详加指点。例如，1960年5月21日长达4000余字的信中，钱穆就很多方面予以指导。其中就撰写论文体例方面即有四点阐述：

关于撰写论文之体例方面，穆别有几项意见，供弟（钱穆信中对余英时的称呼）采择：(1)在撰写论文前，须提挈纲领，有成竹在胸之准备，一气下笔，自然成章。弟之原文，似嫌冗碎软弱，未能使读者一开卷有朗然在目之感，此似弟临文前太注意在材料收集，未于主要论点刻意沉潜反复，有甚深自得之趣，于下笔时，枝节处胜过了大木大干，此事最当注意。(2)弟文一开始即有近人言之已详，可不待再论云云，此下如此语例，几乎屡见不一见，鄙意此项辞句，宜一并删去。(3)附注牵引别人著作有一〇七条之多，此亦是一种时代风尚。鄙意凡无价值者不必多引，亦不必多辩，论文价值在正面不在反面，其必须称引或必须辨白者自不宜缺，然似大可删省，芜累去而精华见，即附注亦然，断不以争多尚博为胜。(4)正文中有许多枝节，转归入附注，则正文清通一气，而附注亦见精华，必使人读每一条注语，若条条有所得，则爱不释手，而对正文弥有其胜无穷之感，万不宜使人读到附注，觉得索然少味，则转灭却其读正文之影像。何者宜从附注转归正文，何者宜直截割爱，何者宜加意收罗，当知正文、附注只是一篇文字，不宜有所轻重。

这些指导，对想写好文章的读者，也当有大益处。

此信精彩文字甚多，不能一一列出。但其中涉及治学根本处，笔者还是照录如下，以使更多读者受益。其文为：

> 穆平常持论，为学须从源头处循流而下，则事半功倍。此次读弟文时时感到弟之工夫，尚在源头处未能有立脚基础，故下语时时有病。只要说到儒家、道家云云，所讨论者虽是东汉、魏晋，但若对先秦本源处留有未见到处，则不知不觉间，下语自然见病……弟今有意治学术思想史，则断当从源头处用力，自不宜截取一节为之……治学当就自己性近，又须识得学术门路……

同时，余英时对钱穆也有影响。余英时曾一再请求钱穆写回忆文章，以便为民国学术史留一些珍贵资料，这有助于钱穆下决心写《师友杂忆》。

沈从文是不是合格的大学老师？

沈从文任教大学后，辛勤耕耘，桃李满天下。他先是一位讲师，后来成为教授；先在一所私立大学教书，后来在西南联大等中国最好的大学任教，称得上中国的名师。按理说，对这样的人，不应该以合不合格来评价。但是，确实有一些人认为沈从文不适宜在大学教书，而且这些人多与沈从文交往甚深。

就从西南联大的怪教授刘文典说起吧。

刘文典"瞧不起"沈从文

刘文典，安徽合肥人，国学大师，著名学者。此人学贯中西，尤其精通校勘、考据之学，在学术上形成自己的风格。他自称世上真懂《庄子》者共两个半人：一是庄子本人，一是自己，另半个指马叙伦或冯友兰，因马、冯二人皆从哲学的角度讲过《庄子》。他参与创办安徽大学，行校长职权，历任北京大学、清华大学、西南联大、云南大学等校教授，在学术界鼎鼎有名。他的有名不仅在学问上，更在狂与怪的性情与逸闻上。其中两则逸闻与沈从文有关。

1939年6月27日，沈从文被国立西南联大正式聘请为国文学系副教授，月薪280元；1943年，沈从文被改聘为教授，月薪360元。在改聘教授的讨论会上，刘文典坚决反对给沈从文加薪，大声嚷着："沈从文算什么教授？陈寅恪才是真正的教授，他该拿400块，我该拿40块，沈从文只能拿4块钱。可我不会给他 4 毛钱！如果沈从文都是个教授，那我不成太上教授了？"

还有一次是在"跑警报"的过程中。当时日机常常到昆明上空投弹，昆明师生一听到有警报，赶紧跑着躲起来。这一天又"跑警报"了。刘文典从教室里冲出，往安全地方跑去。他突然想起自己最钦佩的陈寅恪眼睛不好，如果被炸弹炸着，可不得了。他赶紧率几名学生找到陈寅恪，一边跑一边喊："保存国粹要紧！"可是，他突然见到了飞奔而过的沈从文，顿时怒不可遏，跑过去拦住沈从文，骂道："陈先生跑，是为了保存国粹；我跑，是为了给学生讲《庄子》；学生跑，是为了保存文化的种子；可是，你这个该死的，你跟着跑什么呀！"沈从文知道刘文典的怪脾气，懒得理他，继续往前跑。

显然，在刘文典眼里，沈从文不是个合格的大学教授。

学生汪曾祺、好友施蛰存的一些看法

汪曾祺是沈从文最得意的弟子之一。他当然认为沈从文是非常好的老师，但也客观地评论过恩师的讲课：

> 说实在话，沈先生真不大会讲课。看了《八骏图》，那位教创作的达士先生好像对上课很在行，学期开始之前，就已经定好了十二次演讲的内容，你会以为沈先生也是这样。事实上全不是那回事。他不像闻先生那样：长髯垂胸，双目炯炯，富于表情，语言的节奏性很强，有很大的感染力；也不像朱先生那样：讲解很系统，要求很严格，上课带着卡片，语言朴素无华，然而扎扎实实。沈先生的讲课可以说是毫无系统——因为就学生的文章来谈文章，也很难有系统，大都是随意而谈，声音不大，也不好懂。不好懂，是因为他的湘西口音一直未变——他能听懂很多地方的方言，也能学说得很像，可是自己讲话仍然是一口凤凰话；也因为他的讲话内容不好捉摸。沈先生是个思想很流动跳跃的人，常常是才说东，忽而又

说西。甚至他写文章时也是这样，有时真会离题万里，不知说到哪里去了，用他自己的话说，是"管不住手中的笔"。他的许多小说，结构很均匀缜密，那是用力"管"住了笔的结果。他的思想的跳动，给他的小说带来了文体上的灵活，对讲课可不利。沈先生真不是个长于逻辑思维的人，他从来不讲什么理论。他讲的都是自己从刻苦的实践中摸索出来的经验之谈，没有一句从书本上抄来的话——很多教授只会抄书。这些经验之谈，如果理解了，是会终身受益的。遗憾的是，很不好理解。（汪曾祺：《我的老师沈从文》）

施蛰存是沈从文的好友。对于新中国成立后沈从文不再当教授一事，他评论："如果仍在大学里教书，从文也不很合适，因为从文的口才，不是课堂讲授的口才。"（施蛰存：《滇云浦雨话从文》）

沈从文自己的看法

沈从文第一次教学是在中国公学。任教一年后，他给校长胡适写信："一年来在中公不至为人赶走，无非先生原因。现在觉得教书又开始无自信了，所以决计在数日内仍迁上海，暑期也不敢教下去了。……我的性情同书本学问是永远不能连在一处的，不过这时也还想从新的生活中或者为了生活的方便，我将专学两年英文，作为自己将来看书用。"（见《沈从文年谱》）胡适不这么认为，继续鼓励和帮助沈从文，使他坚持下去。

1966年，沈从文在一份交代材料上写道："我在学校教书可以说完全失败。因为不会说话，无口才……""我不是作官材料，同时也不是作教授材料。因为在学校就始终不曾好好教过书，也从不在这方面努过力。不会说话限制住了我向这方面发展的野心。我也并没有把作'教授'看成什么光荣。'向上爬'更和我作人性格不相称。我并不想升官发财，也缺少这套本领。我的主要希望，还是如前所说，为整个文学运动短篇小说部门作尖兵，打前站。……如说对文学有野心，这就是最大野心！"（沈从文：《我到上海后的工作和生活》）

第一次上课的经历

沈从文第一次上课的经历是非常有"特色"的。对此，他在1942年曾有过描述：

> 记得是民国十七年秋天，徐志摩先生要我去一个私立大学（指中国公学）讲"现代中国小说"，上堂时，但见百十个人头在下面转动，我知道许多"脑子"也一定在同样转动。我心想："和这些来看我讲演的人，我说些什么较好？"所以就在黑板上写了一行字："请你们让我休息十分钟吧。"我意思倒是咱们大家看看，比比谁看得深。我当然就在那里休息，实在说就是给大家欣赏我那个乱蓬蓬的头，那种狼狈神气。到末后，我开口了，一说就是两点钟。下课钟响后，走到长廊子上时，听到前面两个人说，"他究竟说些什么？"这种讲演从一般习惯看来，自然是失败了。那次"看"的人可能比"听"的人多，看的人或许还保留一个印象，听的人大致都早已忘掉了。忘不掉的只有我自己，因为算是用"人"教育"我"，真正上了一课。[沈从文：《短篇小说（五月二日在西南联大国文学会讲）》]

他又在1975年写的一封信中回忆第一次上课时的情景："第一堂就约有一点半钟不开口，上下相互在沉默中受窘。在勉强中说了约廿分钟空话，要同学不要做抄来抄去的'八股论文'，旧的考博学鸿辞，学王褒《圣主得贤臣论赋》无用，《汉高祖斩丁公论》也无用。新的什么用处也不多。求不做文抄公，第一学叙事，末尾还是用会叙事，才能谈写作……感谢这些对我充满好意和宽容的

同学，居然不把我轰下讲台！"（沈从文：《致阙名朋友》）

这件事发生在1929年9月初。沈从文在文坛已小有名气，学生们对他有种好奇心，没想到他上讲台后竟长时间一言不发，搞得大家莫名其妙。接着又写了"请你们让我休息十分钟吧"，更是让学生如堕五里雾中。而一旦开讲，则前言不搭后语，似乎很有学问，又似乎什么都讲不明白。

沈从文倒是在这堂课中有意外的收获。在他紧张得要命的时候，他发现台下人群中一双善良的眼睛，那是校花张兆和的眼睛。当时张兆和只有18岁，沈从文爱上了她。后来不断写信，经过很多周折，张兆和成为他一生的伴侣。

沈从文讲课的情形自然会反映到校长胡适那里。胡适非常宽容，说："他讲成这样，学生们还听他讲课，这就是成功。"

此后，沈从文讲课时再没出现第一次讲课的情形。但即便讲了很多年之后，他还是声音很低，用的是大家不好懂的湘西话。

他究竟合格不合格？

讲台上讲不好课，是否就意味着此人不是一位合格的教师？

沈从文在中国公学讲了一年课。胡适的结论是："北大国文系偏重考古，我在南方见侃如夫妇皆不看重学生试作文艺，始觉此风气之偏。从文在中公最受学生爱戴，久而不衰。"（《胡适日记》）

为什么连讲课都费劲的老师会受到学生如此欢迎？

韩愈说得好："师者，传道，授业，解惑也。"能达到这三点，就是一位好老师。无论是讲台上讲课，还是与学生交流，都是为了达到教好学生的目的。

沈从文深知自己的缺点，因此想尽办法从别的地方补起来。他教给学生们各种写作技巧，教学生们尝试着以各种文体来写作，他也与同学们一起来写，互相交流。他最大的特点，是对学生的习作不厌其烦地进行批改，尽全力帮助他们进步。发现好的文章，他还会尽力帮他们发表。他热情地支持学生们创办

《旭日》月刊。让他们把研究和创作的成果"都随时公开出来","一方面供给我们的同志观摩，一方面求教于当世的贤达"，这无疑极大地鼓舞了学生们的写作热情。沈从文完全融在学生当中，深得学生的爱戴。他的教学任务是提高学生的写作能力，就这点而言，他很好地完成了任务。

这种教学方式他不仅用在中国公学，而且一直坚持。

汪曾祺是沈从文西南联大时的学生，他说：

> 沈先生是那种"用手来思索"的人。他用笔写下的东西比用口讲出的要清楚得多，也深刻得多。使学生受惠的，不是他的讲话，而是他在学生的文章后面所写的评语。沈先生对学生的文章也改的，但改得不多，但是评语却写得很长，有时会比本文还长。这些评语有的是就那篇习作来谈的，也有的是由此说开去，谈到创作上某个问题。这实在是一些文学随笔，往往有独到的见解，文笔也很讲究。……
>
> 除了评语，沈先生还就学生这篇习作，挑一些与之相近的作品，他自己的，别人的——中国的外国的，带来给学生看。因此，他来上课时都抱了一大堆书。……看看自己的习作，再看看别人的作品，比较吸收，收效很好。……
>
> 沈先生这种教写作的方法，到现在我还认为是一种很好的方法，甚至是唯一可行的方法。我倒希望现在的大学中文系教创作的老师也来试试这种方法。可惜愿意这样教的人不多；能够这样教的，也很少。（汪曾祺：《我的老师沈从文》）

沈从文惜才爱才，见到学生中的好文章，他不遗余力地加以推荐，想办法使其公开发表。他又是一个非常勤奋的人，他的作品及人格，都成为学生们的楷模。

曾在西南联大经济学系读书的张友仁回忆："在经济学系的必修课和选

修课中，本来没有沈从文先生的课程，我却慕名前往旁听过他讲授的几门课程。……教室里有一台讲桌和几把扶手椅。有一次上课时，这些扶手椅都被我们先行到达的男同学占满了，后到的三位女同学没有座位。男同学们有的不懂得向女同学让座，有的则是不好意思给女同学让座，她们不得不站着听课和记笔记。沈从文教授看不过，居然把讲台上的讲桌扛下来，放倒在教室地上，请这三位女同学坐下听课。这一行为在大学课堂中是前所未见的，也是以行动给我们这些不给女同学让座的男同学的一种无言的批评和教育。"（张友仁：《忆沈从文教授》）

就这样，沈从文成为学生们爱戴的老师，听他讲课的人越来越多，包括旁听生；受他培养成才的人越来越多，他进入中国最优秀的教授行列！

华罗庚：促进数学教学与实践

在西南联大的讲学与研究

华罗庚在西南联大度过的近 8 年时光，正是抗日战争中极为艰难的时期，也是华罗庚全家最困难的时候。为了躲避日本飞机的轰炸，华罗庚全家六七口人不得不屡次搬家，不得不挤住在一间屋子里。那时候人们的生活普遍贫困，西南联大的教授也是如此，常常处于吃不饱饭的困境。但就是在这样的处境中，西南联大的师生们创造了中国教育史上一个空前绝后的奇迹：学校里大师云集，学术风气民主、自由，培养出像任继愈、汪子嵩、黄昆、王浩、殷海光、杨振宁、李政道、钱伟长、马识途、汪曾祺、李赋宁等大批国际一流的人才，产生出推动中国进步的思想，其成就令世界惊叹。华罗庚是教授中的一员——他在生活极度艰难、难以养家糊口、与国外学术界隔绝、没法得到数学刊物的情况下，写了 20 多篇论文，完成了他的第一本也是在国际数学界具重大影响的著作《堆垒素数论》，为中国争了光。

那么，这些研究成果是怎样产生的？华罗庚的讲学情况又是怎样的？

根据当年为华罗庚当助教的段学复先生记载：

1938—1939 年，他以范德瓦尔登（B.L.van der Waerden）的《近世代数》（Moderne Algebra I）为基础，通篇做了若干修改，即抽象代数开设了一门课程。此外，他领导了一个有限群的讨论班，采用了新出版的扎森豪斯（H.Zassenhaus）的《群论》(*Lehrbuch der Gruppentheorie*)与施派泽（A.Speiser）的《有限阶群论》(*Die Theorieder Gruppen von Endlicher Ordnung,Dritte Auflage*)（第三版），以及霍尔（P. Hall）关于 p 群的基本论文（1934）作为参考文献……

1940 年，我离开昆明出国留学，起初在多伦多一年，后来在普林斯顿一直到 1946 年。这段时间，我与华罗庚相互间经常通信。他当时住在离昆明市不太远的一个名叫黄土坡的小村里。一次，在空袭时，华罗庚与闵嗣鹤躲到一个简易的防空掩体中，一枚炸弹落在了附近的地方，掩体坍了下来，他们被埋在落下的泥土里。幸运的是他们被营救出来。在这样极其困难的条件下，华罗庚与他的主要合作者闵嗣鹤一起，继续在数论方面得出了重要的结果。1941 年，他开始在多复变典型域的理论上进行系统的研究。1943 年 4 月，他的关于自守函数的两篇论文的手稿寄给了普林斯顿的外尔（H.Weyl），在美国《数学学报》上发表。人们发现西格尔（C.L.Siegel）与华罗庚差不多在同时研究着相同的理论。华罗庚的第一篇论文，与西格尔早在 1943 年出版的《辛几何》(*Symplectic Geometry*)不可避免地有着部分重复，然而，它们的重点是有所不同的。在矩阵几何学的有关研究中，华罗庚也有极好的进展。1946 年春天，我接到华罗庚来信，他应苏联科学院数学研究所所长维诺格拉多夫的邀请，去苏联访问了三个月。华罗庚现在的经典专著《堆垒素数论》就是 1947 年首先用俄文发表的，而直到 1952 年才译成中文（校订本）出版。它还被译成了匈牙利文（1959 年）、德文（1959 年）与英文（1965 年）。1938—1946 年，华罗庚在昆明所做的数学工作是一个真正的奇迹。（段学复：《怀念华罗庚——天才和勤奋造就华罗庚成为一个伟大的数学家》）

西南联大的学生们对华罗庚印象深刻。1946 年，西南联大《除夕副刊》主编了一本《联大八年》的图书，其中有资料室编写的《教授介绍》一文，如此介绍华罗庚：

> 知名的自学数学家，一腿失健，走起路来右腿总在画圆弧。研究代数，尤长于数论。先生对时事很关心，在卅四年五四前夕的科学晚会，他曾高呼："科学的基础应该建立在'民主'上。"有一次临大考，同学们很紧张，华先生走上讲堂说了一句：不考了，今天却要上一堂课。结果皆大欢喜。

由于一条腿瘸，在躲飞机轰炸时，华罗庚便显得与众不同。有位调皮的男生开玩笑："一看华教授走路，就知道他是数学系的老师，一条腿走直线，一条腿划圆圈，'圆规直尺式'。"（华顺：《爸爸的故事》）这样的步行，对华罗庚本人来说，是非常痛苦的。华罗庚差点被活埋的消息传开后，文学系的闻一多先生热情地邀请华罗庚全家跟他家同住。闻一多家 8 口人住在陈家营村的一个二层楼上。下面一层基本不住人，是灶房、牲口圈和堆房，二楼有一间厢房、两间正房。闻一多家住一起本来就比较挤了，但他们急人所难，让出一间正房给华罗庚家。正房是通间，没有墙，只好用个布帘挂在中间，一分为二两家住。后来，闻一多见华罗庚腿残，还有老人和两岁的孩子，搬家很不容易，于是自己找了一个房子搬走，把房子让给华罗庚一家住。这种情谊，令华罗庚一家非常感激。

有了这个相对安定一点的住处后，华罗庚抓紧时间做自己的研究。他后来曾回忆当时的情景："我住在昆明乡下，我住的房子是小楼上的厢房，下面养猪、马、牛，晚上牛在柱上擦痒，楼板就跟着摇晃。没有电灯，就找一个油灯使用。油灯是什么样的呢？就是一个香烟筒，放个油盏，那儿没有灯草，就摘一点棉花做灯芯。就是在这种微弱的灯光下，我从 1940 年到 1942 年完成了我的《堆垒素数论》，后来又跨入了矩阵几何。"（华罗庚：《在困境中更

要发愤求进》)

迫于贫困,不少教授出去兼课以补贴家用。华罗庚没有这样做。有人不理解地问:"你们家是怎么弄的?我们家当时也在昆明,我父亲出去兼兼课,挣点钱补贴家用,日子不像你们家过得那样艰辛。"华罗庚想都不想地说:"如果那样做了,我就不是今天的华罗庚了。"(华光:《荣誉属于祖国 才智献给人民——回忆我父亲的点滴》)

华罗庚之所以能如此,还亏有个好妻子。在他把全部精力用在教学和研究中时,他的妻子吴筱元给了他最大的理解和支持。他们的长女华顺回忆:"就在陈家营闻先生住过的小屋里,爸爸不顾楼下猪拱、牛蹭痒痒屋子颤,全身心做他的研究。白天,妈妈在正房里干家务,夜间妈妈在一旁做针线活,并照顾爸爸。夜凉了,给他披上衣服,夜深了催他休息。"(华顺:《爸爸的故事》)二儿子华陵回忆:"那时父亲经常半夜里起床,点亮微弱的豆油灯,写下他刚刚想清楚的研究成果,他说他怕早上睡醒后会忘掉。母亲说,有时父亲会半夜起床爬到椅子上去欢呼:某某难题终于让我解决啦!等再睡下,头脑中再过一遍电影,发现了证明的纰漏,父亲会非常不快,拍桌子打板凳,又是嫌孩子吵,又是这个不好,那个不对;母亲说那时她也跟着难过,理解父亲,孩子吵就把孩子带到外面去,什么不满意就尽量给弄满意了……"(华陵:《追忆我的父亲华罗庚》)

我们在敬佩华罗庚的同时,也不能不对华罗庚的夫人表示一份深深的敬意。

"很难想象,如果他不曾回国,中国数学会怎么样。"

1950年3月,新中国成立不到半年,华罗庚怀着满腔爱国热情,辞去了美国伊利诺伊大学教授的职位,舍弃了国外优越的科研环境和生活待遇,毅然回国,到清华大学任教。之后,先后担任中国科学院数学所所长、中国数学学会理事长、中国科学技术大学数学系主任、中国科技大学副校长、中国科学院副院长等职。毛泽东宴请回国工作的一些科学家，华罗庚应邀参加，并坐在毛泽东的旁边。毛泽东对华罗庚说："听说你是金坛人，数学搞得很好，听说你还是一个穷苦出身的人，希望你为我们培养出一些好的学生来。"华罗庚连连应诺："一定努力！一定努力！"

华罗庚的教学方式不是灌输式，而是启发式。在清华园，华罗庚会指定一些学生担任他的助教。在数学所，初期研究人员则和学生一起听课，在此基础上举办研讨班，就一些难题进行研讨，研讨的结果写成论文。他所主持的数论讨论班和哥德巴赫问题讨论班，成果都很显著。他所培养的王元、陆启铿、越民义、万哲先、龚升、许孔时、吴方、魏道政、严士健、潘承洞等人，都成为蜚声中外的数学家，"中国好几代数学家都曾得益于他的教诲"（王元：《传奇数学家华罗庚——纪念华罗庚诞辰100周年·前言》）。

曾在清华大学就读的数学家万哲先回忆：

华教授回到清华园后，很快就走上了课堂。他当时非常兴奋，教了几年外国学生，现在回来教自己国内的学生，而他们的程度又让他赞不绝口。选课的学生更是兴奋，有幸由一位举世闻名的大数学家来给他们授课，讲课又是非常清晰，重点突出，深入浅出，引人入胜，富有启发性。我有幸被系里指定为"广义矩阵论"课程的助教，从而有了直接向华罗庚教授学习并在他指导下作研究的机会。"初等数论"课程的助教是迟宗陶学长。

……这学期华罗庚教授除开了两门课并带领学生作研究以外，还组织了算学系的综合讨论班，请校内外的教师演讲，介绍他们自己的新成果。他还参加高年级同学组织的"婴儿"讨论班，对学生鼓励并指导，他还在算学系布告牌上出算学题征解等等。清华算学系的学术气氛一下子就活跃了许多。

1950年下半年，华罗庚教授已被指定筹建中国科学院数学研究所，1950—1951学年度他仍然在清华大学继续讲授"广义矩阵论"这门课。他一面讲课，一面又指导学生作研究，这样学生既学了知识又学了作研究，收获很大。他和他的学生关于典型群方面的工作被国外专家称为中国数学五项重要成就之一。他对学生要求非常严格，对研究工作要求很高。强调要选有意义的问题做，要有新的想法，要创造不要依样画葫芦。一旦学生有了新的想法，取得点滴成果时，他就鼓励。另一方面，他经常告诫学生，不要眼高手低，只要练好扎实的基本功，做到"拳不离手，曲不离口"，踏踏实实地工作，收获就会到来。

1951年秋到1952年初，1956年秋到1957年春，他又在中国科学院数学研究所主持典型群讨论班，两次讲授他在清华大学"广义矩阵论"的讲义。后来又指示我把工作继续做下去，我就根据前六章的精神，又续写了六章。由于这十二章的大部分讨论的是典型群，1963年就以"典型群"为书名出版。《典型群》这本书在国内外影响很大，培育了好几代人。（万哲先：《回忆华罗庚在清华教学的时光》，《科学时报》2010年6月3日）

严士健教授则回忆了数学研究所工作的华罗庚。他说：

大约是1953年秋季开学的时候，中国科学院数学所来了一个通知说，华罗庚教授将主持一个数论讨论班，由他主讲《数论导引》。……在第一次讨论班上，华先生对数论中的经典问题、相关领域、方法及其进展作了通俗、全面的介绍，大大地开拓了我的眼界，引起了我对数论的兴趣。当时所里几乎所有研究人员都参加听讲，盛况空前。

等到先生正式开讲具体内容的时候，我的感觉与外界传说的先生讲课情况不同。一个显著不同的特点是让听讲者能够随着他一起想、一起探讨和解决问题。当讲到一个比较复杂的问题时，总是先将外围的一些容易的、表面的内容较快地弄清楚，必要的概念随着问题的展开而引入，尽量快地让读者看到问题的本质和核心，用华先生的说法就是"单刀直入,直逼问题";然后,分析问题的关键所在,提出方法,于是整个问题就迎刃而解。

让我印象深刻并且终生受益的是先生所讲的课是数论的基础性内容,但是先生不满足于现有的成熟资料,经常从一些原始文献中提取一些新内容来丰富课程,而且从来不是将已有资料平移过来,一定要反复加工,突出方法和思想。

先生在学术上的民主作风让我终生受益。……讲的过程中,我发现有一处论证可能过不去,忐忑地提出问题。华先生马上停下来认真思考,结果发现我提出的问题是有道理的,并表示这次的准备不充分,下次准备好再讲。事后我想:先生面对讨论班上数学所专业人员,对我这样一个旁听生提的问题,同样自然地给出极大的重视和认真的思考,这是一个数学家的学术民主风范。这件事不但鼓励我认真学习《导论》,而且在以后的工作中以先生为榜样,坚持学术民主,不怕出错。(严士健:《先生之风,山高水长》)

为了最大程度地调动起学生或年轻研究人员的自觉性和积极性,华罗庚让他们参与到自己的核心研究当中,协助写书。如此一来,学生们非常投入,不仅跟着华罗庚学习,而且不断地找出最新的相关资料,提出不同的意见。华罗庚善于引导,使学生们一直保持高昂的学习热情。如此,学习效果非常好,学生们的起步也变得很高了,而华罗庚的学术著作也明显地丰富了很多,可谓一举双得。就拿《数学导引》这本书来说,全书完成后达66万多字,比华罗庚原来的设想要多出好多倍。他说:"解放后工作更忙了,但是说也奇怪,在同志们的帮助下,工作进行得反而更快了!篇幅大大地增加了,并且添了一半以上的新章节,采取了不少近年来的新成就——可以包括在本书范围之内的新成就。""作者由衷地感谢以下几位同志:越民义、王元、吴方、严士健、魏政道、许孔时和任建华。从我1953年开始讲授起,他们就不断地提意见,有时还替我做了

局部的改写工作。在印讲义和排版时的烦冗工作更不必说了！其中尤以越民义同志的帮助最多。"（华罗庚：《数学导引》）

需要特别指出的是，华罗庚与现在某些无偿占有学生劳动成果的老师完全不同。

老师和学生之间，一开始是讲与学的关系，华罗庚自然不能因为学生在学习过程中对自己的作品提一些意见就变成合作。而当学生的水平达到一定程度时，华罗庚即与学生采取合作的态度。他和学生万哲先写出的《典型群》一书，便深得国内外赞誉。而大多数情况下，华罗庚甘当人梯，把自己的心得毫无保留地教给学生。

华罗庚的学生都非常尊敬他、感激他，而华罗庚的忘我研究精神则潜移默化地教育着他的学生们。

华罗庚的学生、中国科学院院士陆启铿在华罗庚百年诞辰之际，接受一位记者采访时，讲了一个亲身经历的故事：1953年左右，华罗庚与陆启铿等人做典型域方面的研究。有一天深夜，一个问题迟迟未能解决，年轻的陆启铿熬不住了，回宿舍睡觉。第二天一大早，只有五六点钟的时候，华罗庚便迫不及待地来敲陆启铿的房门，告诉他昨天晚上的问题解决了，要给他讲讲。华罗庚一宿没睡，等问题解决了，心情非常愉快，赶紧找学生讲解。这种忘我的精神深深地感染了陆启铿。

曾在中国科技大学就读的冯克勤教授这样总结："他（华罗庚）的治学思想和精神体现在他经常讲的名言警句之中。他反复教育我们做学问要勇于和强者较量，把成语'班门弄斧'，反其道而行之，主张'弄斧必到班门'，只有和强者较量才能增长见识和做出高水平成果。另一方面，他又强烈主张不迷信别人，'只是跟着别人的脚印走路，那就总要落后别人一步'，'在科学研究中最主要的精神之一是创新精神'。他多次对我们讲，要做出好文章，关键是要有自己的'招数'和'拿手好戏'，别人都不如你，这样你才能做出新的东西，人家才注意你。华罗庚的这个治学思想对学生的影响极大。"（冯克勤：《从师八月，受益

终生》）

华罗庚的学问和精神不仅影响着他的学生，而且影响了中国数学界，影响了学生的学生。诚如厦门大学数学科学学院教授钟同德所讲："回顾上世纪50年代，在华罗庚教授领导下，陆启铿在北京大学，龚升在中国科技大学，我在厦门大学开设多复变数专门化，使我国多复变数的研究领域中涌现了一批优秀人才，此后华罗庚教授的学生们在许多高等院校和研究机构培养研究生，有的出国进一步学习，在国家自然科学基金的支持下，一代一代地传帮带，现在这支队伍已超过百人，华罗庚教授早年播下的种子，已发芽开花结果，满园春色，五彩缤纷了。"（钟同德：《尊敬的华老师引领我进入数学的门槛》）亦如中国科学院院士杨乐所言："他是我国现代数学研究的杰出代表。无论是早期在清华大学与西南联大期间，还是后来在中国科学院数学所、应用数学所与中国科技大学期间，华老开设课程，主持讨论班，使许多学生、研究生、同事获益匪浅，一大批青年人才在他的培育、指导与熏陶下成长起来。几十年来，他领导中国数学会，创建中国科学院数学所与应用数学所，创建中国科技大学数学系，倡导国内外学术交流，为提升我国的数学水平不遗余力。正如塞尔伯格（A. Selberg）教授指出的那样：'很难想象，如果他不曾回国，中国数学会怎么样。'"（杨乐：《缅怀与回忆——纪念华罗庚教授百年诞辰》）

与陈景润

华罗庚惜才爱才，不遗余力、不拘一格地发现和培养人才。出于自己的切身体会，华罗庚非常反感形式主义，反感那些不管真才实学，而以文凭、学位、头衔取士的标准。他在1985年发表的《要培养大批有真才实学的人》一文中呼吁：

培养大批有真才实学的人，我们的教育体制也要改。现在我们的教育体制的弊端是分流不够，只有一条路：小学、中学、大学、研究生。因此，拥挤不堪。这里有科举制的影响。在封建社会，青年成名三部曲：秀才、举人、进士。这种科举制，只有少数人能上去，多数人只落得悲惨的下场，像孔乙己、范进中了举人，高兴得都疯了。古人说：一登龙门身价十倍。我们要建立新的教育体制，要让它行行出状元，各行各业都有前途，都有奔头，要形成：龙门之下沃野千里。一句话，科学教育要分流，要从实，要培养造就大批有真才实学的人。

正是有了这样的认识，华罗庚才能像当年熊庆来赏识培养他一样来对待陈景润。

当华罗庚在1954年认识陈景润时，陈景润的处境也是非常糟糕。这位数学天才性格内向，在厦门大学数学系毕业后分配到北京四中当数学老师，却因学生听不懂他讲的课而被退回到原校，在厦大图书馆工作。有一天，华罗庚到厦门大学，偶然间了解到陈景润的情况以及陈正在研究的数学课题，觉得陈景润是个可造之才，便破格将他调到中国科学院数学研究所，并亲自指导。

众所周知，在经过艰苦的研究和探索后，陈景润摘取了世界瞩目的数学明珠——在哥德巴赫猜想问题上获得了突破性的成果，并由此被公认为国际级的数学奇才。

同样，在陈景润获得成功的时候，他也像华罗庚感激熊庆来一样，时刻不忘华罗庚的恩情。这种感情，在华罗庚一度受迫害时更显出其珍贵。

据华罗庚长子华俊东回忆："'文革'中，'四人帮'曾派人做陈景润的工作，要他揭发爸爸（华罗庚）两个问题：一是爸爸剽窃了他的成果，二是爸爸压制年轻人。但陈景润却始终坚持一句话：'华罗庚从未剽窃过我的研究成果，我是华老的学生。'陈景润对爸爸非常尊敬，在家里，每当电话铃响，只要是陈景润打来的，他的第一句话总是：'我是华老的学生陈景润……'"

著名数学家王元，是华罗庚主持的数论组的成员，长期跟华罗庚学习与研究数论。20世纪50年代至60年代，王元首先在中国将筛法用于哥德巴赫猜想研究，并证明了命题（3，4）。1957年，证明了（2，3），使中国学者首次在此研究领域跃居世界地位。1973年，王元与华罗庚合作，证明了用分圆域的独立单位系构造高维单位立方体的一致分布点贯的一般定理，被国际学术界称为"华—王方法"。华罗庚的学问与人品培养和影响着王元，王元视其为自己的老师，并决定写《华罗庚传》。在《华罗庚传》中，王元就所谓华罗庚盗窃陈景润成果事件做了详细介绍。原来，"文革"中，江青、迟群等人想整华罗庚，就把陈景润作为一个突破口。虽然华罗庚的《堆垒素数论》再版时，曾吸收了陈景润的想法，但华已给予足够的感谢。江青等人不管这一事实，硬要以此来打垮华罗庚。于是便有了迟群"拜访"陈景润的一段细节。《华罗庚传》中这样写：

  据华罗庚的助手回忆：迟群找陈景润的目的是要陈景润站出来"揭发"华罗庚"盗窃陈景润成果的问题"。你别看陈景润装疯卖傻，他可精灵了！第二天他不去找别人，惟独专程去找了陈德泉，据实告诉了陈德泉："迟群要我揭发所谓华老师盗窃我的成果问题，怎么办？"陈德泉被这突然来的消息吓懵了，丈二金刚摸不着头脑，他更摸不清陈景润的意图。于是只好问陈景润："华老师到底有没有偷你的成果呢？"陈景润说："没有。"陈德泉说："那你就据实说吧，反正实事求是嘛！"陈德泉立刻将上述情况告诉了岳枫。岳枫当机立断地表示："向华老报告。"华罗庚知道后，立刻明白：迟群的背后有人。这人就是江青。

  ……

  事后，华罗庚几乎从不在家里人、朋友与学生中提起这件事。他对他的总角之交胡柏寿谈过："'四人帮'在'文革'中要陈景润揭发我，诬陷我剽窃了他的科研成果，陈景润不肯，就威胁他说：'人证物证俱在'，陈景润坚定地说：'既然你们掌握了人证物证，还要我揭发干什么？'"又据包谦六回忆：'江青先想拉拢他，拉拢不成，就打击他。最恶毒的一招，是想利用陈景润出来讲话，污蔑华老师著作中偷了他的研究成果。可是陈景润不受利用，装痴学呆，保持人格。'"

1985年6月12日，华罗庚在日本东京大学作学术报告后因心脏病发作倒在了讲台上。

华罗庚逝世的消息传来，陈景润悲痛万分，不停地说："华老走了，支持我、爱护我的恩师走了……"此时的陈景润久病缠身，连穿衣吃饭都得别人帮助，但他无论如何也要参加恩师的追悼会。追悼会开了40分钟，陈景润坚持站了40分钟，他一直不断地哭泣，感念着华老对自己的知遇之恩！

在数学普及中创造奇迹

1982年，香港中文大学授予华罗庚名誉理学博士时的赞词中有这样一段话：

> 华教授不但治学精严，著作等身，更且诲人不倦，热心促进数学教育与推广数学方法之实际应用。近20年来他致力于"运筹学"、"统筹方法"和其他数学方法的普及，足迹遍及全国城乡。所曾访问、接触的学校、社队、矿厂企业等无虑千百，所造就的人才，所解决的大小问题，所为国家节省的资源、创造的财富就更无从估计了。中国是一个古老而伟大的国家，但其丰富的自然资源有待规划开发，优秀的人才急需统筹运用。华教授多年来在这些工作上所付出的移山心力肯定是会对中国的现代化留下不可磨灭的贡献的。（王元：《华罗庚》）

华罗庚对数学普及工作的巨大贡献，可谓举世皆知！

贝尔电话公司的格拉汉姆（R.Graham）认为："华罗庚比起历史上任何一位数学家来，受他直接影响的人可能更多，他善于推销数学。"

从 20 世纪 50 年代起,华罗庚就已非常注重数学普及了。最初的普及对象主要是中学生、中学教师。为此,他提倡和组织了中学生数学竞赛,并通过四处讲学及发表科普作品使学生和老师受益。

他经常以自己的亲身经历,告诉学生们"数学是一门非常有用的科学","我们掌握了数学,才能进入科学的大门","在日常生活里,我们也到处要用到数学"。他强调"不怕困难、刻苦练习"是学好数学的关键,同时引导学生愉悦地进入数学乐园。他说:"认为数学枯燥无味,没有艺术性,这看法是不正确的。就像站在花园外面,说花园里枯燥乏味一样。只要你们踏进了大门,你们随时随地都会发现数学上也有许许多多有趣味的东西。"(华罗庚:《和同学们谈谈学习数学》)他提倡和组织数学竞赛,也并不只是着眼于一次竞赛,更多的是为了数学的普及。他在 1963 年中学生数学竞赛发奖会上讲话中指出:"数学竞赛的目的,如果狭义理解为仅仅提倡数学,或寻求少数天才,那是不够全面的看法。而我们进行数学竞赛的目的,不仅仅是为了数学而数学,其着眼点还是因为它是一切科学的得力助手,因而提高数学,也为学好其他科学打好基础。""去年,我们竞赛的题目传出去以后,某一学院的一年级同学,大家也都做开了,这是好现象。这次的题目,我也做了。我看见这次题目的时候,我不能放弃这个能锻炼的机会。'曲不离口,拳不离手',这是很好的教训。""实际讲来,这一次的数学竞赛,既不是竞赛的开始,也不是竞赛的结束。实际上谁都在参加着为建设社会主义的劳动大竞赛。而主要的是大家应当毕生参加的'勤奋的竞赛''坚毅的竞赛'。今天的成绩是以往的勤奋的表现,而一生的成绩还依靠了毕生的勤奋。"(华罗庚:《打好基础 灵活运用》)

与此同时,华罗庚想着一个更大的题目,开始摸索如何把数学直接应用于国民经济和工农业生产,先是线性规划,后来便是闻名世界的"优选法"和"统筹法"(合称"双法")。

什么是"优选法"?

简要而言,就是运用数学方法,在每一道生产环节及整个生产过程中尽可能找到好方案。

如何寻找好方案？

华罗庚说:"一项产品的质量和数量，都和每一道工序的操作情况有关，而每一工序的操作又和各种参数有关，如温度多高、压力多大、用碱量多少、强弱如何等等，优选法可以选择合理参数，以达到优质、高产、低消耗。譬如在一些动力和化工生产中，我们经常遇到风门越开越大，酸、碱越用越多等不科学的做法，这不但浪费资源，增加污染，而且往往造成低产、劣质、高消耗。特别是料比配方、操作条件、仪器测试都少不了要用优选法，用了它不仅可以找到好方案，而且可以用最少的试验，更快地有保证地找到好方案。"（华罗庚：《要使数学更好地为四个现代化服务——从"统筹法""优选法"谈起》）

什么是"统筹法"？

华罗庚解释："统筹法是进行科学管理的一个工具。它对组成某一任务各个环节相互间如何衔接和安排，用一张由若干箭头连接起来的统筹图来表示。用了它可以使错综复杂、工种纷繁的工农业生产得到合理安排，使领导者心里有数，随时知道工程进度，以及当时的主要矛盾、主要环节，使群众也能明了全局，知道自己在全局中的地位。"（华罗庚：《要使数学更好地为四个现代化服务——从"统筹法""优选法"谈起》）

普及数学，最大的环节就是普及。如何让大众接受你的数学理论，如何使数学真正与生产结合起来并提高生产效率，这才是最为关键的。华罗庚因此提出了"广优选，重实效；大统筹，联运输"。

他首先领导数学工作者，下到厂矿、企业等基层单位讲授和推广，把理论上站得住脚的、群众能广泛用得上的、对生产能立即见效的方法，用通俗易懂的语言表达出来，并且通过试点——先是一个一个项目，再是一个一个车间进行试验，证明工人能懂、会用，见成效，然后逐步推广。他们和工人们一起分析矛盾，直到工人们能掌握和运用数学方法，解决实际问题。因为能解决别人解决不了的问题，有了很好的成效，所以"双法"得以迅速发展和推广。

"优选法"首先是在"三线"的乌蒙山区推广的。那儿的铁道兵工作条件很差，所用雷管的合格率很低。铁道兵向华罗庚提出一个问题："如果能使雷管的合格率升高一些，就可以给国家节省大量资财。"华罗庚答应："从前线回来就考虑这个问题。"然而，华罗庚还没来得及给出答案的时候，当地的铁道兵在一次爆破中出了事故：他们安装了22个雷管，其中一个引线潮湿了，班长把引线剪短，让别人离开，然后他点着火，使爆破得以成功。可是班长和另一名战士牺牲了。这件事对华罗庚震动很大。他大声疾呼："坐而谈，可以不负责任，立而行，就不如此轻易了。但以负责而行为荣。忧劳可以兴国。"（华罗庚：《数学方法与国民经济·前言、中论》）带着这样的使命感和责任心，华罗庚下最大的决心，放弃了他非常热爱的、而且已从事了30年的纯粹数学研究，全身心投入到数学普及工作当中。他首先找到了提高雷管合格率的好办法，就是在质量管理方面事先把参数选好，使其少出质量不合格的产品。同时为了避免大量试验给国家带来的损失，他想办法用很少的试验很快找到最优方案。优选法应运而生。"这里有0.618法、瞎子爬山法、多因素法等方法，用什么方法要根据实际。多因素法在世界上我们是先进的。"（华罗庚：《到生产实际中找任务的几点体会》）如此，华罗庚不仅在"三线"建设中运用优选法，而且将其运用到水利、煤矿等各个行业，并很快尝到了甜头，受到各地的热烈欢迎。

"统筹法"最初是在上海炼油厂得到很好的发挥。上海炼油厂的一个炼油塔要去旧换新。他们向市委请求一个月的时间，市委希望他们在20天内完成，他们认为这是绝对完不成的。然而他们却希望华罗庚运用新办法在10天内完成任务。有人认为这属于故意刁难。但华罗庚和他的团队接受了这个任务，与工人师傅打成一片，巧妙运用统筹法，做出一个10天的方案。这时，厂里又希望在7天完成。这在别人看来是天方夜谭，但华罗庚继续运用统筹法，利用箭头图，依靠工人师傅，在现场观察后，经过一次次开短会讨论，理顺了一个又一个环节，最终拿出了合理的七天方案。按照这个方案，经过工人师傅们的努力，竟然在第六天晚上就完成了，创下了以前无法想象的奇迹。这个经验鼓舞着华罗庚和他的团队，他们信心满怀地到更多的地方推广"双法"。

这件事引起了毛泽东、周恩来、叶剑英、胡耀邦等中央领导的高度重视和支持。毛泽东在 1964 年和 1965 年两次写信给华罗庚，称赞华罗庚"壮志凌云，可喜可贺"，勉励他："你现在奋发有为，不为个人而为人民服务，十分欢迎。"周恩来亲自布置华罗庚等人到很多地方推广"双法"，并在"文革"中想方设法保护华罗庚。叶剑英在会见华罗庚时说："推广'双法'，这是一件大事。一个科学家，团结知识分子到工农中去，对生产起这样大的作用，我替人民谢谢你。"胡耀邦则在 1982 年给华罗庚写信，充分肯定他的数学普及工作，号召更多的同志投身到新技术、新工艺攻关的行列中，推动中国的现代化建设。

可以说，华罗庚是中国最早把数学理论和生产活动紧密结合作出巨大贡献的科学家。他以平实生动的文字，深入浅出地写出科普读物《优选法平话及其补充》和《统筹法平话及其补充》。他在 20 多年的时间里，四处讲学和实践，足迹遍及中国 26 个省市自治区，组织各行各业工作人员参加"双法"推广和普及，并运用到国家重点建设项目的研究，不仅节约了能源，增加了产量，缩短了工期，取得了显著的经济效益，而且为国家培养了许多科技人才，受到世界瞩目。

1985 年 6 月 12 日，在华罗庚生命的最后一天，他在日本东京大学作数学演讲，题目是《理论、应用与普及》，便是在国际讲台上，着重介绍了他多年来的数学普及工作，为自己的人生打上了一个完美的句号。

金克木："不合规格"的教学

相比于其他老师而言，金克木是位非常独特、非常另类的老师。估计很少有老师能像他那样教学，但无论他教过的小学生、中学生、大学生，都从他的教学中得到无穷的乐趣并受益无穷。他的教学是"不合规格"的。他很谦虚，在《自撰火化铭》中"盖棺论定"地说自己："曾居教席于小学、中学、大学，皆机缘凑合，填充空缺，如刊物之补白，麻将之'听用'，不过'拾遗'、'补阙'、'候补'、'员外'而已。"当然，大家都知道，他虽是"而已"，但早是中国首屈一指的名师了。且看他的教学能给我们怎样的启发。

"为什么"教学法

看过《十万个为什么》吗？许多小学生、中学生都喜欢看。

为什么？

因为学生们对外界的世界充满了好奇。他们喜欢问"为什么"，又想得到"为什么"的答案。《十万个为什么》简明生动地回答了学生的问题，所以就成了他们普遍喜欢的科普读物。

金克木的好奇心超强。他学习时最喜欢问"为什么"，然后像破解迷宫一样将一个个复杂的问题都理解透彻。他没有接受过正规的学院教育，也没有一套系统的教学理论，却在教学中不自觉地运用了"为什么"教学法。

金克木第一次教初中，是由某县立初中当教务主任的一位朋友所邀。金克木的教学思路是：想办法让学生从"不知道"变得"知道"。所以，当他知道某学生已经知道了答案，他就不再提问。而对没有学会的学生，他会叫起来，让他们回答问题。回答不上来时，学生就能明确地知道自己的欠缺，然后有的放矢地把问题解决。这样的教学本来是很好的，但在有人来视察时就显得不合时宜了。

有一天，金克木正在讲课，从外面进来三位参观的老师。一位是金克木的那位朋友，一位是很少光顾学校的校长，还有一位金克木不认识的中年矮胖子。金克木没有经验，对这三人并没有太在意，依然按照平日的教学法教学。当时，他正在提问。照例找的是他估计还没学会的学生。他问对方："为什么……？"对方半天没说出个所以然。金克木让他站着想，并提问下一位学生。这位当然也好不到哪儿去。这个时候，班上有的学生已经开始回头观望来客了，而金克木已经要提问第三位学生了。突然，他的脑子醒悟过来："有参观的人，不能再展示坏学生！"他赶忙让学生坐下，自己来解答。不料，他还没说几句，来客已经离开了。后来，金克木的朋友告诉他："那是县教育局的视学员。他听课后说了四个字：'不会教书。'"然后安慰金克木："县里的人都是熟朋友，不用担心你的饭碗。"

过了一段时间，又有领导来视察。金克木这次跟上次不同。他正在讲课本之外的补充文章，是朱自清或是其他名家的一篇短文。他没有向学生提问，但也不像传统教学那样讲解难字难句、段落大意，而只是自问自答："问，这段文为什么要这样讲？换个讲法行不行？为什么接下去一段又那么讲？能不能改头换面颠来倒去？这个词，这个句子，若不用，换个什么？比原来的好还是不好？为什么？作者这样写，这样挑选词句，是有用意的。用意是引起读的人想到他没说的什么。若是改了，不但文章不好，用意也不是缺了就是错了。所以学文章一要探讨作者用词用句用意，二要想到同样意思自己还能怎么作，拿来比较。这样容易懂得人家也提高自己。"（金克木：《视学》）金克木滔滔不绝地在讲台上讲了很长时间。学生们都不看书，只是津津有味地听讲，也忘了还有别的老师进来。到后来，还是金克木突然想到，这个人是不是又来考察他了？他赶紧回归"正题"，讲起了正规的课文。而这个时候，客人也就离开了。果然，此次的老师来头更大，是省里来的视学员。

金克木心里扑通一声，觉得自己的饭碗有问题了。

没想到，朋友大笑着告诉他："那位省视学听了你的课，评语是，还没听过这样讲课的。"

金克木一听，这句评语可以是好也可以是坏，有点不放心。

朋友告诉他："你放心好了。省视学听你讲课居然迷上了。一直听下去顾不得走，听完出门就下课了。还有一个班也不去听了。中午县里大家陪他吃饭时，他还发挥一遍，说是从省城出来，到过几个县，这次才算听到了一堂新鲜课。他还说，只有这样讲课才能吸引学生，连他都觉得闻所未闻。他对你这堂课赞不绝口，还想问你是什么大学毕业的。"

后来，省视学还在教育局的会上夸奖过金克木。

金克木总结两位视学的结果："其实我教书是一样，不过是他们两人的评价标准不大相同就是了。一个要求依照固定模式。一个讲效率，可以不拘一格。我的价值也就随之改变了。我实在没有什么创造，只是不知道有教案等等规定而已。"（金克木：《教师应考》）

这个时期是1932—1933年间，金克木在山东德县师范初级中学教国文，并兼教儿童心理学和教育学。

三棱锥下面的主动的一角

1939年，经朋友陈世骧介绍，金克木前往湖南辰溪，在桃源女子中学教英语。按照金克木的说法："我想若不是学校已经开学，实在没办法，他（老校长）是不会请我这个青年人教女子中学的。"

因为缺老师，金克木一个人教四个年级，从初一到高一。校长随手把一叠课本交给金克木，金克木吃了一惊，因为四个班的课本竟然是四个书店出版的，体系、编法均不同，甚至连注音方法也有三种，分别是韦伯斯特字典式、国际音标和牛津字典式。好在金克木对三种注音法都熟悉，对几种教学体系也不陌生。这样，他在两三天的准备后就可以上课了。对金克木而言，课本不是问题，难点主要在学生身上。他所教的学生都是女孩子，从初一到高一，女孩子的心理变化很大，有的还像小学学生，有的则俨然是成年女郎了。金克木上了一个星期课以后，明白了："课本是死的，学生是活的。""光会讲课本还不能教好学生，必须先了解学生。首先必须使她们把对我的好奇心变成承认我是教她们的老师，而且还得使她们愿学、想学、认真学英语。在以上这些条件都具备之后，我碰到的问题是：要让学生适应课本呢？还是要让课本适应学生？这才是根本问题。"（金克木：《谈外语课本》）

金克木找到了根本问题，就想办法解决好这个问题。这也是金克木如何教好外语的根本所在。

这个问题很难解决。金克木想来想去，颇费思量。最后，他的脑子里突然蹦出一个朋友的话："自己脑筋不灵了，学不好什么学问了，只好学点外语，因为学外语不费脑筋。"

这是那位学外语学得很好的朋友常常认真说的。金克木揪住这根线不放，根据自己的学习经验，琢磨出这样的道理："学语言不是学语言学。""学外国语是学第二语言，又和小孩子学第一语言不同。当然都有共同点，但就不同点说，学语言不是靠讲道理，不能处处问为什么，这个'为什么'，语言本身是回答不出来的。语言自然有道理，讲道理是语言学的事。学了语言道理不一定学会了语言，会了语言未必讲得出道理，讲出来也未必对。"换句话似乎也可以这样理解，你学会了语法，未必就学会了语言；你按照课本上的子丑寅卯一套一套道理讲给学生，学生未必能学好外语。金克木朋友的"学外语不费脑筋"，其实是指不需要去钻研外语理论。金克木想通这一点后，作出一个明智的选择："不以课本为主，而以学生为主，使初一的小孩子觉得有趣而高一的大孩子觉得有意思。"学生们一愿意学习，金克木这个老师就有办法了。他以内容为主，讲得生动活泼，激发着学生们的求知欲。

金克木让课本服从学生，形式服从内容，有针对性，有灵活性，有趣味性。他还顺乎自然："我能讲出道理的就讲一点，讲不出的就不讲……我只教我所会的，不会的我交给学生自己，谁爱琢磨谁去研究，我不要求讲道理。我会的要教你也会，还要你学到我不会的。"

在整个教学过程中，金克木不仅激发了学生学习的积极性，他自己也总结出独特的"三角形—三棱锥"教学法。他说：

> 我从这段经历认识出了一个三角形。教师、学生、课本构成三个角。教师是起主要作用的，但必须三角间有线联系，循环畅通，一有堵塞，就得去"开窍"；分散开，就成三个点了。这又是一个立体的三棱锥，顶上还有个集中点，那就是校长，他代表更上面的政府的教育行政和当时当地的社会要求。在抗战初起时，这个顶尖还顾不得压住下面的三角形的底，"天高皇帝远"，所以我混下来了。
>
> ……
>
> 我本来是个不合规格的外语教员，能教什么，会教什么，自己也说不上来。我不编课本，仍利用外国人编的，自己只编一点补充教材，不过对那些年年编年年改的其他语言的课本、讲义还有些了解。我仍以为课本只是三角之一角，不可能固定不变，也不必年年修改。需要的是基础教材，灵活运用并作补充。反正没有一种教外语的体系是完全适合中国一切学生的，所以只有靠教师和学生在实践中自己不断创造。（金克木：《谈外语课本》）

这些话中，有一句很重要："需要的是基础教材，灵活运用并作补充。"这与"课本是死的,学生是活的"一脉相承。作为合格的老师,理应主动地将课本用活,给学生以"活"的教育,而不是填鸭式教学。

关键是"寻求文化的凭借"

金克木第一次到大学教书,教的是法语。前任老师给他留下的课本是用英文讲法文的外语书。以这样的课本来教中国学生,难度似乎很大。但金克木照样教得很精彩。

他认为学习的具体目的是主要的。这是学习的前提,也是学习所围绕的核心。因此,他这样说:"教本国人外国语和教外国人本国语的内容、方法都不相同,但都要服务于各自的目的。一套外语课本的中心是其目的,由此决定其体系。所有的外语课本都有文化内容,选什么内容要看其教学目的。"(金克木:《谈外语课本》)

目的明确后,就需要找达到目的的有效快捷途径。金克木认为:这个时候最需要的应该是"文化的凭借"。"因为知识和能力是有层次的积累的系统,不会是凭空而来的。无论语言和文化都只能在原有的基础上增加或改变。学外语是接触第二种语言和文化,有意无意都得结合第一种。接不上头,从头学起,不注意文化内容,会有无从下手和摸不着头脑之感。这在学第三种语言即第二外语时尤其明显。"

那么,怎么样进行"文化的凭借"?当然首先要了解外国文化,如科学、哲学、文学之类的思想和知识。有了这些思想和知识,习惯了外国文化中的一些说法和想法,学起外语来就会事半功倍。

学习第二外语,还要有意识地凭借第一外语,特别是属于一类语系和文化的。"例如有几本从英文学德文的课本,几十年前编的,只讲不同于英语的德语特点,十几课后就是连续读物。"如此延续,当然能学进去,也能学得有趣有效。

金克木把这样的心得推广到学习本国古文和教印度哲学上。

1946年，金克木从印度回国，吴宓教授推荐他到武汉大学教梵文，没想到学校安排他到哲学系教印度哲学。吴宓很担心，但金克木很自信。他认为："到哲学系对我更合适。因为我觉得，除汤用彤先生等几个人以外，不知道还有谁能应用直接资料讲佛教以外的印度哲学，而且能联系比较中国和欧洲的哲学。何况我刚在印度度过几年，多少了解一点本土及世界研究印度的情况，又花过工夫翻阅汉译佛典，所以自认为有把握。"（金克木：《教师应考》）果然，金克木再次证明了自己的实力。之所以能如此，最重要的原因可能还是金克木擅长"文化的凭借"吧！

他们对学历和教育的态度

梁漱溟对学历和文凭的基本态度

梁漱溟对学历和文凭的态度,就像他94岁最后一次公开讲演中对哲学的态度:"我与哲学无缘。我不懂什么叫哲学。""长话短说。我不喜欢哲学,我喜欢从事的是救国运动。当时,中国被日本侵占,割地赔款,所以救国是第一大问题。我不注重一身一家的事情,注重的是救国。"

梁漱溟的一生与高学历无关。在他自身看来,学历和文凭从来就不是他应该考虑的事情,甚至学问都是次要的事。他在1926年曾这样说:"我起初实在没有想谈学问,没有想著书立说;而且到现在还是不想。并且也不能,谈学问和著书立说。我只是爱有我自己的思想,爱有我自己的见解——为我自己生活做主的思想和见解。这样子,自然免不了要讨论到许多问题,牵涉到许多学问。而其结果,倘若自己似乎有见到的地方,总愿意说给大家。如此,便是不谈学问而卒不免于谈学问,不著书而卒不免于著书之由。"(梁漱溟:《人心与人生·自序一》)

他虽然只是中学毕业生,但被蔡元培破格聘为北大讲师,以后又成为著名的教授。这件事被许多人津津乐道,而且还有了一种传言:"梁漱溟以前曾考过北京大学,但没有被录取,现在反而成了该校的教授了。"这自然能为文章增加色彩,但这确实不是真实的。梁漱溟自己辟谣:"不由联想到近年有关我入北大的一些失实的传闻。1942年在《纪念蔡先生逝世两周年》一文里我即有所申述,不料四十多年后又再度传播开来,且更加离奇、广泛;大小报刊且不说,虽《北京大学学报》亦不能免。事实是我因中学毕业后投身同盟会活动,无法顾及升学事，及至在北大任教，昔日中学同窗如汤用彤（在文科）、张申府（在理科）、雷国能（在法科）诸兄尚求学于北大，况且蔡先生以讲师聘我，又何曾有投考不被录取，反被聘为教授之事。"（梁漱溟：《值得感念的岁月》）

由于自己的亲身经历，梁漱溟总是重视具备真才实学的人，而不是徒有高学历的无用之才。而且，由于梁漱溟的影响，他的学生中不乏大才之人，却少有成为学术权威者。

不过，学历高低毕竟可以成为衡量一个人的重要参考。梁漱溟从事过许多领导工作，在提拔运用人才时，他重视学历的参考价值。例如，他在山东进行乡村建设运动时，出任过乡村建设研究院研究部主任。研究部是高级研究机构，任务是研究乡村建设理论。招收对象的第一个标准就是："是大专院校的毕业生，或者虽未取得大学文凭，但学识有相当根底者。这些人都作为研究生，学习一年，每期招收四五十人。"（梁漱溟：《回忆我从事的乡村建设运动》）这应该可以视为梁漱溟对学历和文凭的基本态度。

钱穆对教育和文凭的看法

钱穆是个大教育家。他不仅当过小学、中学、大学、研究所的第一流教师，而且筚路蓝缕地创办了国际一流的新亚书院，他也从学者的角度就整个国家的教育提出过自己的观点。从理论到实践，他对教育都是非常有发言权的。

教育必不能舍本逐末

中国的教育，曾长期陷入短视的"实利主义"和盲目的"模仿主义"之误区。所谓"实利主义"，是指一切以实用与利益为目的，不考虑短期的"实利"其实应该以长期的"素质"为根基。所谓"模仿主义"，则是依葫芦画瓢，不真正理解国外的先进教育先进在何处，也不结合本国的实际，盲目模仿，自然也起不到好的效果。

钱穆的教育宗旨，总是将教学与做人紧密联系在一起。早在1942年发表的《从整个国家教育之革新来谈中学教育》一文中，钱穆就针对当时教育中"实利主义"和"模仿主义"的弊病，提出"文化教育"与"人才教育"的口号，提倡主要"以国家民族传统文化来陶冶真切爱护国家民族及能真切为国家民族服务之人才"。如此，文化教育可以纠正新文化运动以来一味模仿西方的弊病，而人才教育则不仅学习自然科学，而且在政法经济文哲历史艺术诸门皆能兼容并包。科学教育，则仅仅应当是人才教育的一部门。

在新亚书院期间，钱穆也在不断向师生陈述自己的这一教育宗旨。表述方式虽有所变化，但核心内容不变。

1956年1月17日，钱穆在农圃道新校舍奠基典礼的讲词中强调："我们的教育宗旨，不仅建立在传授学生们以某项必备的知识上，同时我们更注重在人格教育和文化教育的理想上。"所以，在知识教育、文化教育、人格教育中，钱穆认为人格教育最重要。他说："一般青年，跑到学校，在他们的意想中，似乎只注重在习得几项智识，获得一种资历，将来好在社会上谋求一份职业。这是近年来学生进学校的共同目标。但我们想，一个人不仅应在社会上好好谋求一职业，更应该在社会上好好做一个人。他必须懂得如何好好做一个人，他才能懂得如何好好做一件事。事业更重于职业，而人格则是一切事业之基本。因此我们的教育理想，不仅在指导学生如何读书、求知识，同时也注重指导学生如何做人。好让他们懂得如何凭借他们的智识，来为社会服务。我们希望指导学生，做人更重于读书，事业更重于职业。"

关于"文化教育"，钱穆始终将中国传统文化教育放在首位。但在新亚书院时，他的视野比以前更为开阔。他对学生讲："我们学校的教育对象，是中国的青年。中国有他自己一套优良传统的文化。但今天的世界，已是在走向大同的路上，中国人不能关着门做中国人。中国人必得站在世界的立场上来做一个人。因此每一青年，我们该指导他们，如何了解世界人类文化所包涵之大意义，及其大趋势。"（钱穆：《农圃道新校舍奠基典礼讲词摘要》）

1959年3月2日，钱穆在第17次月会举行艺术专修科第一届毕业授凭讲词中，重申新亚书院教育宗旨，只不过是从学生的角度引入的。他语重心长地对学生们说：

每一个青年在学校，应知有四件重要的法宝。首先第一件是知识，此一件法宝，一半得自教授之传授，另一半须由自己去探讨。第二件法宝是技能，此一件法宝，则几乎全须赖自己练习。第三件法宝是自己的品格，这一法宝，更需要自己修养，自己锻炼，而且与第二法宝不同，因其不能与人以共见，只藏在自己内心自知之。第四件法宝是自己的人生理想。这一件法宝，更无凭据，无把握，有待于出了学校以后之逐步努力、逐步完成。诸位要能建立理想，便该从广大的知识中觅取。诸位当知，任何一专门学者乃及一普通人之有意义有价值的人生理想乃及学术思想，全需在社会大群之现实境况与夫文化大体系之繁复机构中，而有其意义与价值的。我们学校之宗旨，重在人文精神，便是要诸位从认识第一件第二件知识与技能之修习外，进而获得第三第四件法宝，即自己人格之锻炼，与自己理想之建立。

总而言之，在钱穆的思想中，教育必不能舍本逐末，而教育宗旨也必不能只是高调提倡而与实际教学相脱节。

"莫要太重视那张文凭"

钱穆对文凭的看法，只能在少数的讲词中可以寻到，却与他的教育思想一脉相承。

1959年6月1日，钱穆在新亚书院作"通情达理 敬业乐群"的演讲，曾这样说：

诸位进学校，或许是为了求得一张文凭，以便毕业离校后，可谋得一职业。这种想法也并不是错了。可是我们办这一所学校的宗旨，只是为了要培植人才。任何一种职业，均得由人才来充当。如果你是一个人才的话，就不怕在社会上无职业，无贡献。人才教育与职业教育，是相辅而行的。我希望每一位同学，一定要把自己做成一"有用之才"的理想放入心中。

上面的话，可以理解钱穆的办学，乃是将文凭看得比较低的，与他的教育宗旨没什么关系。不过，在学生需要文凭谋出路的时候，钱穆也会尽量为学生们考虑。所以就有1963年9月9日他在秋季开学典礼上的这段讲词：

> 诸位来学校求学，固然不是在一纸文凭，而在学业和事业。新亚不挂上中文大学的招牌，亦可以讲学业求事业，这是我再三讲过的。然若努力学业，同时可以获得大学文凭，使将来进社会较方便，则我们何乐而不为？为考虑同学的出路，是新亚不得不参加大学组织的一原因。

1964年2月21日，钱穆在新亚书院下学期开学典礼上作"事业与职业"的演讲，十分有针对性地对文凭、职业、人才、社会需求、教育、事业等的关系作了大段讲词，这些话则不唯对师生们有帮助，对现在的教育部门也应有启发。录之于下：

> 我们新亚决意参加中文大学，其中一理由，也是为诸位毕业后的出路着想。拿到了政府认许的文凭，便可换得社会上一份较好的职业。这也是学校的苦心。但政府往往另有计算，目前社会需要多少人，空有多少职位，政府常想照此来发多少文凭。文凭发多了，拿着文凭找不到职业，会对政府增麻烦。文凭只如一纸饭票，拿此饭票去换饭吃。有了饭票，不给你饭吃，那还了得！所以文凭愈多，有时社会愈乱。
>
> 讲到欧洲大学，最初本就是职业的，如传教徒与律师及医生，都是一项职业。后来工商业逐步发展，各式各样的学生越来越多，大学课程也愈来愈繁。如今天美国，由于社会繁荣各种需要，连旅馆业、广告业也都成为大学中一门专科。拿了文凭，便可当此职业，这是大家知道的。在东方的国家，羡慕西方，也拼命求发展教育。然而社会的工商业处处落后，于是学生出路成了大问题。但又不能学校关门，禁止青年受教育，这岂不成了一个严重的问题吗？但我想，文凭多，可能成问题。人才多，却不会有

问题。我从未听过社会上人才多，会发生问题的。社会正需要大量的人才。最理想的社会，希望全社会人人是人才。我们只要培养出来的真是人才，可不计较职业，而求完成事业。若他真是一人才，也不会对社会增麻烦。但我们若仅知有职业教育，不知有人生教育，那问题就麻烦了。

西方大学教育，职业意义超过人生意义。大学重传授知识，讲做人道理的则在教堂。其先西方大学本从教堂分出，在传授知识中，本带有宗教意味。现在西方社会的教堂，也还可以弥补他们学校教育之偏缺。但在中国，一向是教学合一的，学校教育中兼带有宗教情味。今天东方的教育，在知识传授上赶不上西方，而又没有崇高的理想与信仰，多开学校，多发文凭，便多增加失业与失望。但若我们的教育，能直接上中国文化传统，先生不只是经师，而又是人师。不以谋职求生为教，而以立德、立功、立言为教。教育发挥，自可适合中国社会，也能赶上西方境界。多发文凭也尽无碍。因来受教育的，其志向本在事业上，能干事业，哪愁没有职业？只不要专在职业的物质报酬上相争便好了。我们一向说要提倡中国文化，这里也是一大关节，诸位宜细细体会。

我曾再三向诸位讲，莫要太重视了那张文凭。我们新亚各位教授，在其任课方面之学识外，都还有其他值得诸位学习处。诸位在学科外，务须懂得精神、志向方面的培养。这是我今天所特别提出的。

沈从文对大学教育的态度

沈从文 21 岁时前往北京，就是想读点书，接受大学教育。但现实摧毁了他的梦想，有的大学他没能考上，有的大学虽然考上了，却交不起学费，他不得不在图书馆自学，在"窄而霉"的小房子里爬格子。在他心底，一直有一个大学梦，希望当一回大学学生。即便在最落魄的时候，这个梦想依然强烈。

郁达夫第一次见沈从文时，是沈从文最艰难的时候。但郁达夫在公开信中这样写道："引诱你到北京来的，是一个国立大学毕业的头衔，你告诉我说你的心里，总想在国立大学弄到毕业，毕业以后至少生计问题总可以解决。现在学校都已考完，你一个国立大学也进不去，接济你的资金的人，又因为他自家的地位动摇，无钱寄你，你去投奔你同县而且带有亲属的大慈善家 H，H 又不纳，穷极无路，只好写封信给一个和你素不相识而你也明明知道和你一样穷的我，在这时候这样的状态之下你还要口口声声地说什么大学教育，'念书'，我真佩服你的坚忍不拔的雄心。不过佩服虽可佩服，但是你的思想的简单愚直，也却是一样的可惊可异。现在你已经变成了中性——半去势的文人了，有许多事情，譬如说高尚一点的，去当土匪，卑微一点的，去打洋车等事情，你已经是干不了的了，难道你还嫌不足，还要想穿几年长袍，做几篇白话诗，短篇小说，达到你的全去势的目的么？大学毕业，以后就可以有饭吃，你这一种定理，是哪一本书上翻来的？像你这样一个白脸长身，一无依靠的文学青年，即使将面包和泪吃，勤勤恳恳的在大学窗下住它五六年，难道你拿毕业文凭的那一天，天上就忽而会下起珍珠白米的雨来的么？……我说了这半天，不过想把你的求学读书，大学毕业的迷梦打破而已。"（郁达夫：《给一个文学青年的公开状》）

从郁达夫的信中，我们可以猜测出沈从文当时对郁达夫所说的内容。郁达夫劝他放弃大学梦，但就像他姐夫劝他放弃梦想一样，沈从文主意打定，任何人都劝不回。后来，他虽然当不上大学生，但当了大学老师。他非常重视大学教育。而对于大学文凭，他也重视。不过，与其说他重视大学文凭，还不如说他重视大学教育对学生产生的益处。他最重视的乃是知识和能力。大学文凭往往是吃饭谋职业的敲门砖，而知识和能力才是永久的资源和财富。

早在沈从文当北大旁听生的时候，他就知道："有不少不登记的旁听生，成绩都比正式生还更出色，因为不受必修课的限制，可以集中精力专选所喜爱的课题学下去。"（沈从文：《无从毕业的学校》）1929年11月4日，沈从文曾请胡适准许他妹妹沈岳萌到中国公学作旁听生，为的不是给妹妹谋取大学文凭，而是"不求学分，不图毕业，专心念一点书"。

1935年7月14日，沈从文在天津《大公报·小公园》发表《废邮存底》。这其实是回复一位大学生的公开信，可以反映沈从文对大学教育的真实态度。信中提到："最要紧的还是不要因为我说学校教育不合用，就轻视学校教育。学校有学校的好处，不过在学校时做文章的方法，同所谓'创作'稍隔一间罢了。我很羡慕一个人能受大学教育，我尤其尊敬那些能用自己力量不靠家中帮助在大学校念书的人，因为他可以读许多书，知道许多有用的知识！一个人应当知道的太多，能够知道的可太少了，不拼命总不成！"

至于沈从文自己，则始终把自己当成"乡下人"，当然也始终不避讳自己是"低学历者"。以此相对于"城里人"和"高学历者"，他并不觉得难为情，相反，他经常以此为荣。

华罗庚：文凭只能作参考

1936 年到 1938 年，由清华大学推荐，华罗庚作为访问学者去英国剑桥大学深造。剑桥是闻名世界的学府，不知有多少人梦寐以求地想来"镀金"。一旦获取剑桥的学位，那将是身价倍增！但华罗庚主动推辞了著名数学家哈代（C.H.Hardy）的好意，觉得自己只有两年的研究时间，自然要多写些有价值的文章，念博士不免太浪费时间了。哈代大感意外，说："东方来的人，不稀罕剑桥大学博士学位的，你还是第一人！"此后，在剑桥的两年时间，华罗庚从没有登记考学位，他只是扎扎实实地发表了十多篇数论方面的论文，成就了"他在数学上有最深刻贡献的时候"。美国普渡大学教授徐贤修回顾："华先生留英期间，数学界发生一件大事，即苏联大数学家维诺格拉多夫证明了前面曾说过的哥氏对于奇数的臆测定理。华先生是一位极具毅力的人，这时他马上致力于哥氏定理推广到偶数问题的研究。直到今日，所有研究这个问题得到结论的人，华先生还是最杰出的一位。在英国的两年中，他对数论热门研究的各个问题的贡献，深受国际上注意。"由此不难看出，华罗庚对真实才能的追求与收获远胜过博士学位的光环。

华罗庚自身的经验，以及他见到了许多高分低能、高学历低能力的所谓"人才"，使他更加切实地认识到："学位和文凭绝对不能与真才实学画等号。"因此，他在许多的讲演中一再提到独立思考、自修、真才实学的重要性和必要性。无论地位多高，他可以主动与他认为值得学习的人交谈，但对那些高学位却没真材实料者，华罗庚最是瞧不起。

　　1985年1月，华罗庚发表《要培养大批有真才实学的人》，明确提出自己对人才、文凭的看法。他认为："重视人才绝不等于重视文凭，而是重视才能，即重视研究问题、解决问题的实际能力，文凭只能作参考。"接着，他就此展开，以实例来说明自己的看法。他说："我28岁任西南联大教授，38岁成为美国的教授，但我并没有博士头衔，是我国学部委员中唯一没有博士头衔的。爱迪生、法拉第也都不是博士。所以，不能只重文凭。我们的教育一定要讲求实效，使学生真正具有真才实学，做到博学多能。"

金克木对学历的态度

对于自己的低学历，金克木向来不忌讳，他常在别人面前自称自己"不是专家，也许可称杂家，是摆地摊子的，零卖一点杂货。我什么都想学，什么也没学好，谈不上专"（尹茗：《如是我闻——访金克木教授》）。

但再往深处探究，金克木骨子里是非常自信的，他不仅以渊博而著称，而且有一种非科班出身的学者所具有的独特而融通的观察视角，因而连他的自信力也显得非常特别。钱文忠在《智慧与学术的相生相克》中这样写道：

> 我的一位老师，1960级梵文班学生中最高才之一，去拜访金先生。金先生突然问他："我的书，你们能读懂吗？"拜访者敬谨答曰："有些能，有些不能。"
>
> 金先生断然说道："你们读不懂，我不是搞学术的，我搞的是××。"拜访者愕然。后来有一天，这位老师将金先生的这句话告诉了我。我是知道这"××"的。我当然也是愕然。

著述

梁漱溟的主要著作

（按首次公开发表的时间顺序，收录时以图书为主）

1.《究元决疑论》，《东方杂志》，1916年发表；商务印书馆，1923年出版单行本。

2.《印度哲学概论》，北京大学出版部，1919年初版；商务印书馆，1920年出版；上海人民出版社，2005年出版。

3.《唯识述义》（第一册），财政部印刷局，1920年印制，北京大学出版部发行。

4.《东西文化及其哲学》，财政部印刷局，1921年印制；上海商务印书馆，1922年出版，至1930年共计八版刊行；商务印书馆，1987年影印出版；上海人民出版社，2006年出版。

5.《梁漱溟先生在晋讲演笔记》，山西省教育会杂志临时副刊，1922年发表。

6.《漱溟卅前文录》，商务印书馆，1923年出版。

7.《漱溟卅后文录》，商务印书馆，1930年出版。

8.《中国民族自救运动之最后觉悟》，北京村治月刊社，1932年出版。

9.《乡村建设论文集》，山东乡村建设研究院，1934年出版。

10.《梁漱溟先生教育文录》，山东乡村建设研究院，1935年出版。

11.《乡村建设大意》，山东邹平乡村书店，1936年1月初版，5月再版。

12.《乡村建设理论》（又名《中国民族之前途》），山东邹平乡村书店，

1937年初版；上海人民出版社，2006年出版。

13.《朝话》：1937年，邹平乡村书店第一版；1939年，重庆乡村书店第二版；1940年，商务印书馆（长沙）第三版；1942年，桂林中国文化服务社第四版；1946年，上海中国文化服务社第五版；1988年，教育科学出版社第六版；1997年，安徽文艺出版社第七版；2004年，老古文化事业股份有限公司（台北）第八版；2005年，百花文艺出版社第九版；2010年，世界图书出版公司第十版。

14.《答乡村建设批判》，重庆中国文化服务社，1941年出版。

15.《我的自学小史》，1942年写成前11节，在桂林《自学》月刊连载；1947年在上海出版单行本；1974年开始增写至18节；1987年，首次全文发表于《我的努力与反省》一书。

16.《漱溟最近文录》，江西中华正气出版社，1944年出版。

17.《梁漱溟教育论文集》，开明书店，1945年出版。

18.《梁漱溟先生近年言论集》，成都龙山书局，1949年出版。

19.《中国文化要义》，成都路明书店，1949年第一版；学林出版社，1987年第二版；上海人民出版社，2005年第三版。

20.《人心与人生》，学林出版社，1984年初版。

21.《东方学术概观》，巴蜀书社，1986年出版。

22.《我的努力与反省》，漓江出版社，1987年出版。

23.《忆往谈旧录》，中国文史出版社，1987年出版；陕西师范大学出版社，2009年出版。

24.《勉仁斋读书录》，人民日报出版社，1988年出版。

25.《梁漱溟全集》，中国文化书院学术委员会编，1989—1993年，山东人民出版社先后出版。"出版说明"中介绍："梁先生一生著述甚多，唯因历经战乱，屡有散失，已难收集齐全。经多方查找及各界支持，现搜得已刊与未刊文字五百万字左右，编为八卷，按专著、文论、讲演、札记、日记、书信分类，类中依年代排列，文前附以必要的版本或出处说明。"各卷具体内容如下：

第一卷

究元决疑论

印度哲学概论

唯识述义（第一册）

东西文化及其哲学

《桂林梁先生遗书》（卷首）

乡村建设大意

第二卷

自述

朝话

《乡村建设理论》（一名《中国民族之前途》）

乡村建设理论

乡村建设理论讲演录

答乡村建设批判

我的自学小史

第三卷

中国文化要义

中国建国之路

人类创造力的大发挥大表现

人心与人生

第四卷

礼记大学篇伍严两家解说

中国——理性之国

散 篇 论述（1914 年—1927 年）

第五卷

散 篇 论述（1930 年—1937 年）

第六卷

散篇 论述（1938年—1949年）

散篇 论述（1950年—1952年）

第七卷

散篇论述（1953年—1988年）

勉仁斋读书录

附录："乡治十讲"听后记略、孔家思想史、人心与人生、意识与生命。

第八卷

思想领悟辑录

书信

日记

附录：美国学者艾恺先生访谈记录摘要

26.《梁漱溟书信集》，梁培宽编，中国文史出版社，1996年出版。

27.《我生有涯愿无尽——梁漱溟自述文录》，中国人民大学出版社，2004年出版。

28.《这个世界会好吗：梁漱溟晚年口述》，〔美〕艾恺采访，上海东方出版中心，2006年出版。

29.《吾曹不出如苍生何：梁漱溟晚年口述》，〔美〕艾恺采访，外语教学与研究出版社，2010年出版。

30.《人生至理的追寻：国学宗师读书心得》，当代中国出版社，2008年出版。

31.《梁漱溟先生讲孔孟》，李渊庭、阎秉华整理，广西师范大学出版社，2003年出版；上海三联书店，2008年出版。

32.《中国人：理性早启的人生》，谢黎平辑录，凤凰出版社，2009年出版。

33.《中国文化的命运》，中信出版社，2010年出版。

34.《我与中国民主同盟》，梁培宽辑录，当代中国出版社，2011年出版。

钱穆的主要著作

1.《论语文解》，商务印书馆，1918年11月出版。

2.《朱怀天先生纪念集》，自印，1919年8月。

3.《论语要略》（国学小丛书），商务印书馆，1925年3月出版（1953年收入《四书释义》一书）。

4.《孟子要略》，上海大华书局，1926年出版（1953年收入《四书释义》一书）。

5.《墨子》（万有文库），商务印书馆，1930年3月出版。

6.《王守仁》，商务印书馆，1930年3月初版；1955年3月，改名《阳明学述要》，由台湾正中书局出版。

7.《刘向歆父子年谱》，上海，独立出版社，1929年初版；1930年，刊登在《燕京学报》第七期；1980年，台湾商务印书馆再版。

8.《周公》，本书系译日人林泰辅著《周公与其时代》，商务印书馆，1931年出版；1958年收入新亚研究所出版的《两汉经学今古文平议》一书。

9.《国学概论》，商务印书馆，1931年5月初版；1956年，台湾商务印书馆台一版。

10.《惠施、公孙龙》，商务印书馆，1931年8月出版。

11.《老子辨》，上海大华书局，1932年出版。

12.《先秦诸子系年》（上、下册），商务印书馆，1935年12月初版；1956

年6月，香港大学出版社出版增定本；1984年10月，中华书局影印香港大学增定本；1986年2月，台湾东大图书公司再版；2001年8月，商务印书馆据增订本印制出版。

13.《中国近三百年学术史》（上、下册），商务印书馆，1937年5月初版；1956年香港大学再版；1968年到1980年，台湾商务印书馆多次出版；1986年5月，中华书局据台湾商务印书馆第七版影印出版。

14.《国史大纲》（上、下册），商务印书馆，1940年6月初版，1947年再版；1952年，台湾商务印书馆出版台一版，1955年再版；1974年9月，台湾编译馆出修订一版，台湾商务印书馆发行，到1994年印行18版；1994年，台湾商务印书馆出版第二次修订本；1994年6月，商务印书馆据第二次修订本印制出版；1996年6月，商务印书馆出版修订第3版，到2008年9月已是第12次印刷发行。

15.《文化与教育》，重庆，国民图书出版，1942年6月初版；1976年2月，台湾东大图书公司再版。2009年10月，生活·读书·新知三联书店出版。

16.《清儒学案》，重庆，为国立编译馆写，1942年稿成佚失；序目一篇，曾发表于四川图书馆所办《图书集刊》第3期，此文现收入1980年出版的《中国学术思想史论丛》第8册。

17.《中国文化史导论》，1948年交正中书局，1951年3月在台北正中书局出版；1993年，台湾商务印书馆出修订本；1994年6月，商务印书馆据修订本印制出版。

18.《黄帝》，1944年完成，初版机构待查。1954年，台北胜利出版社重版；1978年，台北东大图书公司再版；2004年7月，生活·读书·新知三联书店出版，同年9月第2次印刷。

19.《政学私言》（人人文库），商务印书馆，1945年11月初版；1967年1月，台湾商务印书馆再版。

20.《孟子研究》，开明书店，1948年初版。

21.《中国人之宗教社会及人生观》,香港自由中国出版社,1949 年 5 月初版。

22.《中国社会演变》,(香港)中国问题研究所,1950 年 10 月初版。

23.《中国知识分子》,(香港)中国问题研究所,1951 年初版。

24.《中国历史精神》,(台北)国民出版社,1951 年 11 月初版,1955 年 2 月再版,1957 年 3 月三版,1962 年 6 月四版;1976 年 12 月,(台北)东大图书公司出增订版。

25.《庄子纂笺》,(香港)东南印务公司,1951 年 12 月初版,1955 年 2 月再版,1957 年 3 月三版,1962 年 6 月四版;1985 年 11 月,台湾东大图书公司重版。

26.《文化学大义》,(台北)正中书局,1952 年 1 月初版。

27.《中国历代政治得失》,(香港)自刊本,1952 年 11 月初版,1955 年修订;1977 年 6 月,(台北)东大图书公司再版;2001 年 6 月,生活·读书·新知三联书店出版,至 2009 年 7 月重印 16 次。

28.《中国思想史》,(台北)中华文化出版事业委员会,1952 年 11 月初版;1977 年 4 月,台湾学生书局修订重版。

29.《国史新论》,(香港)自刊本,1953 年 5 月初版;1981 年 2 月,(台北)东大图书公司再版;1989 年 3 月,(台北)东大图书公司修订重版;2001 年 6 月,生活·读书·新知三联书店据修订版印制发行,2005 年 2 月再版,截至 2008 年 4 月已印刷 12 次。

30.《宋明理学概述》,(台北)中华文化出版事业委员会,1953 年 6 月初版;1977 年 4 月,台湾学生书局修订重版。

31.《四书释义》,(台北)中华文化出版事业委员会,1953 年 6 月初版;1978 年 7 月,台湾学生书局修订重版。

32.《人生十论》,(香港)人生杂志社,1953 年 6 月初版;1982 年 7 月,(台北)东大图书公司出增订版。

33.《中国思想通俗讲话》,(香港)自刊本,1955 年 3 月初版,1962 年再版;1989 年 9 月,(台北)东大图书公司出版。

34.《秦汉史》，（香港）新华印刷股份公司，1957年3月初版；1985年1月，（台北）东大图书公司再版；2004年4月，生活·读书·新知三联书店印制发行北京第1版，2005年3月发行北京第2版，2007年11月在北京第6次印刷。

35.《阳明先生传习录及大学问节本》，（香港）人生出版社，1957年6月出版。

36.《庄老通辨》，（香港）新亚研究所，1957年10月初版；1971年在台北再版；1991年，（台北）东大图书公司再版；2002年9月，生活·读书·新知三联书店印制发行北京第1版，2005年2月发行北京第2版，2005年7月在北京第5次印刷。

37.《学籥》，（香港）南天书业公司，1958年6月初版，1966年再版。2010年5月，九州出版社出版。

38.《两汉经学今古文平议》，（香港）新亚研究所，1958年8月初版；1971年8月，台北东大图书公司再版，1983年9月三版。

39.《湖上闲思录》，（香港）人生出版社，1960年5月初版；1969年在台湾再版；1980年9月，在（台北）东大图书公司出版；2000年9月，生活·读书·新知三联书店印制发行北京第1版，2004年7月在北京第5次印刷。

40.《民族与文化》，（台北）联合出版中心，1960年6月初版；1962年6月，香港新亚书院重印；1989年12月，台北东大图书公司出版增订版。

41.《中国历史研究法》，（香港）孟氏教育基金会，1961年12月初版；1970年7月台北重印；1988年1月，（台北）东大图书公司出版增订版；2001年6月，生活·读书·新知三联书店印制发行北京第1版，2005年3月发行北京第2版，2008年9月在北京第9次印刷。

42.《史记地名考》，（香港）太平书局，1962年10月初版；1966年4月，龙门书局再版；1968年，（台北）三民书局再版。

43.《孔子论语新编》，台湾商务印书馆，1963年出版。

44.《中国文学讲演集》，（香港）人生出版社，1963年3月初版；1968年1月，（台北）东大图书公司再版，1983年增订版。

45.《论语新解》（上、下册），（香港）新亚研究所，1963年12月初版；1987年，（台北）东大图书公司出版；2002年9月，生活·读书·新知三联书店印制发行北京第1版，2005年3月发行北京第2版，2008年6月在北京第11次印刷。

46.《中华文化十二讲》，（台北）三民书局，1968年7月初版；1985年11月，台北东大图书公司再版，1987年5月出第3版。

47.《中国文化传统的潜力》，（台北）幼狮文化事业出版社，1968年出版。

48.《中国文化丛谈》（上下册），（台北）三民书局，1969年11月出版。

49.《史学导言》，（台北）中央日报社，1970年5月出版（全书已收入1989年出版的《中国史学发微》一书）。

50.《中国文化精神》，（台北）三民书局，1971年7月初版，1973年1月再版。

51.《朱子新学案》（一至五册），（台北）三民书局，1971年9月初版；1986年，巴蜀书社再版。

52.《朱子学提纲》，（台北）自刊本，1971年11月初版；1986年1月，台北东大图书公司再版。

53.《中国史学名著》，（台北）三民书局，1973年2月出版。

54.《理学六家诗钞》，台湾中华书局，1974年1月出版。

55.《孔子传》，（台北）孔孟学会，1974年8月初版；1975年8月，综合月刊社再版；1987年7月，（台北）东大图书公司出版；2002年9月，生活·读书·新知三联书店印制发行北京第1版，2005年2月发行北京第2版，2008年9月在北京第8次印刷。

56.《孔子与论语》，（台北）联经出版事业有限公司，1974年9月出版。

57.《孔子略传〈论语〉新编》，（台北）广学社印书馆，1975年10月出版。

58.《八十忆双亲》，（香港）中大新亚校友会，1975年出版。

59.《中国学术通义》，台湾学生书局，1975年9月初版，1982年1月增订版。

60.《灵魂与心》，（台北）联经出版事业有限公司，1976年2月出版；2004年11月，广西师范大学出版社出版。

61.《中国学术思想史论丛》(一至八辑)，(台北)东大图书公司，1976年6月至1980年3月陆续出版。

62.《世界局势与中国文化》，(台北)东大图书公司，1977年5月出版。

63.《从中国历史来看中国民族性及中国文化》，(香港)中文大学出版社，1979年出版。

64.《历史与文化论丛》，(台北)东大图书公司，1979年8月出版。

65.《人生三步骤》，(香港)香港大学，1979年10出版。

66.《双溪独语》，(台北)台湾学生书局，1981年1月出版。

67.《中国通史参考资料》，(台北)东升出版公司1981年12月出版。

68.《古史地理论丛》，(台北)东大图书公司，1982年7月出版。

69.《中国文学论丛》，(台北)东大图书公司，1982年7月出版。

70.《八十忆双亲 师友杂忆》，(台北)东大图书公司，1983年1月出版；1986年7月，长沙岳麓书社出版；1998年9月，生活·读书·新知三联书店印制发行北京第1版。

71.《宋明理学三书随札》，(台北)东大图书公司，1983年10月出版。

72.《现代中国学术论衡》，(台北)东大图书公司，1984年12月出版；1986年5月，长沙岳麓书社出版。

73.《晚学盲言》(上下册)，(台北)东大图书公司，1987年8月出版；2004年6月，广西师范大学出版社出版，2007年7月第6次印刷。

74.《中国史学发微》，(台北)东大图书公司，1989年3月初版。

75.《新亚遗铎》，(台北)东大图书公司，1989年9月初版；2004年8月，生活·读书·新知三联书店印制发行北京第1版。

76.《钱宾四先生全集》，(台北)联经出版事业公司，1998年出版。分三大编，54册，共1700万字。具体书目如下：

甲编

(1) 国学概论

(2) 四书释义、论语文解

(3) 论语新解

(4) 孔子与论语

(5) 先秦诸子系年

(6) 墨子、惠施公孙龙、庄子纂笺

(7) 庄老通辨

(8) 两汉经学今古文平议

(9) 宋明理学概述

(10) 宋代理学三书随札、阳明学述要

(11) 朱子新学案（一）

(12) 朱子新学案（二）

(13) 朱子新学案（三）

(14) 朱子新学案（四）

(15) 朱子新学案（五）

朱子学提纲（存目，不占册）

(16) 中国近三百年学术史（一）

(17) 中国近三百年学术史（二）

(18) 中国学术思想史论丛（一）

(19) 中国学术思想史论丛（二）

(20) 中国学术思想史论丛（三）

(21) 中国学术思想史论丛（四）

(22) 中国学术思想史论丛（五）

(23) 中国学术思想史论丛（六）

(24) 中国思想史、中国思想通俗讲话、学龠

(25) 中国学术通义、现代中国学术论衡

乙编

(26) 周公、秦汉史

(27) 国史大纲（上）

(28) 国史大纲（下）

(29) 中国文化史导论、中国历史精神

(30) 国史新论

(31) 中国历代政治得失、中国历史研究法

(32) 中国史学发微、读史随札

(33) 中国史学名著

(34) 史记地名考（上）

(35) 史记地名考（下）

(36) 古史地理论丛

丙编

(37) 文化学大义、民族与文化

(38) 中华文化十二讲、中国文化精神

(39) 湖上闲思录、人生十论

(40) 政学私言、从中国历史来看中国民族性及中国文化

(41) 文化与教育

(42) 历史与文化论丛

(43) 世界局势与中国文化

(44) 中国文化丛谈

(45) 中国文学论丛

(46) 理学六家诗钞

(47) 灵魂与心

(48) 双溪独语

(49) 晚学盲言（上、下）

(50) 新亚遗铎

(51) 八十忆双亲、师友杂忆

(52) 讲堂遗录

(53) 素书楼馀沈

(54) 总目

77.《钱穆先生全集》（新校本），由台湾联经出版事业公司引进并重排新校，九州出版社，2011年出版。

（主要参考资料：胡美琦所编《钱宾四先生著作（专书）目录》）

沈从文的主要著作

1.《鸭子》(戏剧、小说、散文、诗歌合集),北京北新书局,1926年11月初版。

2.《蜜柑》(小说集),上海新月书店,1927年9月初版,1928年5月再版。

3.《入伍后》(小说、戏剧集),上海北新书店,1928年2月初版。

4.《老实人》(短篇小说集),上海现代书局,1928年7月初版;上海新中国书局,1932年11月以《一个妇人的日记》为书名出版;上海新光书局,1932年8月再版。

5.《好管闲事的人》(短篇小说集),上海新月书店,1928年7月初版。

6.《阿丽思中国游记》(长篇小说),上海新月书店,1928年7月初版,1928年12月再版,1931年7月第三版;南海出版公司,2000年1月第四版。

7.《篁君日记》(中篇小说),北平文化学社,1928年9月初版。

8.《山鬼》(中篇小说),上海光华书局,1928年10月初版。

9.《雨后及其他》(短篇小说集),上海春潮书局,1928年10月初版。

10.《不死日记》(小说集),上海人间书店,1928年12月初版。

11.《呆官日记》(中篇小说),上海远东图书公司,1929年1月初版。

12.《男子须知》(小说集),上海红黑出版处,1929年2月初版。

13.《十四夜间及其他》(小说、戏剧集),上海光华书局,1929年3月初版。

14.《神巫之爱》(中篇小说),上海光华书局,1929年7月初版;开明书店,

1943 年 9 月出版改订本，1949 年 1 月再版。

15.《中国小说史讲义》（文论），沈从文、孙俍工合著，上海暨南大学出版社，1930 年印行。

16.《旅店及其他》（短篇小说集），上海中华书局，1930 年 1 月初版，1932 年 12 月再版。

17.《一个天才的通信》（中篇小说），上海光华书局，1930 年 2 月初版。

18.《沈从文甲集》（中、短篇小说集），上海神州国光社，1930 年 6 月初版。

19.《新文学研究》（文论），武汉大学，1930 年秋印行。

20.《旧梦》（长篇小说），商务印书馆，1930 年 12 月初版。

21.《石子船》（短篇小说集），中华书局，1931 年 1 月初版，1936 年 9 月第三版。

22.《沈从文子集》（短篇小说集），上海新月书店，1931 年 9 月初版。

23.《龙朱》（短篇小说集），上海晓星书店，1931 年 8 月初版。

24.《一个女剧员的生活》（中篇小说），上海大东书局，1931 年 8 月初版。

25.《虎雏》（短篇小说集），上海新中国书局，1932 年 1 月初版，1933 年 1 月再版。

26.《记胡也频》（传记），上海大光书局，1932 年 5 月初版，1935 年 10 月三版。

27.《泥涂》（短篇小说），北平星云堂书店，1932 年 7 月初版。

28.《都市一妇人》（短篇小说集），上海新中国书局，1932 年 11 月初版。

29.《沈从文小说选》（法文版小说集），Tchang Tien-ya 译，北京新闻报出版社 1932 年初版。

30.《慷慨的王子》（短篇小说），上海良友图书印刷公司，1933 年 3 月初版，11 月再版。

31.《阿黑小史》（中篇小说），上海新时代书局，1933 年 3 月初版。

32.《凤子》（中篇小说），杭州苍山书店，1933 年 7 月初版；北平立达书局，1934 年夏再版。

33.《月下小景》(短篇小说集)，上海现代书局，1933年11月初版，1934年10月再版；上海复兴书局、开明书店等多次出版。

34.《一个母亲》(中篇小说)，上海合成书局，1933年10月初版；上海复兴书局，1936年10月再版。

35.《游目集》(短篇小说集)，上海大东书局，1934年4月初版。

36.《沫沫集》(文论集)，上海大东书局，1934年4月初版；1987年9月上海书店影印。

37.《如蕤集》(短篇小说集)，上海生活书店，1934年5月初版，10月再版。

38.《从文自传》(传记)，上海第一出版社，1934年7月初版；上海良友图书印刷公司、桂林良友图书复兴社、各地开明书店、人民文学出版社、北京十月文艺出版社等多次出版。

39.《记丁玲》(传记)，上海良友图书印刷公司，1934年9月初版，1935年6月再版，1939年9月出版普及本，1940年5月出版与续集的合订本。日本名古屋采华书林曾影印此书与续集的合订本。

40.《记丁玲 续集》(传记)，上海良友复兴图书印刷公司，1939年9月出版普及本，1940年5月再版。

41.《边城》(中篇小说)，上海生活书店，1934年10月初版，1937年5月第三版；各地开明书店、江西人民出版社、台湾商务印书馆、人民文学出版社、北京十月文艺出版社等多次出版。

42.《八骏图》(短篇小说集)，上海文化生活出版社，1935年12月初版，1941年第5版。

43.《从文小说集》，上海大光书局，1936年1月出版。

44.《湘行散记》(散文集)，上海商务印书馆，1936年3月初版，1938年5月第3版；各地开明书店、人民文学出版社等多次出版。

45.《沈从文选集》(小说集)，上海万象书屋，1936年4月出版。

46.《从文小说习作选》(小说、传记合集)，上海良友图书印刷公司，1936

年 5 月初版，1945 年 6 月再版；上海书店，1990 年 9 月影印。

47.《新与旧》（短篇小说集），上海良友图书印刷公司，1936 年 11 月初版，1945 年 2 月第 4 版。

48.《废邮存底》（文论集），沈从文、萧乾合著，上海文化生活出版社，1937 年 1 月初版，1939 年 12 月第 3 版；开明书店 5 次再版改订本。

49.《边城》（日本版小说集），松枝茂夫译，日本东京改造社，1938 年 11 月初版。

50.《湘西》（散文集），商务印书馆，1939 年 8 月初版；各地开明书店多次再版。

51.《昆明冬景》（杂文、文论、散文集），上海文化生活出版社，1939 年 9 月初版，1940 年 12 月再版；桂林文化生活出版社多次出版。

52.《主妇集》（短篇小说集），商务印书馆，1939 年 12 月初版，1948 年 6 月第 4 版。

53.《烛虚》（散文、文论集），上海文化生活出版社，1941 年 8 月初版。

54.《湖南的士兵》（日文版散文集），大岛觉译，日本小学馆，1942 年 9 月初版。

55.《春灯集》（短篇小说集），桂林开明书店，1943 年 4 月初版；上海开明书店，1949 年 3 月第三版；上海开明书店，1943 年 9 月出版改订本，1949 年 1 月第 5 版。

56.《云南看云集》（文论集），重庆国民图书出版社，1943 年 6 月初版。

57.《黑凤集》（短篇小说集），桂林开明书店，1943 年 7 月初版；上海开明书店，1949 年 3 月第 3 版。

58.《长河》（长篇小说，第 1 卷），昆明文聚社，1945 年 1 月初版；上海开明书店，1948 年 8 月，出版改订本，1949 年 2 月第 6 版。

59.《沈从文短篇小说集》（日文版小说集），冈本隆三译，日本开成馆 1945 年 11 月初版。

60.《中国土地：沈从文小说集》（英文版小说集），金隄、白英合译，英国伦敦 George Allen&Unxin 有限公司，1947 年初版；美国纽约哥伦比亚大学出版社，1982 年再版。

61.《现代中国文学全集 第八卷 沈从文篇》（日文版小说散文集），松枝茂夫、冈本隆三、立间祥介译，日本河出书房，1954 年 10 月初版。

62.《沈从文小说选集》，人民文学出版社，1957 年 10 月初版，1982 年 4 月再版。

63.《中国丝绸图案》，沈从文、王家树编著，中国古典艺术出版社，1957 年 12 月初版。

64.《唐宋铜镜》，中国古典艺术出版社，1958 年 11 月初版。

65.《龙凤艺术》，作家出版社，1960 年 3 月初版。

66.《从文散文选》，香港时代图书有限公司，1980 年 12 月初版。

67.《中国古代服饰研究》，香港商务印书馆，1981 年 9 月初版；台北南天书局有限公司，1988 年 5 月出版台湾版。

68.《沈从文散文选》，湖南人民出版社，1981 年 11 月初版。

69.《沈从文小说选》，湖南人民出版社，1981 年 12 月初版。

70.《边城及其它》（英文版小说集），戴乃迭译，北京中国文学杂志社，1981 年初版。

71.《沈从文文集》（共 12 卷），广州花城出版社、香港三联书店，1982 年 1 月至 1984 年 11 月联合出版，1991 年 5 月再版。

72.《边城》（德文版），Ursula Richter（吴素乐）译，德国法兰克福出版社，1984 年初版。

73.《沈从文小说集》（德文版），Ursula Richter（吴素乐）译，德国法兰克福出版社，1985 年初版。

74.《边城：沈从文中篇小说选》（德文版），Helmut Forster-Latsch, Marie-Luise Latsch（福斯特拉兹夫妇）译，德国科隆叶氏出版社，1985 年初版。

75.《龙凤艺术》，香港商务印书馆，1986年5月初版；台北丹青图书有限公司，1986年删节影印出版。

76.《凤凰》（小说、散文集），文化艺术出版社，1986年10月初版。

77.《一个女剧员的生活·边城》（中篇小说集），人民文学出版社，1987年8月初版。

78.《边城》（瑞典文版），马悦然译，瑞典斯德哥尔摩出版社，1988年初版。

79.《孤独与水》（瑞典文版），倪尔思、赵炳浩等译，瑞典斯德哥尔摩出版社，1988年初版。

80.《边城及其他小说》（德文版），Ursula Richter（吴素乐）、Helmut Martin（马汉茂）、Volker Klöpsch（吕福克）译，德国东柏林民族与世界出版社，1988年初版。

81.《边城》（希伯来文版），柯·阿米拉译，以色列特拉维夫出版公司，1989年初版。

82.《沈从文别集·湘行集》（书信、散文），岳麓书社，1992年5月初版，多次再版；江苏教育出版社，2005年4月再版。

83.《沈从文别集·凤凰集》（小说、散文），岳麓书社，1992年12月初版，多次再版；江苏教育出版社，2005年4月再版。

84.《沈从文别集·自传集》、《沈从文别集·记丁玲》、《沈从文别集·友情集》、《沈从文别集·长河集》、《沈从文别集·边城集》、《沈从文别集·阿黑小史》、《沈从文别集·龙朱集》、《沈从文别集·柏子集》、《沈从文别集·丈夫集》、《沈从文别集·萧萧集》、《沈从文别集·贵生集》、《沈从文别集·雪晴集》、《沈从文别集·泥涂集》、《沈从文别集·月下小景》、《沈从文别集·新与旧》、《沈从文别集·顾问官》、《沈从文别集·抽象的抒情》，江苏教育出版社，2005年4月再版。

85.《中国古代服饰研究》，香港商务印书馆，1992年8月增订版；台湾商务印书馆，1993年10月出版台湾版；上海书店出版社，1997年6月出版单色本，2002年8月再版。

86.《茶峒的船夫》（即《边城》，法文版），何碧玉译，法国巴黎 Albin Michel 出版社，1992 年初版。

87.《湖南小兵自传》（即《从文自传》，法文版），何碧玉译，法国巴黎 Albin Michel 出版社，1992 年初版；巴黎 10/18 出版社，1995 年再版。

88.《神巫之爱：沈从文民俗小说之解析》（德文版小说），Anke Heinemann 译，德国波鸿出版社，1992 年初版。

89.《花花朵朵坛坛罐罐——沈从文文物与艺术研究文集》，外文出版社，1994 年初版，1996 年再版；江苏美术出版社，2002 年 8 月出版彩印插图本。

90.《沈从文散文》（共 4 卷，散文、文论、书信集），中国广播电视出版社，1994 年 2 月初版。

91.《沈从文：都市之塔——民国初年的自传》（即《从文自传》，德文版），Christoph Eiden, Christiane Hammer 译，德国 Horlemznn 出版社，1994 年初版。

92.《中国古代服饰研究增订本》（日文版），古田真一、栗城延江译，日本京都书院，1995 年初版。

93.《不完美的天堂：沈从文小说集》（英文版），Jeffrey C.Kinkley ,Willian L.MacDonald, Peter Li, Caroline Mason, David Pollard 译，美国火奴鲁夏威夷大学出版社，1995 年初版。

94.《从文家书》（1930—1961），上海远东出版社，1996 年 2 月初版；人民文学出版社，2010 年 1 月第二版。

95.《沈从文批评文集》（文论、杂文、书信集），珠海出版社，1998 年 10 月初版。

96.《丈夫》（日文版），增田浩等译，日本福冈市蓝天文艺出版社，1998 年初版。

97.《边城》（插图本），北岳文艺出版社，2002 年 4 月初版，多次再版。

98.《沈从文全集》，北岳文艺出版社，2002 年 12 月初版。共 32 卷：第 1—10 卷，小说，其中第 1、4 卷含剧本等少量其他作品；第 11—12 卷，散文；第

13卷，传记；第14卷，杂文；第15卷，诗歌；第16—17卷，文论；第18—26卷，书信，编入书信、废邮（即信稿）和零散日记，但1949年前已发表的书信、废邮，分别编入散文、杂文或文论卷；第27卷，集外文存，编入作者生前未发表的史料性、回忆性文字，及1949年后的文学创作试笔等；第28—32卷，物质文化史。总目如下：

第1卷（小说）

鸭子　蜜柑　入伍后　公寓中

第2卷（小说）

老实　好管闲事的人　篁君日记　梓里集

第3卷（小说）

阿丽思中国游记（两卷）　雨后及其他　山鬼　长夏　不死日记

第4卷（小说）

呆官日记　男子须知　十四夜间及其他　旅店及其他　采蕨　一个天才的通信

第5卷（小说）

沈从文甲集　石子船　龙朱　衣冠中人

第6卷（小说）

旧梦　沈从文子集　一个女剧员的生活　楼居

第7卷（小说）

虎雏　凤子　都市一妇人　阿黑小史　一个母亲　如蕤集

第8卷（小说）

游目集　边城　八骏图　新与旧　主妇集

第9卷（小说）

从文小说习作选　短篇集　月下小景　神巫之爱

第 10 卷（小说）

长河　乡村琐事　芸庐纪事　虹桥集　雪晴

第 11 卷（散文）

遥夜集　湘行书简　湘行散记　湘西

第 12 卷（散文）

烛虚　七色魇集　友情集　南北风景　我与新文学

第 13 卷（传记）

记胡也频　记丁玲　记丁玲续集　从文自传　从现实学习

第 14 卷（杂文）

甲辰杂谈　怎样从抗战中训练自己　见微斋杂文　霁清轩杂记　北平通信　跑龙套　艺文题识录

第 15 卷（诗歌）

人谣曲　忧郁的欣赏　絮絮　浮雕　乐章　匡庐诗草　井冈山诗草　赣游诗草　青岛诗草　郁林诗草　牛棚谣　云梦杂咏　文化史诗钞　京门杂咏　喜新晴

第 16 卷（文论）

中国小说史　沫沫集　沫沫集续编　序跋集　编者言　术艺刍言

第 17 卷（文论）

文学运动杂谈　废邮存底　昆明冬景　云南看云集　新废邮存底续编

第 18—26 卷（书信）

书信

第 27 卷（集外文存）

一个人的自白　沉默归队　史无前例（上、下）　谈话及其他　无从驯服的斑马　无从毕业的学校　忘履集

第 28 卷（物质文化史）

中国玉工艺研究

中国陶瓷史　中国陶瓷研究

漆器及螺甸工艺研究

狮子艺术

陈列设计与展出

第 29 卷（物质文化史）

唐宋铜镜

镜子史话

扇子应用进展

文物研究资料草目

第 30 卷（物质文化史）

中国丝绸图案

织绣染缬与服饰

《红楼梦》衣物及当时种种

说"熊经"

文物谈小录

第 31 卷（物质文化史）

龙凤艺术新编

马字艺术和装备

文史研究必须结合文物

第 32 卷（物质文化史）

中国古代服饰研究

99.《沈从文经典作品》，当代世界出版社，2004 年 9 月初版。

100.《野人献曝——沈从文的文物世界》，王凤编，北京出版社，2005 年 5 月初版；2011 年 2 月第 2 版。

101.《沈从文家书》（1930—1983 年，上下卷），江苏教育出版社，2005 年

11月初版。

102.《沈从文集》,中国社会科学院科研局组织编选,中国社会科学出版社,2007年2月初版。

(主要参考资料:沈虎雏编写的《沈从文集·作者著作书目》)

华罗庚的主要著作

1. 《堆垒素数论》

   （俄文版）苏联斯捷克洛夫数学所，1946 年出版；

   （中文版）中国科学院，1953 年出版；

   （中文修订版）科学出版社，1957 年出版；

   （匈牙利文版）匈牙利科学院，布达佩斯，1959 年出版；

   （德文版）民主德国，莱比锡，1959 年出版；

   （英文版）美国数学会，1965 年出版。

2. 《从杨辉三角谈起》，科学出版社，1956 年出版。

3. 《写给青年数学家》，中国青年出版社，1956 年出版。

4. 《数论导引》

   （中文版）科学出版社，1957 年出版；

   （英文版）施普林格出版社，柏林，1982 年出版。

5. 《多复变函数论中的典型域的调和分析》

   （中文版）科学出版社，1958 年出版；

   （俄文版）莫斯科，1959 年出版；

   （中文修订版）科学出版社，1965 年出版；

   （英文版）美国数学会，1963 年出版。

6. 《指数和的估价及其在数论中的应用》

   （德文版）民主德国，莱比锡，1959 年出版；

（中文版）科学出版社，1963 年出版；

（俄文版）莫斯科，1964 年出版。

7.《数学的性质和作用》，科学出版社，1959 年出版。

8.《从祖冲之的圆周率谈起》，中国青年出版社，1962 年出版。

9.《数值积分及其应用》（与王元合著），科学出版社，1963 年出版。

10.《典型群》（与万哲先合著），上海科学技术出版社，1963 年出版

11.《数学归纳法》，上海教育出版社，1963 年出版。

12.《高等数学引论》，科学出版社，第一卷，第一、二分册，1963 年出版；第二卷，第一分册，1981 年出版；余篇，1984 年出版。

13.《谈谈与蜂房结构有关的数学问题》，人民教育出版社，1964 年出版。

14.《从孙子的"神奇妙算"谈起》，人民教育出版社，1964 年出版。

15.《统筹方法平话及补充》，中国工业出版社，1965 年出版。

16.《优选法平话及其补充》，国防工业出版社，1971 年出版。

17.《从单位圆谈起》

（中文版）科学出版社，1977 年出版；

（英文版）施普林格出版社，德国，1981 年出版。

18.《数论在近似分析中的应用》（与王元合著）

（中文版）科学出版社，1978 年出版；

（英文版）施普林格出版社，德国，1981 年出版。

19.《二阶两个自变数两个未知函数的常系数线性偏微分方程组》（与吴兹潜、林伟合著），科学出版社，1979 年出版。

20.《优选学》，科学出版社，1981 年出版。

21.《华罗庚文集》，施普林格出版社，德国，1982 年出版。

22.《华罗庚科普著作选集》，上海教育出版社，1984 年出版。

23.《华罗庚诗文选》，中国文史出版社，1986 年出版。

24.《数学模型选谈》（与王元合著）

（中文版）湖南教育出版社，1991 年出版；

（英文版）布克豪斯出版社，1989 年出版。

25.《高等数学引论》（第一、二、三、四册）（华罗庚著，王元校），高等教育出版社，2009 年出版。

26.《从孙子的神奇妙算谈起：数学大师华罗庚献给中学生的礼物》，中国少年儿童出版社，2006 年出版。

27.《聪明在于勤奋天才在于积累：数学大师华罗庚谈怎样学好数学》，中国少年儿童出版社，2006 年出版。

28.《华罗庚文集·数论卷1》（华罗庚著，王元审校），科学出版社，2010 年出版。

29.《华罗庚文集·数论卷2》（华罗庚著，贾朝华审校），科学出版社，2010 年出版。

30.《华罗庚文集·数论卷3》（华罗庚著，王元、潘承彪、贾朝华编译），科学出版社，2010 年出版。

31.《华罗庚文集：代数卷1》（华罗庚、万哲先合著，万哲先审校），科学出版社，2010 年出版。

32.《华罗庚文集·多复变函数论卷1》（华罗庚著，陆启铿审校），科学出版社，2010 年出版。

33.《华罗庚文集·应用数学卷1》（华罗庚著，杨德庄主编），科学出版社，2010 年出版。

34.《华罗庚文集·应用数学卷2》（华罗庚著，杨德庄主编），科学出版社，2010 年出版。

35.《华罗庚文集·代数卷2》（华罗庚著，李福安审校），科学出版社，2011 年出版。

（主要参考资料：《传奇数学家华罗庚——纪念华罗庚诞辰100周年》，主编为丘成桐、杨乐、季理真，副主编为冯克勤，高等教育出版社，2010 年出版）

金克木的主要著作

1. 《蝙蝠集》（新诗库，第 1 集之 4），上海时代图书公司，1936 年出版。
2. 《通俗天文学》（美国西蒙·纽康著，译本），商务印书馆，1938 年出版；当代世界出版社，2006 年再版。
3. 《流转的星辰》（译作），中华书局，抗战时期出版。
4. 《我的童年》（泰戈尔回忆录，译本），商务印书馆，1945 年出版。
5. 《云使》（迦梨陀娑诗歌，译本），人民文学出版社，1956 年出版。
6. 《中印人民友谊史话》，中国青年出版社，1957 年出版。
7. 《梵语文学史》，人民文学出版社，1964 年出版；1980 年重印。
8. 《印度古代文艺理论文选》（外国文艺理论丛书），人民文学出版社，1980 年出版。
9. 《伐致诃利三百咏》（译本），人民文学出版社，1982 年出版。
10. 《印度文化论集》，中国社会科学出版社，1983 年出版。
11. 《比较文化论集》，生活·读书·新知三联书店，1984 年出版。
12. 《印度古诗选》（译本），湖南人民出版社，1984 年出版。
13. 《旧巢痕》（自传体小说），生活·读书·新知三联书店，1985 年出版。
14. 《难忘的影子》（自传体小说），生活·读书·新知三联书店，1986 年出版。
15. 《雨雪集》（诗集），湖南文艺出版社，1986 年出版。
16. 《天竺旧事》（回忆录），生活·读书·新知三联书店，1986 年出版。
17. 《艺术科学丛谈》，生活·读书·新知三联书店，1986 年出版。

18.《燕啄春泥》（百家文丛），人民日报出版社，1987年出版。

19.《摩诃婆罗多插话选》（编译），人民文学出版社，1987年出版。

20.《燕口拾泥》，浙江文艺出版社，1988年出版。

21.《文化的解说》，生活·读书·新知三联书店，1988年出版。

22.《回忆录》（附《我的童年》），泰戈尔著，谢冰心、金克木译，人民文学出版社，1988年出版。

23.《印度文化论集》，台湾淑馨出版社，1990年出版。

24.《书城独白》，上海三联书店，1991年出版。

25.《文化猎疑》，上海三联书店，1991年出版。

26.《无文探隐：试破文化之谜》，上海三联书店，1991年出版。

27.《旧学新知集》，生活·读书·新知三联书店，1991年出版。

28.《金克木小品》（名家小品自选系列），中国人民大学出版社，1992年出版。

29.《摩诃婆罗多·初篇（一——四）》（与赵国华、席必庄等合译），中国社会科学出版社，1993年出版。

30.《说八股》（与启功、张中行合著），中华书局，1994年出版，2000年重印。

31.《蜗角古今谈》，辽宁教育出版社，1995年出版。

32.《书外长短》（中国名家随笔精品丛书），宁夏人民出版社，1996年出版。

33.《梵佛探》（当代学者自选集），河北教育出版社，1996年出版。

34.《路边相》（当代名家感悟人生丛书），中原农民出版社，1996年出版。

35.《文化卮言》，中国人民大学出版社，2006年出版。

36.《末班车》（读译文丛），中央编译出版社，1996年出版。

37.《槛外人语》（禅趣人生丛书），浙江人民出版社，1996年出版。

38.《咫尺天涯应对难》，人民日报出版社，2007年出版。

39.《金克木散文选集》（百花散文书系），百花文艺出版社，1996年出版。

40.《评点旧巢痕》（长篇小说附评），文汇出版社，1997年出版。

41.《开放社会科学》，生活·读书·新知三联书店，1997年出版。

42.《百年投影》(北大未名文丛第一辑)，北京大学出版社，1997年出版。

43.《异域神游心影》(世纪学人文丛)，山东教育出版社，1998年出版。

44.《少年时》，辽宁教育出版社，1998年出版。

45.《探古新痕》，上海古籍出版社，1998年出版。

46.《庄谐新集》，东方出版社，1998年出版。

47.《挂剑空垒》(新旧诗集)，生活·读书·新知三联书店，1999年出版。

48.《梵竺庐集》(三卷：甲卷《梵语文学史》、乙卷《天竺诗文》、丙卷《梵佛探》)，江西教育出版社，1999年出版。

49.《译匠天缘》(青年读本丛书)，大众文艺出版社，2000年出版。

50.《天竺旧事》(青年读本丛书)，大众文艺出版社，2000年出版。

51.《孔乙己外传》(小说集附评)，生活·读书·新知三联书店，2000年出版。

52.《华梵灵妙：金克木散文精选》，海天出版社，2001年出版。

53.《摩诃婆罗多的故事》，拉贾戈帕拉查理改写，唐季雍译，金克木校，中国青年出版社，1959年第一次出版，1983年第二次出版。

54.《书读完了》(文化随笔)，上海辞书出版社，2007年7月出版，到2008年7月已是第5次印刷。

55.《人生与学问》，陕西师范大学出版社，2008年出版。

56.《文化三书》，东方出版中心(上海)，2008年出版。

57.《倒读历史》，江苏文艺出版社，2007年出版。

58.《文化八题》，北京大学出版社，2008年出版。

59.《大家国学·金克木》，天津人民出版社，2008年出版。

60.《游学生涯》，东方出版中心(上海)，2008年出版。

61.《风烛灰：思想的旋律》，生活·读书·新知三联书店，2002年出版

62.《印度文化余论(〈梵竺庐集〉补编)》，学苑出版社，2002年出版。

63.《中国新诗库：金克木卷》，长江文艺出版社，1990年出版。

64.《金克木集》，生活·读书·新知三联书店，2011年4月出版。共八卷，400余万字，收录了迄今能找到的金克木的诗文、学术专著、随笔杂感、译文

等全部作品。第一卷为诗文集，包括新旧诗集、自传体小说、回忆录；第二、三卷为印度文化及比较文化、艺术科学等方面的学术作品；第四、五、六卷为随笔杂感；第七、八两卷为翻译作品。各卷内容如下：

第一卷

挂剑空垄 新旧诗集

旧巢痕 评点本

天竺旧事

孔乙己外传 小说集附评

第二卷

甘地论

中印人民友谊史话

梵语文学史

第三卷

印度文化论集

比较文化论集

艺术科学丛谈

第四卷

旧学新知集

燕啄春泥

燕口拾泥

文化的解说

文化猎疑

书城独白

无文探隐

第五卷

金克木小品

八股新论

蜗角古今谈

末班车

书外长短

第六卷

少年时

庄谐新集

风烛灰

杂著

第七卷（译著）

摩诃婆罗多·初篇（一——四）

印度古诗选

三百咏

古代印度文艺理论文选

《薄伽梵歌》译本序

我的童年

钻石

控诉

血和地毯

三自性论

第八卷（译著）

高卢日尔曼风俗记

海滨别墅与公墓

炮火中的英帝国

通俗天文学

流转的星辰

文化界对五大师的评价

对梁漱溟的评价

梁漱溟先生是我一向尊敬的前辈,是当代中国一位卓越的思想家。我学生时代就读过他的书,虽然没有全部读懂。但梁先生的确是一位一生从事思考人类基本问题的学者,我们称他为思想家是最恰当不过的。

——费孝通(享誉中外的社会学家、人类学家,
中国现代社会学和人类学的创始人)

梁先生的思想永远是活的,从不僵化;他可以包容各种学科,各科学说,从前人用心思得到的结果中提出新问题,进行新思考,产生新的学问。环顾当今之世,在知识分子中能有几个人不唯上、唯书、唯经、唯典?为此舞文弄笔的人也不少,却常常不敢寻根问底,不敢无拘无束地敞开思想,进行独立思考。可见要真正做一个思想家,是多么不容易。正因为是物以稀为贵吧,我对梁先生的治学、为人,是一直抱着爱慕心情的。

——费孝通

我认识到他是一个我一生中所见到的最认真求知的人,一个无顾虑、无畏惧、坚持说真话的人。我认为,在当今人类遇到这么多前人所没有遇到的问题的时刻,正需要有更多的这种人,而又实在不可多得。什么是文化,文化不就

是思想的积累么？文化有多厚，思考的问题就有多深。梁先生不仅是个论文化的学者，而且是个为今后中国文化进行探索的前锋。

——费孝通

我佩服的，文的是梁漱溟，武的是彭德怀。我佩服的就是敢顶，敢顶是中国的士。中国的士，是任何语言都翻译不了的，士可杀，不可辱，士跟中国这个侠呀，有联系。

——季羡林（语言学家、文学翻译家）

在新文化运动时期，中国思想界的趋势是无选择地介绍西方的思想学术，并勇猛地攻击传统的文化和礼教。……在当时大家热烈批评中西文化的大潮流中，比较有系统，有独到的见解，自成一家言，代表儒家，代表东方文化说话的，要推梁漱溟先生在1921年所发表的《东西文化及其哲学》一书。

——贺麟（哲学家）

梁先生基本上是一个政治、社会活动家。在一次中国文化书院召集的讲演会上，他自己也大声疾呼地说："我不是一个书生！"他在思想上有很多不小的贡献，但是还不可以看他专是一个哲学家或思想家。

——冯友兰（哲学家）

钩玄决疑百年尽瘁以发扬儒学为己任
廷争面折一代直声为同情农夫而执言

——冯友兰

梁先生是对于中国传统哲学有深刻理解的渊博思想家。……更是一个特立独行，坚持独立思考的严肃思想家。……梁漱溟先生对于中国文化的贡献是永垂不朽的!

——张岱年（哲学家）

善养浩然之气有学有守
弘扬中华文化立德立言

——张岱年

廷议天下兴亡旷世难逢此诤友
学究华梵同异薄海痛失一代师

——任继愈（哲学家）

像梁漱溟、陈寅恪这样的知识分子在我们国家太少了，这应是国家、民族的不幸。

——汤一介（北京大学哲学系教授）

儒学复兴在"五四"西化气焰炙热时出现生机。梁漱溟1921年出版的《东西文化及其哲学》打破古今中西二分的思维，从类似比较轴心文明的视野，把中国文明"调和持中"的价值取向和西方的"向前要求"及印度的"反身向后要求"作一分疏。他承认，中国文化要生存下去，不能不向"以动力横绝天下"的西方学习，但他预言，当人类物质文明发展到极致，印度的舍离人生必然会成为越来越多人的选择。同时他也在北京大学开设儒家哲学的课程，强调王阳明心学的道德自觉。他提出从心灵深处体究人生意义的思路。

——杜维明（北京大学高等人文研究院院长）

梁漱溟是被称为最后一个儒家的。其实在现代学术史上，他应该是新儒学的第一个代表。梁漱溟早年究心佛学，1917年应蔡元培之聘任教北京大学。当时正处在五四运动前夕，知识界西浪声声，而梁氏所钟情独在东方传统。为寻求同道，他曾在北大刊出启事："顾吾校自蔡先生并主讲诸先生皆深味乎欧化，而无味乎东方文化，由是倡为东方学者，尚未有闻。"由是开始讲《东西文化及其哲学》，倡"世界文化三期重现"说，重估中国的儒学传统，给定孔子以新的价值，破天荒地提出："世界未来文化就是中国文化的复兴，有似希腊文化在近代的复兴那样。"1921年他这本讲演集由上海商务印书馆正式出版，至1929年先后印行八次，可见其影响。梁的价值在于他提出的问题本身，动人心弦处是问题的指向。虽然他一生都不曾解决这个问题。当然我们也没有理由要求他给以解决，实际上这是20世纪中国人面对的斯芬克司之谜。这个问题的思想价值远远高于它的学术价值。梁的贡献在于知其不可为而为之，最终成就了自己的伟大人格，但在哲学上他并没有建立自己的理论系统。

——刘梦溪（著名学者）

中国的圣雄甘地。

——马歇尔（美国政治家、军事家）

他是个了不起的人物，从性情、智慧、个人人格各方面来讲，在这种时代，要找这种人，已经不大容易了。他的议论不管是对是错，都有真知灼见。他和一般社会上的名人、名流不同，像胡适之、梁任公等"时代名流"，没有一个超过他的。他对中国有极深的关怀，平生所志都在为中国未来的发展寻出一条恰当的途径，例如"乡村建设运动"，就是梁先生思想见之于行动的具体表现，不只是讲说学问而已。

——牟宗三（哲学家，现代新儒家的代表人物之一）

梁先生没出过洋，又不是什么翰林学士，但一样可以讲中西文化问题；黑格尔没到过中国，也不认识中国字，但到现在为止，讲中西文化问题的，没有一个超过黑格尔的,谁能够像黑格尔了解到那种程度的?这就是哲学家的本事了。梁先生讲中西文化,完全出自于他对时代的体认及民族的情感,而这又是承续自他家庭中关心国事的传统。

——牟宗三

梁先生在近代中国是一个文化的复兴者,不但身体力行地宣扬了传统的儒家思想,更可以说是接续了清代断绝了三百年的中国文化。

——牟宗三

他独能生命化了孔子,使吾人可以与孔子的真实生命及智慧相照面,而孔子的生命与智慧已重新活转而披露于人间。

——牟宗三

典章制度风俗习惯只是孔教的历史事业或文化事业。由此言孔教,只是外在的,与孔子的真实生命及智慧尚隔一层。现在由梁先生之体悟,已恢复了这个接触孔子生命与智慧之途径。这就是他的《东西文化及其哲学》一书之贡献。

——牟宗三

"五四"以后最大的问题就是浅薄,造成了学风浅薄,思想界的浅薄。从"五四"到现在,梁漱溟是真正认认真真想问题的人……梁漱溟是了不起的。

——许倬云(历史学家,美国匹兹堡大学历史系讲座教授、台湾"中央研究院"院士)

梁漱溟是个中等体型的人,他那圆耸开阔的头脑里,蕴涵着丰沛的思想活力,一副并不结实的身体,却具有强大的行动力量。思想与行动,在他的生活里,完全打成一片。他不是书斋里的学者,在思想上却有超越一般学者的成就；他也不纯粹是政治舞台上的角色，只是本诸社会良心，为国内的和平和建设一个新的中国而奋斗不懈。

他虽是一个传统取向很强的人，但绝不抱残守缺，指导他行为的是经由再思考以后所接受的一些基本原则。他一生的行谊，充分表现出早期儒者对时代的危机感，以及拯救危机的高度热情，也反映出一个传统型的儒者在剧变的时代里所遭遇的困窘。

他完全是一个依靠自学而有成就的人物，自小就有主见，这一性格上的突出倾向，使他后来在风云诡谲的政治环境里，和忽左忽右忽东忽西的思想潮流里，始终能保持他思想上的主调和一贯的行动方向。由于这些特点，使他无论在政治上和思想上，都能独树一帜。

——韦政通（台湾著名学者）

梁先生作为现代著名的思想家，其贡献是多方面的，其中突出的贡献是对儒家学说的阐发。由于梁先生曾相信佛学，而且一直未放弃这一信仰，因而有人提出梁先生的思想是佛家，还是儒家的问题。其实，这个问题是容易回答的。梁先生虽然视佛教出世主义的理论为解决人生问题的最终归宿，但是从他一生的学术研究和社会活动说，他是一位儒家学者，而不是一位宗教家或佛学家。

——朱伯崑（北京大学教授）

我最佩服的是梁先生那种"富贵不能淫，贫贱不能移，威武不能屈，此之谓大丈夫"的高贵品质，是那种"士可杀而不可辱"的高风亮节。这是中国知识分子的历史传统，优良美德，值得我们向他好好学习。梁先生不屈于任何人的淫威，不屈于全国人民有领导有组织的"口诛笔伐"，不屈于任何暴力，铮铮铁骨，屹立如山，在当今中国，并世无第二人！这才是中国真正的儒家，中国真正的知识分子！我向他膜拜，我向他顶礼！

——千家驹（经济学家）

梁（梁漱溟）作为与陈独秀、胡适、鲁迅同时的五四时期的思想领袖，相当敏锐地展示了中国近现代第二代知识分子的感受敏锐、思路开阔、建立思想范式（paradigm）的独创精神。直到今天，谈中国文化和中西文化比较，很多人便仍然停留在梁所规范所描述的框架和问题中。

然而，梁毕竟处在中国前现代化的阶段，尽管他提出的问题似乎涉及后现代化，但由于他没有经历过现代化所必然包含的科学化的洗礼，梁的这些思想本身以及他的论点、论证和概念、范畴，便显得相当模糊、笼统和粗糙。

——李泽厚（哲学家）

钱穆、梁漱溟对中国文化的了解，超过牟宗三、冯友兰。这两个人没有受过西方的训练，反而抓住了要害的东西。冯友兰、牟宗三受过西方训练，他们都有成就，这没有问题，但总觉少了点什么。

——李泽厚

梁漱溟，可能是20世纪中国知识分子中身践力行儒家内圣外王思想的最为典型之人物。尽管梁的同代人熊十力以及牟宗三等在内圣外王学理方面的成就要比他高得多，但作为一个人格和社会理想的实践者，梁漱溟确乎是特立独行，后无追者。

——许纪霖（华东师范大学历史系教授）

就作为一个历史研究者的角度看来，我认为就算再过100年，梁先生仍会在历史上占有重要的地位，不单单是因为他独特的思想，而是因为他表里如一的人格。与许多20世纪的儒家信徒相比较起来，他更逼近传统的儒者，确实地在生活中实践他的思想，而非仅仅在学院中高谈。梁先生以自己的生命去体现对儒家和中国文化的理想，就这点而言，他永远都是独一无二的。

——艾恺（美国芝加哥大学历史教授）

梁漱溟是现代中国最具特色的学者与知识分子。他敢于提出不同的意见，极具风骨；不尚空谈，而且能身体力行。

——汪荣祖（台湾"中央研究院"研究员，美国弗吉尼亚州大学荣誉教授）

梁先生有些类似于甘地这样的圣者，通过自己的不断奔走感化大地，于改造人生与社会中践履一己的感悟。实际上，梁先生自己就曾不止一次说过，儒家孔门之学，返躬修己之学也。

——许章润（清华大学法学院教授）

1974年在"批林批孔"运动中，梁先生反对以非历史的观点评价孔子，反对把批判孔子与批判林彪相并提，并为刘少奇、彭德怀同志辩护。当受到围攻时，他傲然宣称："三军可夺帅，匹夫不可夺志。"在"四人帮"猖獗一时，万马齐喑的境况下，梁先生不顾个人身处逆境，仗义执言，表现了一位爱国知识分子敢于坚持真理的高尚品格。

——新华社，《三军可夺帅 匹夫不可夺志——梁漱溟走完百年人生旅程》，1988年7月8日刊于《人民日报》

对钱穆的评价

钱穆先生,你是一个古老文化的代表者和监护人,你把东方的智慧带出了樊笼,来充实自由世界。你是新亚书院的创办人和校长,在教育中国青年的事业上,耶鲁是你的同志和拥护者。耶鲁大学鉴于你个人的天才,和你在学术上的成就,特授予你以人文学博士学位。

——耶鲁大学校长特请耶鲁教授李田意用汉语读出
授予钱穆名誉人文博士学位的中文颂词

钱宾四先生,在北大任历史讲席已越10年,学识渊博,议论宏通,极得学生欢迎。其著作亦缜密谨严,蜚声学圃,实为今日国史界之第一人,刚敬之重之。

——顾颉刚(著名历史学家、民俗学家,现代古史辨学派的
创始人,中国历史地理学和民俗学的开创者)

(中国通史的写作)其中较近理想的,有吕思勉《白话本国史》、《中国通史》,邓之诚《中华二千年史》,陈恭禄《中国史》,缪凤林《中国通史纲要》,张荫麟《中国史纲》,钱穆《国史大纲》等。其中除吕思勉、周谷城、钱宾四先生的书外,其余均属未完之作。钱先生的书最后出而创见最多。

——顾颉刚

沿革地理的研究，以钱穆、谭其骧二先生的贡献为最大。

——顾颉刚

钱先生学问精纯，思想疏通知远，文理密察，以细针密缕的功夫，作为平正笃实的文章。

——林语堂（具国际影响的著名学者、作家）

钱宾四先生活到将近百岁才去世。他一生勤勤恳恳，笔耕不辍，他真正不折不扣地做到了"著作等身"，对国学研究做出了极其重要的贡献。他涉猎方面极广，但以中国古代思想史为轴心。因此，在他漫长的一生中，在他那些大大小小长长短短的著述中，很多地方都谈到了"天人合一"。

——季羡林

《中国文化对人类未来可有之贡献》是钱穆先生的最后一篇文章，在该文的"前言"中钱先生说："中国文化中，'天人合一'观是我早年屡次讲到，唯到最近始彻悟此一观念实是中国传统文化之归宿处。"又说："我深信中国文化对世界人类未来求生存之贡献，主要亦在于此。"钱先生这篇文章短短不到两千字，但所论之精要，意义之深宏，彻悟之高远，实为我们提供研究和理解中国传统文化的价值之路径。

——汤一介

钱穆、梁漱溟更能抓住中国文化的要害。

——李泽厚

钱先生自幼以中国读书人之本色，独立苦学，外绝声华，内无假借，30年来，学问局面一步开展一步，而一直与中国甲午战败以来之时代忧患共终始。

——唐君毅（著名学者，哲学家、哲学史家，现代新儒家的代表人物之一）

近代中国史学界颇多成就，例如讲殷周史以王国维为最好，讲秦汉史以钱宾四（即钱穆）先生为最好，隋唐史以陈寅恪为最好，宋史尚未见谁为最好，明清史则有孟心史，这都是众所公认的。

——牟宗三

钱先生的中国学术思想史研究博大精深，并世无人能出其右。

——杨联陞（美国哈佛大学教授，有汉学界第一人之誉）

钱穆先生可能是将中国写历史的传统承前接后带到现代的首屈一指的大师。

——黄仁宇（历史学家）

钱先生是开放型的现代学人，承认史学的多元性；但同时又择善固执，坚持自己的路向。他毕生以抉发中国历史和文化的主要精神及其现代意义为治学的宗主，生平著述之富及所涉方面之广，近世罕见其匹。

——余英时（普林斯顿大学讲座教授，台湾"中央研究院"院士）

综观先生一生治学，少年时代广泛习读中国古籍，尤爱唐宋韩欧至桐城派古文，后始渐趋向学术研究；壮年以后乃集中向史学方面发展，故史学根基特别广阔，亦极深厚。再就先生治学途径发展程序言，先由子学入门，壮年时代最显著成绩偏在考证功夫，中年以后以通识论著，涉及范围皆甚广泛，如政治、如地理，亦涉及社会与经济，惟重心观点仍在学术思想，此仍植根于青年时代之子学爱好，是以常常强调学术领导政治，道统超越政统。

近六十年来，中国史坛甚为兴隆，名家大师辈出。论根底深厚，著作宏富，不只先生一人；但先生才气磅礴，识力深透，文笔劲悍，几无可伦比。

——严耕望（历史学家，台湾"中央研究院"院士）

例如《国史大纲》，有人说只是根据二十四史而已。这话诚然不错，然而他（钱穆）能从人人能读得到的正史中提出那样多精悍的好看法，几十年来那样多写通史的人，不但没有一个能与比拟，而且真正是望尘莫及，才气学力的差距真是不可以道里计，这些处才能见出本事！

——严耕望

中国近百年来，国运与文化，都一蹶不振。然而，几千年的文化精神，终究孕育了几位为中国文化作后卫战的学术巨人，宾四先生是最后走的一位。

——许倬云

钱穆是中国极其优秀的学者，是我们时代最杰出的学者之一。他的学术兴趣主要在中国思想史研究领域。

——史华慈（美国著名的中国研究学者，也是享誉世界的对人类文明有深邃思考的大思想家）

钱穆先生是研究中国思想一位罕见而成就卓越的史学家，他研究中国历史与思想的方法为观察这个蜩螗的时代提供了广泛的视野。钱先生是极少数能与当代流行的思潮相抗衡的杰出学人，过去许多年来，钱先生透过他的著作一直是我的老师，虽然其他学者也在这种方式下教导我，但钱先生在引导我研究中国思想上则是为时最早而且影响最深的一位。

——狄白瑞（美国哥伦比亚大学教授）

钱穆在本世纪（20世纪）中国史学家之中是最具有中国情怀的一位。他对中国的光辉的过去怀有极大的敬意，同时也对中国的光辉的未来抱有极大的信心。在钱穆看来，只有做到以下两件事才能保证中国的未来，即中国人不但具有民族认同的胸襟，并且具有为之奋斗的意愿。

——马悦然（瑞典文学院院士、诺贝尔文学奖评委）

一代国学大师，虽别离我们，但他的学术著作，将永在人间。

——杨向奎（历史学家）

钱穆可以说是在史学领域高举现代新儒学旗帜，反对尽废故常的历史虚无主义，维护中国历史文化精神的第一人。

——方克立（哲学家，中国社会科学院研究生院前院长）

宾四先生的一生，承担是沉重的，他生在文化倾坍、国魂飘失的历史时刻，他写书著文有一股对抗时流的大力量在心中鼓动，他真有一份为往圣续绝学的气魄。

——金耀基（香港中文大学副校长）

钱先生从18岁起已开始致力于学术，以后研究、讲学、教育、著述兀兀80年未尝中断，这番毅力精神旷古所无。而学问成就规模之宏大，实朱子以后一人。

——孙国栋（历史学家、哲学家，香港中文大学历史系主任）

在迷惘的时代，能够终生不渝地捍卫中国文化，并显示读书人的风骨，钱穆先生堪称楷模。

——霍韬晦（当代思想家、教育家，
法住文化书院院长、东方人文学院院长）

在史林中，即使是持论不同者，也莫不承认他是卓越的史学家。

——李埏（历史学家、教育家）

宾四师一生学术成就浩瀚无涯涘，我从学数年，受益良多。今日得窥史学门径，皆宾四师所赐。

——郦家驹（中国社会科学院历史研究所研究员）

文化史学的集大成者是钱宾四先生。宾四是钱穆的字，无锡人，自学名家，始任教于无锡、厦门、苏州等地的中学，1930年起北上京华，执教鞭于燕大、北大、清华、师大等高等学府。钱之著述，早期以《先秦诸子系年》、《中国近三百年学术史》、《国学大纲》为代表。治国史而以学术流变为基底，直承儒统，独立开辟，不倚傍前贤时俊，是钱学的特点。晚期的代表作是《朱子新学案》，其价值在整合理学和儒学的关系，把援释入儒的宋学，收纳回归到儒、释、道合流统贯的传统学术思想的长河中去。"国学大师"之名，章太炎之后，唯钱穆当之无愧。

——刘梦溪（著名学者）

高山仰止，景行行止。仰之弥高，钻之弥坚。我们对于钱宾四先生满怀敬爱之忱。他不仅属于他个人、亲属及学生，而且属于我们的民族和人民，属于我们悠久的传统和伟大的文明。

——郭齐勇（武汉大学哲学系教授）

钱穆一生致力于中国学术文化的研究，在先秦子学、两汉经学、隋唐佛学、宋明理学、清代学术史、中国通史、中国文化史、中国思想史以及中国政治制度史等诸多领域都有精湛的研究和建树，在中国现代学术史上写下了辉煌的一页。然而近代以来，中国一直处在西方学术文化的强力冲击和笼罩之下，钱穆的学术思想和治学方法与当时主流学派的观点不甚合拍，长期受到冷遇和排斥而处于边缘。1949年，钱穆离开大陆，寓居港台，由于海峡两岸的隔膜，以致在一个相当长的时期内，大陆学术界对他的学术思想和学术成就缺乏应有的了解，缺乏一个客观公正的评价，甚至不知钱穆为何人。20世纪90年代以来，随着国内"文化热"、"国学热"兴起，钱穆的著作在大陆不断出版，其人其学已成为人们广泛关注、讨论的话题，读钱穆之书已成为国内"读书热"中一道亮丽的风景。当今国内的"国学热"持续升温，重新认识"国学"价值，弘扬民族传统文化，以文化为重要支撑来振兴中华，已成为华夏子孙的共识。钱穆对中国历史文化的"温情与敬意"，"一生为故国招魂"的志业，愈来愈受到国人的尊敬和推崇，他的学术思想必将影响当今的中国社会，在国人心中留下或深或浅的印迹。

——陈勇（上海大学文学院教授）

对沈从文的评价

我崇拜沈从文。为什么呢？我有个议论，就是一个作家，拿出他的著作看两页，就知道作者是谁。结果呢，这个作家，就是说，有他的独特个性。个性最突出的就是沈从文。

——季羡林

我在北大，是从德国回来以后，到北大当教授的。反正，我对他（指沈从文）很尊敬。从他这个文章啊（可以看出来），文章是有灵气，他大概没有受过什么正规教育，是当兵出身的，可是有天才。

——季羡林

他了不起的是，什么都是靠自修成才。他没有进过新式学校，不懂英文、法文，但是他大量阅读了法国译著，自己写的小说很像法国小说的味道。

——周有光（语言学家、文化大家）

沈从文还有一点了不起，解放以后沈从文被郭沫若定性为"粉红色文人"。因为沈从文与胡适关系好，胡适当年被贬得一无是处，所以沈从文也受到牵连，被安排到故宫博物院当解说员，别人都以为他很不高兴，他一点都不在乎，他说："我正好有这个机会接触那么多古董！"于是，他就研究古代服饰，后来写成《中国古代服饰研究》。这也证明，沈从文度量大，一点架子没有，这也是他了不起的地方。沈从文如果多活两年，很有可能得诺贝尔文学奖。

——周有光

以后，我拥有一个小小的书库，其中收集了从文表叔的几乎全部的著作。我不仅明白了他书中说过的话，他是那么深度地了解故乡土地和人民的感情，也反映出他青少年时代储存的细腻的观察力和丰富的语言的魅力，对以后创作起过了不少的作用。对一个小学未毕业的人来说，这几乎是奇迹；而且坚信，人是可以创造奇迹的。

——黄永玉（艺术家）

《中国服装史》稿充满着灿烂的文采、严密的逻辑性，以及美学价值，从社会学、历史唯物主义的角度阐明艺术的发展和历史趋势。

——黄永玉

以一人之力，历时十余载，几经艰阻，数易其稿，幸获此鸿篇巨制（《中国古代服饰研究》），实为对我国学术界一重大贡献，极为可贺。

——胡乔木（中国社会科学院院长）

沈从文，中国最伟大的作家之一……沈从文多元化的背景成了他在首都以作家谋生的障碍，但同时又使他成为别具一格的作家。……他比任何现代中国作家都更加注意文学的形式问题。……不少作品充满了诗情画意。……沈从文作品——文学和科学专著——在很大程度上反映了他对独立人格、勇气和坚强性格的强烈要求。

——马悦然（瑞典文学院院士、诺贝尔文学奖评委）

他的价值是，包括鲁迅在内，没有一个中国作家比得上他。沈从文是20世纪中国最伟大的作家。越是知道他的伟大，我越为他一生的寂寞伤心。

——马悦然

据我所接触到的世界文学情报，目前全世界得到公认的中国新文学家也只有从文和老舍。

我特别看出他有勇气提出"人性"这个蹩脚倒霉的字眼，可能引起"批判"，好在我们仍坚持双百方针，就让他仁者见仁，智者见智吧！在真理的长河中，是非就终究会弄明白的。

——朱光潜（美学家）

从文转到故宫博物院和历史研究所之后，在继续民间工艺品的研究，他在这方面的成就并不下于他的文学创作。不过我觉得他因此放弃了文学创作究竟是一件很可惜的事。

——朱光潜

病中惊悉从文逝世，十分悲痛。文艺界失去一位杰出的作家，我失去一位正直善良的朋友，他留下的精神财富不会消失。

——巴金（文豪）

随着新文化运动狂飙突进的喧嚣声的远去，随着众声喧哗的"后殖民"时代的来临，沈从文沉静深远的无言之美正越来越显出超拔的价值和魅力，正越来越显示出一种难以被淹没被同化的对人类的贡献。

——李锐（作家）

人生短暂，艺术长存。沈先生的小说从少年时代直到现在，仍然放射着耀眼的光辉。这期间，中国经历了多大的变动，但是，艺术可以战胜一切。

——白先勇（台湾作家）

在流离颠沛的 30 年间，他终于写成了《中国古代服饰研究》等几部第一流的历史文物研究著作。如果当年没有把他分配在历史博物馆，可能不会有另一个人能写出这样的文物研究专著。

——施蛰存（作家）

他是 20 年代就开始写作，产量惊人，作品富有文采，以抒写湘西男女青年的人性美、人情美和少数民族风习擅长，独具峭拔简洁艺术风格的小说家。解放后，在文物考古方面又有《龙凤艺术》、《中国丝绸图案》、《唐宋铜镜》和《中国古代服饰研究》等著作问世。现在盖棺论定，我们应当实事求是地来肯定他的这些成就。……我觉得他在天津大公报主编《文艺》周刊那两年，培养出了一批作家，今天大都成名，这个贡献也是不可磨灭的。

——蹇先艾（文艺评论家）

我可以开列出一长串从南方到北方的青年作家及其作品名单来做例证：沈老的著作对于今天整整两代作家所产生的巨大影响，多么的引人深省啊，习惯于在意识形态的一切领域推行大一统、规范化的当代中国，习惯于给作家艺术家们制定一系列金科玉律的文艺方针、创作方法、思想原则的政治祭坛上，却有那么多的青年作家不约而同地追寻着沈老的艺术之道，去探求沈老以其恢弘著作所倡导的自然美、风俗美，不能不说是文学的胜利。……如果某一天，青年一代作家中的幸运儿得以登上世界文学的奥林匹斯山，当不会忘记是谁在前边擎着以心灵燃烧的火把领路的。

——古华（作家）

从文是个文学家，是个只靠自己一大堆作品在国内国外站得住的文学家，一个中国少有的在全世界面前能够代表中国的文学家。

——刘祖春（作家）

若要问京派巨子沈从文的精神归属和最富魅力的艺术归属在哪里，那是不须疑惑的回答：他的"湘西世界"。他在这里阅读了社会人生这本大书，他为这里描写下带原始风的边地人生方式的活化石，他从这里建构起艺术型的"乡下人"思维方向和价值体系。他以他的"湘西世界"向现代中国文坛、尔后也向世界，进行了独具魅力的对话。

——杨义（中国社会科学院教授）

我很同意黄永玉同志的见解，沈老的确是一位如流水般纯洁又坚忍的人，凡是受过他教育熏陶的人，都会有同感的。

——柯原（诗人）

我觉得沈先生是一个热情的爱国主义者，一个不老的抒情诗人，一个顽强的不知疲倦的语言文字的工艺大师。……沈先生的语言文字功力，是举世公认的。

——汪曾祺（作家）

沈从文先生的一生，前半生以小说家闻名于世。可是他还是一位有卓越成就的文艺理论家与评论家却很少为人注意和重视。……沈从文先生的后半生的贡献是大家不会想到的，也是他本人始料所不及。他的古文物学者、专家的声誉30年来让人忘记原来是小说家了。

——常风（文学评论家）

沈从文对中国文学和世界文学作出过不可磨灭的贡献。作为教师、导师，他也对很多重要小说作家、诗人产生过影响，并且在40和80年代，影响过两代湘西乡土作家。他介绍过先锋写作技巧，并用本人例子说明，文学可以成为独立创作活动。

——金介甫（美国汉学家，国外沈从文研究第一人）

沈从文的《边城》具有无限魅力，然而它的各个细部材料，如人物、渡船、白塔、小屋、黄狗、喝酒的葫芦、下象棋的车和马，等等，却都有着不可思议的作用。沈从文深深地懂得那些最"不值钱"的东西和平凡人物的价值，他写日常生活中常见的人物和东西，一经过他头脑的思考，出现在他的笔下，马上就能发生出无限的生命力。在这过程中，他的创造力起着不可思议的作用。

——〔日〕福家道信《凤凰县的印象和沈从文研究的
几缕思绪》，出自《沈从文的凤凰城》

他最后不声不响地告别了这个世界。他的一生够平凡，但我在内心深处觉得他是一个真正的中国读书人，值得永远记忆。

——叶君健（作家、翻译家）

不折不扣，亦慈亦让；
星斗其文，赤子其人。

——张充和（沈从文妻妹，合肥四姐妹之一）

就像中国的先贤老子所说的那样："福兮祸所伏，祸兮福所倚。"我辍学，饱受饥饿、孤独、无书可读之苦，但我因此也像我们的前辈作家沈从文那样，及早地开始阅读社会人生这本大书。

——莫言（诺贝尔文学奖获得者，他在瑞典学院发表领奖演说时如是说）

对华罗庚的评价

清华出了个华罗庚是一件好事,不要被资格所限定。

——叶企孙(清华大学理学院院长)

东方来的人,不稀罕剑桥大学博士学位的,你还是第一人!

——哈代(C.H.Hardy,英国剑桥大学教授、著名数学家)

他是我国现代数学研究的杰出代表。无论是早期在清华大学与西南联大期间,还是后来在中国科学院数学所、应用数学所与中国科技大学期间,华老开设课程,主持讨论班,使许多学生、研究生、同事获益匪浅,一大批青年人才在他的培育、指导与熏陶下成长起来。几十年来,他领导中国数学会,创建中国科学院数学所与应用数学所,创建中国科技大学数学系,倡导国内外学术交流,为提升我国的数学水平不遗余力。正如塞尔伯格(A.Selberg)教授指出的那样:"很难想象,如果他不曾回国,中国数学会怎么样。"

——杨乐(中国科学院院士)

华先生留英期间,数学界发生一件大事,即苏联大数学家维诺格拉多夫证明了前面曾说过的哥氏对于奇数的臆测定理。华先生是一位极具毅力的人,这时他马上致力于哥氏定理推广到偶数问题的研究。直到今日,所有研究这个问题得到结论的人，华先生还是最杰出的一位。在英国的两年中，他对数论热门研究的各个问题的贡献，深受国际上注意。

——徐贤修（美国普渡大学教授）

"世界著名数学家贝特曼曾说过，依照华老的成就，在任何一个国家他都可以被选为院士！"

——王跃飞（中国科学院数学与系统科学研究院副院长）

罗庚是一个很好的数学家，所以他不需要一般的数学训练。他很快就跟所有的人，所有的研究生，甚至于教员，可以在同一个水平上讨论数学的问题。他虽然名义上是助理员，实际上相当于一个研究生，我也是研究生，我们时常来往，上同样的课，那是很愉快的一段学生生活。

——陈省身（世界级数学家、中国科学院外籍院士）

他比起历史上任何一位数学家来，受他直接影响的人可能更多，他善于推销数学。

——格拉汉姆（R.Graham，贝尔电话公司的领导人）

华罗庚大概以他在数论方面的工作，特别是对华林问题的贡献最为著名。

——柯拉塔（G.B.Kolata，美国《纽约时报》科学记者）

先生起江南，读书清华。浮四海，从哈代，访俄师，游美国。创新求变，会意相得。堆垒素数，复变多元。雅篇艳什，迭互秀出。匹夫挽狂澜于既倒，成一家之言，卓尔出群，斯何人也，其先生乎。

——丘成桐（世界著名数学家）

丘成桐1997年在清华大学高等研究中心开幕式上的讲话中提到："华先生在数论方面的贡献是大的，可是华先生在这方面的工作不能左右全世界在数论方面的发展，他在这方面的工作基本上是从外面引进来的观点和方法，可是他在多复变函数方面的贡献比西方至少早了10年，海外的数学家都很尊重华先生在这方面的成就。"这段话说明丘成桐先生是真正了解华先生工作的精髓。

——陆启铿（中国科学院数学与系统科学研究院研究员，中国科学院院士）

天才和勤奋造就华罗庚成为一位伟大的数学家。

——段学复（北京大学数学系教授、中国科学院院士）

华罗庚把他的整个生命献给了数学。他对数学理论的贡献极其广博，极其深厚，极其突出，并有着高度的影响。他对数学方法应用的普及工作易为普通人民所接受，并具有很显著的效益。他对在中国发展数学事业建立了卓越的功勋，他的数学工作是不朽的。他是当代一位伟大的数学家。

——段学复

作为华老的一个老学生，我曾从他那里获得了一些终生受益的治学思想与观点，我相信华老遗留下来的丰硕的精神遗产显然会对后辈具有深远的启示作用和科学教育价值，如果国内教育界或数学史界有关于华老"学术思想综述"的著作传播开来，则将是对推进数学事业与数学教育改革事业的一项贡献。

——徐利治（曾在西南联大、剑桥大学学习。后任清华大学教授、大连工学院应用数学研究所所长等职）

华先生在贯彻科学研究的国家政策中，始终表现出科学家的那种认真务实精神，处事敏捷，讲求实际和效率，言行朴实，又渗透出高度的科学智慧。要更好地认识他的深远影响，还有待今后从多方面考察迄今数十年来我国数学事业的历程与成就。

——田方增（数学家，在中国建立中子迁移
数学理论研究组的主要学者之一）

还是在解放前，华罗庚就是中国著名的数学家。大江南北，长城内外，谁不知道中国有个华罗庚。新中国成立后，正因为有了华罗庚，才有了新中国数学的蓬勃发展，才有了中国数学研究的广阔领域，才有了一代代茁壮成长的以陈景润为杰出代表的新中国的数学家。华罗庚是公认的中国数学发展的奠基者和领导人。

——丁夏畦（中国科学院数学与系统科学研究院研究员，
中国科学院院士）

回顾上世纪 50 年代，在华罗庚教授领导下，陆启铿在北京大学，龚升在中国科技大学，我在厦门大学开设多复变函数专门化，使我国多复变函数的研究领域中涌现了一批优秀人才，此后华罗庚教授的学生们在许多高等院校和研究机构培养研究生，有的出国进一步学习，在国家自然科学基金的支持下，一代一代地传帮带，现在这支队伍已超过百人，华罗庚教授早年播下的种子，已发芽开花结果，满园春色，五彩缤纷了。

——钟同德（厦门大学数学科学学院教授）

华老师是中国最早倡导发展应用数学的数学家，也是进行实践最多的人。

——杨德庄（中国科学院研究生院教授）

无论如何，华罗庚在理论数学和应用数学两方面都已经取得举世瞩目的成就，还培养一大批以陈景润、王元、潘承洞（数论）、万哲先（代数）、陆启铿、龚升（多复变）为代表的弟子群，对整个中国数学的形成也有他深刻的影响。因此，他在日本东京大学讲台上，以他那震撼的演讲，为他的人生画上了最圆满的句号，他是欣慰而去了，把继续前行的任务留给他以后的中国数学家。

——陆洪文（同济大学数学教授）

他的治学思想和精神体现在他经常讲的名言警句之中。他反复教育我们做学问要勇于和强者较量，把成语"班门弄斧"，反其道而行之，主张"弄斧必到班门"，只有和强者较量才能增长见识和做出高水平成果。另一方面，他又强烈主张不迷信别人，"只是跟着别人的脚印走路，那就总要落后别人一步"，"在科学研究中最主要的精神之一是创新精神"。他由此对我们讲，要做出好文章，关键是要有自己的"招数"和"拿手好戏"，别人都不如你，这样你才能做出新的东西，人家才注意你。华罗庚的这个治学思想对学生的影响极大。

——冯克勤（清华大学教授）

华罗庚是伟大的数学家、教育家，也是一位伟大的科普活动家。2008年，在为纪念中国科学技术协会成立50周年而举办的"五个十"系列评选活动中，经广大科技工作者和社会公众的广泛投票，华罗庚被选为"传播科技的优秀人物"，《华罗庚科普著作选集》也被评为"十部公众喜爱的科普作品"之一。华罗庚从事科学普及工作有30多年。他关于在中国普及应用数学方法的工作，具有高度的开创性，影响深远，效果巨大。

——王柱（《数理统计与管理》杂志主编、总编辑）

华罗庚是他那个时代的领袖数学家之一，他和陈省身是那一代人中的两个最杰出的中国数学家。他的绝大部分工作时间都是在中国度过的，包括国家最严重的政治动乱时期。如果今天许多中国数学家能在科学前沿作出突出的贡献，如果数学在中国受到异乎寻常的普遍重视，这在很大程度上应归功于作为学者与教师的华罗庚 50 年来在他的国家所起的推动作用。

——哈贝斯坦（H.Halberstam，英国数学家）

华罗庚的经历是近代数学史中最令人感兴趣的事情之一。他出身贫寒，只受过九年正规教育，但他成功地从自学数学的天才青年成长为造诣高深、有多方面创造的数学大师。此外，他又是推动将数学工具最大限度地用于实际、强调好的数学教学法的重要性的带头人。以他自己的研究方向在美国与中国产生了巨大的影响，他一直是中华人民共和国第一流的科学巨人之一。

——贝特曼（P.T.Bateman，美国数论学家）

经过哈贝斯坦的努力，华先生的业绩化为大部头的论文选集流传于世。对于生于中国，在英、美、苏三国进行研究，集全世界数学家的尊敬于一身的先生来说，这是一份十分相称的珍贵遗产。

——龙泽周熊（日本几德工业大学数学教授）

华先生的后半生，与合作者一起进行了中国产业和经济的数学化。说到产业数学化，必须对中国仅用 20 年就解决了其他国家花费几代人才解决的问题表示深深的敬意。而经济的数学化是目前还未有任何国家成功的。如果华先生在世，也许能够成功。但这或许是留给我们的任务吧。

——小松彦三郎（日本数学会理事长）

华老非但对数学有基础的贡献，更重要的是他的思维结构和教导方法，对高等教育要去造就第一流杰出人才，是至宝，要推崇。

——吴耀祖（美国加州理工学院教授）

在美国出版的《华罗庚传》（作者 Stephen Salatt），第一句就称华罗庚为

"多方面名列世界前茅的数学家",他的《堆垒素数论》、他的《数论导引》、他的《典型域上的调和分析》,以及他和万哲先合著的《典型群》等数学著作,无一不引起国际数学界的震动。他在学问上的成就,比之顾千里已是不知要超过多少倍!岂止"名满三吴",而是名副其实的"誉满天下"了。

——梁羽生(文学家)

壮志凌云,可喜可贺。

——毛泽东

你现在奋发有为,不为个人而为人民服务,十分欢迎。

——毛泽东

至于你谈到你今后工作的过重打算,我倒有点不放心。几十年来,你给予人们认识自然界的东西,毕竟超过了自然界赋予你的东西。如果自然界能宽限你更多的日子,我希望你能把你一生为科学而奋斗的动人经历,以回忆录的形式写下来,留给年轻人。你那些被劫走失散的手稿中的一些最重要的观点和创见,能不能夹在其中叙述呢。完成了它,我认为就是你在科学上的超额贡献了。

——胡耀邦

人所共知,华罗庚同志是一位自学成才的科学家。他在数学理论研究领域里才华横溢,造诣很深,成就突出,在国内外科学界享有很高的声誉。尤为难能可贵的是,他从50年代末期起,把数学方法创造性地应用国民经济领域,创建了优选法、统筹法,取得了显著的成绩。20多年来,华老为了深入研究和推广"双法",不辞劳苦,不畏艰难,不顾年老有病,深入基层,接触群众,了解情况,总结经验,做了大量的工作,倾注了很多心血。他的辛勤劳动和光辉业绩，得到了党中央和国务院的充分肯定。

——习仲勋

华教授是新中国数学科学的拓荒者、奠基人，也是把数学应用到社会主义建设事业中的拓荒者、奠基人。我记得周恩来总理生前会见杨振宁、李政道两位博士谈到华教授时，两位博士都以导师称呼华教授，对华教授在数学方面取得的杰出成就倍加颂扬。

——王震

对金克木的评价

博大精深、不求闻达。

——吴小如（北京大学教授）

若说金克木散文的风格即他个人风格的体现，这大体也是适当的。那么，什么是他的风格特征呢？这就是：智慧、谐趣和从容。读金克木让人心境沉静，有一种彻悟。但又不是远离尘世，不是避隐，沉静之中却导引人面对现世，而不是面对空无。

——谢冕（北京大学中文系教授）

像金先生那样博学的长者，并非绝无仅有；但像他那样保持童心，无所顾忌，探索不已的，可就难以寻觅了。以"老顽童"的心态与姿态，挑战各种有形无形的权威——包括难以逾越的学科边界，实在是妙不可言。

——陈平原（北京大学中文系教授）

老人对于中、西、印学术具有非常深厚的根基，看法可谓真知灼见。其中对于佛教、禅宗的观点对于我更是醍醐灌顶、振聋发聩。今日学人之中能达到如此高妙境界的实在难找。

金克木先生的散文是他学问的最好表达方式。这位智者型学者一生从未上过大学，却学贯中、西、印，文、史、哲、经无所不通，任何部门的著作，都不能足以承载他的敏锐思想和极广博的学识。故他的散文应该是真正的 essays，虽然与鲁迅杂文相比他还缺少一点艺术的魅力，但在当代中国却无人出其右。

——章启群（北京大学哲学系教授）

说金先生的学问是绝学，不是说他所研究过的学问和领域别人再也学不会，或不会有人再去研究。而是说像他那样能将古今中外各个学科、各种文化融会贯通的，近代以来也就他一人，今后也很难有人能做到了。金先生为学追求一个融通的境界，视野开阔，气魄宏大。

——张汝伦（复旦大学哲学学院教授）

金先生的文章也确实越来越多，《文汇读书周报》、《读书》隔三岔五地发表。思路还是那样跳跃，文字还是那样清爽，议论还是那么犀利，语调还是那么诙谐。金先生的名声也随之超越了学术界，几乎成为一个公众人物了。大家喜欢他的散文随笔，喜欢他的文化评论，其实也就是一句话，被他字里行间的智慧迷倒了。智慧总是和神秘联系在一起的，金先生也就渐渐成了一个文化传奇。

——钱文忠（复旦大学历史学系教授）

金先生和季先生（季羡林）是我上学以来最崇拜的两位老师，两位老师有特点，我跟季先生讲话，季先生往后退，我跟金先生讲话，金先生往前走，我往后退。所以路上只要碰见他，打开话匣子，他跟你说个十几、二十几分钟，海阔天空。

——王禹功（原北京大学亚非所副所长）

或许，大树的高度，只有当它倒下来的时候，才能量得最准！在这位文化大师、一代智哲的身后，留给我们的是等身的著作和大量的文章，那字里行间，不仅有他作为文化大师坚实的足迹，更浸透着他非凡的智慧和深刻的思想……

——李工真（武汉大学历史学院教授）

金先生是南方人，身材并不魁梧，但在这瘦小的身躯里，蕴藏着绵绵不断的才思，如春蚕吐丝，结出无数丝茧，留给后人编织美丽的丝绸。他留下的几百万文字的精神遗产，是我们宝贵的财富。我们永远感谢他，深深地怀念他。

——郭良（中国社会科学院哲学所副研究员）

金克木老人去世，文化界震动不小。不少有成就的学人认为，老人之中，学问和文章堪称一流的，钱钟书之后，首选似乎只能是金先生。金先生作古，不少人又兴起中国文化何以继续之叹。这自然是过虑，但也说明了金老在中国文化上的地位。

——沈昌文（著名出版家、三联书店前总经理）

金先生的散文与风花雪月、花鸟虫鱼无缘，虽为学术性的华梵灵妙，绝非高头讲章。他的散文特色是以"学者的渊博和理性，思想家的敏锐和机锋，诗人的激情和想象"于"通畅中蕴含深奥，随意中透出匠心"（龙协涛语）。文皆有话则长，无话则短，言简意赅。他以睿智和幽默，把学术论文散文化，深文大义浅显化、通俗化、趣味化，径直"化"到大众当中。大俗又大雅，曲高和不寡。圈内人士读之拍案叫绝，圈外人士读了大开眼界，读书得间。不同层次的读者都能悟出点各自的"仁"或"智"来，有种"发现的快乐"。

——张昌华（江苏人民出版社前副总编辑）

金先生的散文不是普通意义的散文，而是学术类散文，内容涉猎中西方历史、哲学、文艺学、佛教、天文、数学，其中所展示的是丰富思想意趣，超卓的见识眼光。

——樊希安（三联书店总经理）

金先生绝不止是个"文章家"和随笔杂感大家，他的另两个"身份"可能是更为重要的：诗人（作家）和著名印度学学者。

——冯金红（三联书店学术出版中心编辑）

对于王国维、陈寅恪、胡适、汤用彤、傅斯年、徐梵澄等先贤，几乎都有不可移易的定论，就是季羡林先生也已被尊为泰斗，李泽厚先生被称为大师。金克木的名字与上述人物无缘并列。可我直觉上有此疑问：中国三千年学术思想的脉络中，其重要性能与先生相比的有几位？甚至有一种感觉，先生的著述，像是为未来100年后的读者，而不是今天的你我。读不懂，真正的原因在此吧。有人开玩笑说，我们这个民族要想走出劫数，需要圣人横空出世——可能在未来的三百年。焉知先生的思想不是三百年后，回过头来再看，已经产生了三百年的我们今天需要的圣言？

——刘苏里（北京万圣书园总经理）

附录

周有光："我一生文凭没有用处"

马国川：学术抄袭、教授作假等现象之外，假文凭泛滥也是一个值得注意的社会现象，例如最近的唐骏假文凭事件，就闹得沸沸扬扬。在您看来，为什么今天的中国假文凭泛滥？

周有光：唐骏是我的老乡，常州人，还有一个糟糕的事，我是常州中学的毕业生，他也是常州中学毕业的，只是前后差了几十年。报纸新闻说，唐骏到常州中学去演讲，虽然文凭是假的，可是本地人还拥护他呢。所以可见今天的风气是坏得不得了。

学问和管理能力是两码事。有的人有管理能力，能办事，可是不能搞学问；有的人有学问的天赋，可是不能搞管理。唐骏这个人有管理能力，可是在我们现在的制度之下，有了社会地位还要一个文凭，怎么办？只有造假了。后来报纸上不是登了吗，只要给多少钱，美国西太平洋大学就给一个硕士或博士学位。

为什么今天的中国假文凭泛滥？因为我们这个社会需要假文凭。我拿过几张文凭，有国内的有国外的，现在没用处，我一生文凭没有用处，人家也不问我有没有文凭。不重视文凭，也就没有假文凭了。我们今天重视文凭不重视知识，知识越多越发达，当然假文凭出来了。

（周有光：语言学家、人文学者。摘自周有光、马国川所著《今日中国的大学与大学教育》，刊于《读书》2010年第10期）

蒋勋眼中的人文教育

我想强调的是，学校绝对不是训练一批考试机器的场域，这些孩子不能够这样被牺牲。有时，我真的觉得这些豢养考试机器的学校，就像养鸡场、养猪场，让人觉得是一个巨大的悲剧。我们应该给孩子最好的音乐、最好的文学、最好的电影，让他在里面自然地熏陶。而这些，是不能考试的。

整个社会物化的速度越来越快，教育也越来越无能为力。很少人会有勇气去对抗这个制度，你怎么敢对一个高中生说：你不要考试，不要升学，你现在正是最敏感的年纪，应该去画画，去读小说。我也不会鼓励学生去对抗制度。虽然我自己是这么做的。

只是我也要诚实地说，这么做很危险，真的要非常小心。老师一定要是人师，教育本身就是对人的关心。当然，在体制内做最大的争取与改革，不能只靠老师，我想就算俞大纲先生在这个时代，他也会是很安静的。他是在一个非常优雅的文人家庭长大，他的哥哥俞大维、俞大绂都是一等一的院士。这种家庭真的不得了，就是因为家教严，国学基础好，又学习到非常好的西学，而能成就他们的风范。

俞大纲对我说，他爸爸妈妈喜欢看戏，经常带他一起看戏、讲戏，他就变成戏剧专家了。他的教育是在日常生活中耳濡目染的，从来不是拿着书本上课，所以你听他讲李商隐，一首一首讲，不需要看书，因为从小爸爸就是跟他一面吟诗，一面唱戏，把李商隐讲完了。

我想，一个好的人文教育，还是要扎根在生活的土壤里吧。

（蒋勋：台湾知名学者、作家。摘自《生活十讲》，广西师范大学出版社，2010年出版）

蔡志忠对学历和教育的看法

我相信最好的教育是大人们把自己的价值观放在一旁,只是在孩子头脑中建立起一个无所不包的数据库,让他们自己去尽快寻找到终生最热爱的事情,不断做下去。

我的特点是叛逆、放荡不羁的,也喜欢和这样的人交往。他们一定很率性,很潇洒;这种潇洒不是外形上的,就像你看我会被选为时尚人物(展示起裤子上的一个洞)。叛逆是什么意思?就是我不想遵守你定的规则,不把世人的标准视为必然的道德标准,不把世人的价值观视为唯一的价值观。考一百分很好,博士、尤其是念常春藤的博士很好……我从来不会有这样的想法。如果某人拿出一张名片上面印着"某某某博士",我就想着要不要去印一张"某某某小学没毕业"去"羞辱"他。

[蔡志忠:著名漫画家,精通古今中外许多学问。
摘自《精神顽童蔡志忠》,《明日风尚》
2011年第6期附刊(非卖品)]

谢泳：如何给"同等学力"的人留出空间

高校注重学历有相当的合理性，西方及港台大学大体也是这种模式。因为学历是一个人学术训练的基本前提，在没有其他能证明一个人才能的条件下，学历还是最公平的，也有相当程度的可操作性。高校特别注重学历，这本身并没有错，但它的不完善处在于注重高学历的同时，没有给"同等学力"的人留出余地。

学历是证明一个人受过某一方面专业训练的最有力证据，也是说明一个人基本能力的原始证明。在现代社会里，这是管理社会的主要方式之一。但学历本身并不是目的，而只是一种说明身份的资格，这个资格的最终目的是要证明有这样资格的人有可能在学术上做出更大的成绩。

应该说，学历是一个社会的常态管理，也是主要管理方式。但一个正常的社会，必须在常态之外给特殊情况留出空间，让那些没有高学历，但在他们所选择的专业上做出了成绩的人，能有更多活动的空间。在实际操作中，学历肯定是一个社会正常的用人手段，但如果在使用这种手段时，不考虑到"同等学力"的情况，对于学术的发展是不利的。老清华和老北大，也是特别注重学历的，那个时候如果没有高学历，特别是洋学历，在那里也不好混。但那时的大学一般都给"同等学力"者留出了空间，也就是说，在注重高学历之外，常常会有特例。

一般说来，自然科学方面的特例比较容易判断，像华罗庚，他就是比别人算得好，这一眼就能看出。而人文社会科学方面的标准较难掌握。但不管怎么说，在常规之外，为特殊人预留空间应该是必需的，实际操作中有没有这样的情况是一回事，留不留这样的空间则又是一回事，过去大学里总有这样的情况。

现在高校不能在常态之外有特例，主要是因为学术体制的关系，并不是高校里的人没有慧眼。因为一般说来，只有在完全教授治校的情况下（教授有财权与人权），人才的合理流动才会真正成为现实。而现在，一个系主任是很难有权把一个他所看重的人才轻易收罗进来的。现在做不到不拘一格选人才，并不可怕，可怕的是不往这方面想，甚至认为这样的传统早已不存在了。

最看重"同等学力"的人，最好是一个最有资格的人，因为他们有资格，所以才不会让人以为是为自己的出身找安慰。像蔡元培，他是晚清翰林出身，你总不能说他看重"同等学力"是为自己的出身找说法。还有胡适，他是一路考上来的，要什么有什么，所以他来讲"同等学力"就很有说服力。

（谢泳：厦门大学人文学院教授。摘自谢泳所写《自己的经历》一文，发表在谢泳所著、知识出版社出版的《厦门集》中）

智效民：傅斯年的一生，始终没有把学位太当回事

一方面是学历过剩，一方面是能力太差，此乃中国教育和中国社会面临的一个大问题。

近年来，文凭造假事件屡屡发生，不仅在中国早已形成气候，而且还有不断向国外发展的趋势。比如去年11月间，曾有50名中国学生因为涉嫌造假，被英国纽卡斯尔大学开除；今年4月，又有数百名中国学生在法国涉嫌买卖文凭受到警方调查，极大地损害了中国学生的群体形象。这种现象，固然与涉案人员的品质有关，但是从整个社会的导向来看，也有值得反思之处。

改革开放伊始，我们刚刚提出"尊重知识、尊重人才"等主张，就听说西方发达国家已经进入"学历社会"。记得当时有一位著名科学家说过：到本世纪末，县处级干部要有本科学历，厅局级干部要有硕士学历，省部级干部要有博士学历。再加上"知识改变命运"的口号响彻云霄，致使大家都认为只有上大学才是唯一出路。于是每年高考来临，都会出现"千军万马过独木桥"的景象。

然而曾几何时，不要说本科生了，就连硕士和博士也成了"待业青年"。与此同时，许多企业又哀叹找不到合适的人才。这说明，一方面是学历过剩，一方面是能力太差，此乃中国教育和中国社会面临的一个大问题。

这让我想起五四先贤对类似问题的思考与实践。

……

纵观傅斯年的一生，始终没有把学位太当回事。这种观念在那个时代比较

流行。例如中华民国成立后，尚在美国留学的顾维钧被聘为总统秘书。当时他还没有拿到学位，如果立刻回国，就会受到影响。他向导师请教，导师说：你都可以当总统秘书了，还要什么学位？又如胡适在美国留学时，也是还没有毕业，就被北京大学聘为教授。于是他的博士学位迟拿了10年左右。

前不久，我去台湾参加"中央研究院"召开的纪念五四学术研讨会。在一个小型聚会上，几位台湾同行为胡适的学位问题争论起来。争论的焦点是：为什么胡适的博士学位会迟拿10年左右。为此，我以傅斯年、顾维钧、陈寅恪为例，说明那个时代的人看重的是学问和能力，而不是学位与学历。我知道，台湾同行大多是世界一流大学的博士，而我自己连中国三流大学的门也没进过，因此很难说服他们。于是我想，倘若"中央研究院"的老前辈傅斯年在世，也许会扭转这种不利局面。

（智效民：山西社会科学院学者。摘自《没有学位的傅斯年》，刊于《中国新闻周刊》2009年第19期）

徐贲：如果大学不发文凭

如果大学不发文凭，今天从大学毕业而几乎什么都没有学到的学生，能有多少可以证明自己受过高等教育？文凭不能为教育提供确实凭证，但却又被当作唯一可以被接受的凭证，这岂不是一件既讽刺又不幸的事情？

今天，工作市场中稍好一点的机会无不以某种文凭为基本条件，于是乎，颁发文凭让大学实际上掌握了几乎垄断支配工作市场机会的权力。也正因为如此，大学的重要性一大半来自它颁发文凭的权力。在以文凭为主的大学体制中，当然有许多以传道解惑授业为志业的教师，但是，人们也常发现，大学文凭所能证明的无非是大学毕业生在学校里度过了4年或更多的时光。大学颁发的文凭是真的，但证明的东西却虚假不实。这样的文凭也就成了真的假文凭。

……

自从有文凭以来，便有进学校只为文凭，不求知识，也就是"混文凭"的。大学成为一种体制以后，就一直有这个弊病。查尔斯·霍默·哈斯金斯在《大学的兴起》一书中，把"体制"确定为现代大学的主要特征，这是在12、13世纪以后才有的事情。古希腊和罗马人有高等教育，在法律、修辞、哲学方面都有很好的教学成果，但他们并没有大学。像苏格拉底这样伟大的导师，他是不发文凭的，到他那里求学的人是去求智慧而不是求文凭的。哈斯金斯写道："今天，一个学生假如在（苏格拉底）那里学习了三个月，他肯定会要求一个证书，一个能够证明这段学习经历的有形的，外在的东西。"

我认识一些教授、学者，他们自报家门时常常会强调自己师承某某名师，虽然他们在学期间也许根本就没有见过这些"名师"几面，或者鲜有当面受教的机会，他们的师承都是用文凭来证明的。在今天的大学体制中，这就足够了。这些教授、学者成了"导师"，也就常常用同样的方式对待自己的学生，每年授课的日子屈指可数，他们的作用仅仅是在适当的时候，为学生提供一个"有形的，外在的"的文凭，证明他们已经"学有所成"。

……

今天的大学有着富丽堂皇的傲人建筑和机构复杂的行政体制，但却未必是一个思想和智识的殿堂，有的甚至已经沦为学店和官场，若不是因为它们垄断了发行文凭的权力，又有多少人会选择，或有必要来到这样的地方呢？

（徐贲：美国加州圣玛利学院教授。摘自作者同名文章，刊于《中国新闻周刊》2011年第11期）

罗志田：大学如何成为社会的文化中心？

大学是社会的文化中心，这一角色要通过大学中人来体现。我曾在乡村生活九年，深切感觉到贫下中农对读书人那发自内心的尊重。然而农民是不在乎文凭的，你要能表现出文化的力量，文化才有力量；你若不能使他们佩服，他们也绝不会佩服你。如果大学师生不能体现出对学术的真正爱好，大学也就不可能成为社会的文化中心。这就是严重的失德，必导致文德的消逝。

（罗志田：历史学教授。摘自作者所著《作为文化中心的大学》，刊于《中国新闻周刊》网站"罗志田专栏"）

赵汀阳：所谓文凭一类的"证书"，不过是现代制度下量化的产物

对赵汀阳来说，大学的意义在于，大家聚在一起，自然便有了一起自学的氛围。学习从根本上说，就是自学。所谓文凭一类的"证书"，不过是现代制度下量化的产物，真正的学识和思考，别人又怎么能证明呢？他一二年级上哲学基础课，一点感觉也没有，三年级读康德，不知所云，后来才发现原来所谓哲学问题，有些就是他中学时就跟同学交流的时候遇到的那无法想明白的问题，更令人失望的是，古往今来的先贤大哲们也没有找到真正的答案。

（赵汀阳：中国社会科学院哲学所研究员。

摘自2010年11月17日《中华读书报》第9版发表的陈洁所写的关于赵汀阳的文章《其人：一个"无趣"的人》）

白岩松对高考的评论

中国高考有万千毛病，却是目前最公平的一种方式。没有高考，你拼得过富二代吗？

（白岩松：中央电视台著名记者。此文是他在郑州大学演讲时如是说。摘自《读者》2011年第20期）

张维迎：我们过分地把教育理解为一个知识的传授

整个这几十年的教育是失败的。这个失败，我们过分地把教育理解为一个知识的传授。而在教育作为培养人，培养自主、有创造性的人没有注意，培养一个有道德的人没有注意。我可以这样讲，如果我们中国所有的学校都取消了，包括连小学、大学都取消了，中国人的知识会大大降低，但中国人的道德水准会大大地提升。这一点，我觉得一直没有引起我们的注意。因为实际上我们从小学开始，每一步走过来，都培养大家在说假话，这实际上影响到我们的国民素质。但我们现在见到好多的企业、学校的社会信任没有的时候，我们没有真正地去反思这个问题。

（张维迎：北京大学经济学教授。此文是他在2011年夏季达沃斯论坛上的发言）

网友热议美 25% 州议员"没文凭"

　　《美国高等教育纪事周报》发布调查报告显示，美国州议会议员中大约 25% 没有"文凭"。对此，美国州议会全国会议执行理事威廉·庞德说，各州对议员有年龄限制，但受教育程度不设底限。他认为，相比文凭，其余因素对议员事业成功而言更加重要。（新京报，6月14日）

——文凭有时更像一纸空文

（摘自《中华读书报》2011 年 6 月 22 日"瞭望"专栏"这些天的那些事"，由武小森主持）

姚奠中：打破论资排辈

我曾破格录取研究生。1979年我在外地开会，学校组织招收研究生。我反对不看专业只看英语成绩，结果学校为我招了专业成绩前三名。有人不了解情况，告状到教育部。教育部派人来查，因为我没有任何私心，所以教育部支持了学校的决定。

"文革"结束后我主持过几届山西省高考语文阅卷工作。还主持过多年学校以及全省高校文科评定职称的工作。曾据理力争，在省领导的支持下，促使被卡的十几名教师破格晋升职称获得批准。1987年的时候，我在《光明日报》发表一篇文章，标题是"破除专业职务评审中的论资排辈"。

最后一段是这样的："中央提出打破论资排辈，鼓励中青年脱颖而出的坚定措施，并一再指出：在教学、科研等方面突出的，其任职条件，可不受学历、学位、任职年限等规定的限制，在制订实施聘任制的办法时，应提出具体措施，保证中青年骨干能尽快脱颖而出，以有利于他们尽快成为新的学术带头人。我认为我们教育部门的负责同志要面向未来，拿出应有的远见和魄力，放手把大批专业造诣较深又富有朝气的中青年充实到学术、技术工作的关键岗位上来，敢于支持青年拔尖人才脱颖而出！本着这种精神，排除论资排辈的思想阻力，就会为整个国家改革事业作出有益的贡献。"

我从85岁退休，到现在已经多年了，但我关注中国的教育。我期望我们的教育越来越好。但现在的教育也遇到了不少问题，我感到很着急。

教育解决的问题，一个是做人的问题，一个是知识的问题。一个是个人修养，一个是科学发展，要在这两方面同时发展。现在教育对做人这方面重视很不够，甚至根本不重视个人修养。所以有些人说，看着他知识不少，地位也不低，但是做人做事很成问题。这肯定是不行的。所以必须把行为和知识，知行两个方面结合起来。知识在提高，个人素养和行为也要提高。

（摘自姚奠中口述、张建安采写的《百岁溯往》，生活·读书·新知三联书店 2013 年出版）

星云法师：学历与学力

现代社会重视学历文凭，没有高学历找不到好职业，没有好学历在人前无法扬眉吐气，所以一般青年学子无不忍受种种辛苦，努力往大学之门迈进，甚至飘洋过海，希望取得高学历。

由于社会普遍重视学历甚于学力，所以有的人即使没有实力，也要勉强混出一张文凭，甚至还有造假的学历。这就难怪社会上招摇撞骗的人，比比皆是。

过去中国的社会，土地广大，教育也不普及，所以穷乡僻壤的农家子弟，纵有才华，但是没有环境，失去接受教育的机会，因而耽误了自己的一生，这不只是个人的不幸，也是国家社会的损失。

所幸现在已有不少有识之士慢慢发现，学历之外学力也很重要，一些有学历的人没有学力，也有一些有学力的人没有学历。有学历更有学力，当然最好，不过一些没有学历的人士，靠着自己的专才，还是能出人头地。只是真才实学之外，运气也很重要，因为有的人确实学有专精，只可惜没有学历，也没有好的因缘，所以与当今社会不能相应。学历、学历，埋没了多少人才，殊为可惜。

兹将学历与学力，分析如下：

一、高学历不如高学力：随着时代发展，过去大学毕业已经算是高学历了，但现在大学生之多，已不足羡，因此不少人希望继续攻读硕士、博士。但是我们看，有些高学历的硕、博士，道德学问、做人处事不一定比高中、大学毕业的人强。所以其实一个人应该中学程度就毕业的，就不必读大学，应该大学的程度，就不必再读硕、博士，否则有硕、博士学位，没有真正的学力，更加贬损他的形象，因为别人用高学历要求他，而他没有真才实学，只有更为人所不耻。

二、好学历不如好学力：有的人循序渐进，经过正规教育的每个过程，从小学、中学到大学，甚至取得博士学位，每个阶段都是名校毕业。然而名校并不代表真正的学问，学问也不代表实力，有的人缺少实务经验，只会纸上谈兵，如此好学历倒不如真正有好的学力。

三、有学历不如有学力：学历，诸如工业、农业、文学、哲学等，有的人样样学历具全，但一到要用的时候，一样学问也派不上用场。所以不管攻读哪方面的学问，重要的是"学以致用"，否则有学历不如有学力。

四、真学历不如真学力：有真学历的人，真才实学，在各种学问的领域里，他的学力货真价实，不愧为名校的博士、名校的教授。但是事实上，现今社会上，有些真学历的人，还不如有真学力的人，所以现在也制订出一些报考的制度，提供那些没有真学历而有真学力的人发展的空间，否则这样的人没有机会成为社会的栋梁之材，实在可惜。

（摘自星云法师所著《学历与学力》，上海人民出版社、上海书店出版社 2009 年出版）

郑渊洁：如果学校教育环境没变仍对儿子私塾教育

郑渊洁对自己儿子郑亚旗的教育方式曾引起轰动，他没让儿子上学，而是自己编写教材自己教。问及此事，郑渊洁表示，放在当下，如果学校的教育环境还是没有变化，他依然会对儿子进行私塾式教育。"我能接受学校的条件有三个：第一是让每一个孩子在学校有尊严，不能因为孩子成绩不好就没有尊严了。第二，孩子们获得知识的过程应该是快乐的，不能特痛苦。第三，学校评判教育是否成功不是看分数，而是看孩子对他所学这门课的兴趣是越来越大还是越来越小，越来越大就成功了。"

（郑渊洁：童话大王。本段文字摘自2015年1月29日《重庆晚报》发表的周裕昶文章《郑渊洁：如果学校教育环境没变 仍对儿子私塾教育》）

俞敏洪：硬资格和软资格，哪个更重要？

人生中做事情有一种做法——我就做我自己喜欢的事情，哪怕我饿死我也要做。比如说我就喜欢下围棋，我饿死我也下。我就喜欢搞数学，我饿死我一分钱拿不到我也要搞，最后搞到陈景润那个样子也好。陈景润最后搞到了世界最著名数学家之一。不要忘了啊，如果是坏的东西喜欢，就不要一辈子搞。比如说，我这辈子就喜欢打游戏机，我这辈子就喜欢抽鸦片，怎么着？那都是把你生命给毁掉的东西，不要去做。做你喜欢的东西也是对你的生命成长有利的东西。

比如说清华的水木年华，他们两个长得比我还要难看，而清华的女生又特别少，根本就轮不到他们两个，两个人在宿舍里特别的孤单和痛苦，最后说我们两个互相唱歌安慰安慰好不好？就开始唱歌，没想到两个人的声音和在一起就变成了很好听的男声二重唱，所以两个人就背着吉他，先到系里表演然后到学院表演，再到北京各个高校表演，到最后他们连清华大学的学位都不要了，两个把学位一扔继续唱歌。这个就属于我刚才说的，他们就开始做自己喜欢做的事情，哪怕我流浪一辈子我就唱了。

我蛮佩服这个决定的，为什么呢，清华大学学位固然很好，但是与你终生喜欢的东西相比有什么了不起的。说到底，学位是无能的人的遮羞布而已。我觉得大学学位是要拿的，但是在大学学位之上不管是出国还是考研，就要跟你人生真正的目标相结合了，否则你就是为了拿学位而拿学位，这样的话会很悲惨。

我们生活中一般有两种资格，叫作硬资格和软资格。硬资格就是你拿到了各种各样学位文凭证书。比如说你拿到复旦大学的学位证书总比拿到江苏师范学院的学位证书要硬气点，包括找工作的时候，但是也就是那么一点点。拿到哈佛大学的一定比复旦大学的要硬气点，但是就算哈佛毕业的人来新东方找工作，大部分也会被我们拒掉，因为很多人有这样的学位，但没有相应的软条件，比如没有工作经验，没有对中国现实正确的看法，没有做事情的正确的心态，那你就缺乏软资格。

软资格是什么，就是在我们一生的奋斗中，不断积累自己的人生经验、智慧和学识，这次你不会拿到学位，但是你会发现你的知识和境界比人高一等，这就是软资格，也就是自己真正的能力。一个人真正有能力之后，别人是能看到的，一定能看到的，从你的眼神，从你的动作，从你的谈吐，从你的语言，从你做一件小事的状态，别人就能立刻判断出来，你到底有没有能耐。

（俞敏洪：新东方学校创始人，现任新东方教育科技集团董事长兼总裁。此文是俞敏洪《把喜欢的事做到极致》的部分内容，标题为笔者所加）